Rheinland-Pfalz

Deutschbuch

Differenzierende Ausgabe

Arbeitsheft 7

Arbeitstechniken
Texte schreiben
Texte verstehen
Grammatik
Rechtschreibung
Lernstandstest

Herausgegeben von
Markus Langner,
Bernd Schurf und
Andrea Wagener

Erarbeitet von
Friedrich Dick,
Agnes Fulde,
Marianna Lichtenstein und
Toka-Lena Rusnok

Name: ______________________________

Klasse: ______________

Cornelsen

Autoren- und Quellenverzeichnis

S. 5: Treffer 12: Mülltrennung und Recycling. Nach: Tanja Lindauer: http//:www.helles-koepfchen,de/artikel/3308.html [26.07.2013] – **S. 7:** Viele Verletzte nach Meteoriteneinschlag – Zufall oder Vorbote? Nach: http://www1.wdr.de/fernsehen/aks/themen/meteoriteneinschlag104.html [26.07.2013] – **S. 8:** Meteoriten in Deutschland. Nach: http://www.n24.de/n24/Nachrichten/Panorama/d/1782210/infografik--meteoriteneinschlaege.html [26.07.2013] – **S. 23:** Sollen Schüler verpflichtet werden, ...? Zusammengestellt aus: http://de.answers.yahoo.com/question/index?qid=20120206148 43AA1rZ3U [26.07.2013] – **S. 24 ff.:** Hamm, Magdalena: Schweinchen, hilf! Aus: Zeit Leo Nr. 4/2012, S. 21–24 – **S. 29:** Hebel, Johann Peter: Der kluge Richter. Nach: Schatzkästlein des rheinischen Hausfreundes. Hg. v. Winfried TheisS. Reclam: Stuttgart 1999, S. 66–67 – **S. 33:** Hebel, Johann Peter: Der Star von Segringen. Nach: Schatzkästlein des rheinischen Hausfreundes. Hg. v. Winfried TheisS. Reclam: Stuttgart 1999, S. 223–224 – **S. 36:** Heine, Heinrich: Die Lorelei. Aus: Gesammelte Werke. Bd. 1: Gedichte I. Hg. v. Wolfgang Harich. Berlin: Aufbau 1951, S. 183–184 – **S. 46:** Zehn Jahre lang haben Wissenschaftler ... Aus: GEOlino extra – Wasser, Nr. 27/2011, S. 29 – **S. 58:** Milliardär Branson mit dem Kitesurf über den Ärmelkanal. Nach: http://www.welt.de/vermischtes/article107617857/Milliardare-Branson-mit-Kitesurf-ueber-den-Aermelkanal.html [26.07.2013] – **S. 82:** Jedes Jahr findet in der Mongolei ... Nach: http://www.mongolei.de/land/naadam.htm [26.07.2013] – **S. 84:** Ringkämpfe in der Mongolei. Nach: http://www.mongolei.de/land/naadam.htm [26.07.2013] – **S. 86:** Mpira – afrikanischer Sandfußball. Aus: http://www.bleyenberg.de/afrikanische_spiele/indes.html#mpira [26.07.2013] – **S. 91:** Wolak-walik. Aus: https://www.plan-deutschland.de/uploads/tx_trs2smediathek/Spiele_Asien_mit_Logo.pdf [26.07.2013] – **S. 93:** Essen mit Stäbchen. Aus: http://www.br-online.de/kinder/spielen-werklen/rezepte/2013/03724/ [26.07.2013] – **S. 94:** Die Ostküste der größten ... Aus: http://www.welt.de/reise/article1930653/Bei-den-Inuit-am-kalten_Ende-der-Welt.html [26.07.2013] – **S. 96, 97:** Aus: Lloyd-Jones, Robin: Red Fox und der weiße Bär. Dressler: Hamburg 2008, S. 142 – 143 u. 161 – **S. 108–109:** Köckritz, Angela: Hallo, ich bin Dongdong. Aus: http://blog.zeit.de/kinderzeit/2013/03/07/hallo-ich-bin-dongdong_13647 [26.07.2013]

Bildquellenverzeichnis

S. 7 unten rechts: pa picture alliance/dpa; – **S. 10** oben rechts: pa picture alliance/dpa; – **S. 11** oben rechts: pa picture alliance/dpa; – **S. 12** Mitte rechts: pa picture alliance/Aurelia Frey/akg-images; – **S. 13** unten rechts: pa picture alliance/dpa; – **S. 14** oben rechts: Getty Images/Elsa; – **S. 15** oben links und oben rechts: pa picture alliance/dpa; – **S. 22:** Lily-Braun-Oberschule, Berlin; – **S. 24** Mitte rechts: pa picture alliance/Sandra Gätke; – **S. 33** oben rechts: Erni/fotolia.com; – **S. 37** oben: On-Shore UG, München; – **S. 38** unten rechts: On-Shore UG, München; – **S. 40** unten rechts: Davis Granville/fotolia.com; – **S. 42** unten rechts: rangizzz/fotolia.com; – **S. 45** Mitte links: © eVolo/USA; – **S. 49** rechts: Cmon/fotolia.com; – **S. 58** oben rechts: pa picture alliance/usage; – **S. 59** unten rechts: Stefan K. Hetz, Berlin; – **S. 60** Mitte rechts: pa picture alliance/WaterFrame; **S. 60** unten rechts: Mexrix/fotolia.com; – **S. 61** Mitte rechts: Johanna Mühlbauer/fotolia.com; – **S. 64** oben links: Kasia Bialasiewicz/fotolia.com; – **S. 64** oben Mitte: Afrika Studio/fotolia.com; – **S. 64** oben rechts: wmedien/fotolia.com; – **S. 64** Mitte links: red2000/fotolia.com; – **S. 64** Mitte: shotstudio/fotolia.com; – **S. 64** Mitte rechts: DenisNata/fotolia.com; – **S. 69** Mitte links: Mariusz/fotolia.com; – **S. 69** Mitte: markim/fotolia.com; – **S. 69** Mitte rechts: pa picture alliance/AP images; – **S. 70** oben rechts: pa picture alliance/dpa/dpaweb; **S. 70** unten rechts: markus_marb/fotolia.com; – **S. 71** oben: pa picture alliance/dpa/dpaweb; – **S. 72** oben: pa picture alliance/Wildlife; – **S. 74** oben rechts: bitter/fotolia.com; – **S. 74** Mitte rechts: pa picture alliance/CSU Archives/Everett Collection; – **S. 82** oben Mitte: pa picture alliance/Bruno Morandi/Robert Harding World Imagery; – **S. 82** Mitte rechts: pa picture alliance/Bildagentur-online.com; – **S. 83** oben Mitte: pa picture alliance/Wildlife/S. Müller; – **S. 83** unten: Schapowalow/SIME; – **S. 84** unten Mitte: pa picture alliance/Udo Bernhart; – **S. 93** Mitte rechts: Susanne Roßbach, Bischberg, Freie Journalistin; – **S. 95** unten links: pa picture alliance/Ton Koene; – **S. 99** Mitte rechts: pa picture alliance/dpa/Farhad Peikar; – **S. 102** unten links: pa picture alliance/dpa/Farhad Peikar; **S. 103** oben rechts: pa picture alliance/Ton Koene; – **S. 104** Mitte rechts: Xinhua/images.de; – **S. 105** Mitte rechts: andriigorulko/fotolia.com; S. 10 unten rechts: Heike Rau/fotolia.com; – **S. 106** Mitte: debiv/fotolia.com; – **S. 107** oben rechts: Lineair/images.de; – **S. 108** Mitte rechts: Getty Images North America; – **S. 112** oben rechts: pa picture alliance/dpa.

Impressum

Redaktion: Thorsten Feldbusch
Bildrecherche: Petra Ebert

Coverfoto: Thomas Schulz, Teupitz

Illustrationen:
Thomas Binder, Magdeburg: S. 20
Volkhart Binder, Berlin: S. 8, 28
Miriam Elze, Hamburg: S. 16–19
Michael Fleischmann, Hamburg: S. 29, 34–36
Ulrike Selders, Köln: S. 75, 77, 79, 81, 85, 87, 90, 97
Susanne Kuhlendahl, Tönisvorst: S. 39, 41, 47, 48, 50, 51, 54–57, 61–63, 67

Layoutkonzept: werkstatt für gebrauchsgrafik, Berlin
Layout und technische Umsetzung: Ines Schiffel, Berlin

www.cornelsen.de

1. Auflage, 7. Druck 2020

Alle Drucke dieser Auflage sind inhaltlich unverändert
und können im Unterricht nebeneinander verwendet werden.

Druck: Athesiadruck GmbH

ISBN: 978-3-06-062880-3

PEFC
PEFC/18-31-166

PEFC zertifiziert
Dieses Produkt stammt aus nachhaltig bewirtschafteten Wäldern und kontrollierten Quellen.
www.pefc.de

Zukunft der Mobilität – mit Sachtexten umgehen

Seite 8/9 1./3. **„Unsichtbare Beifahrer"**

Eine Autobahn irgendwo in Deutschland: Ein Stau hat sich gebildet. Und zwar direkt hinter einer Kurve. Die nachfolgenden Fahrer können deshalb das Ende des Staus nicht sehen und fahren mit hohem Tempo auf die Gefahr zu. Jetzt müsste es eine Möglichkeit geben, sie zu warnen – damit sie rechtzeitig den Fuß vom Gaspedal nehmen! Genau das sollen die „intelligenten Autos" der Zukunft bieten: Dann senden die Fahrzeuge im Stau per Funk ein Warnsignal an die Wagen, die sich der Gefahrenstelle nähern – und schon wissen die Fahrer Bescheid, dass sie langsam fahren müssen ...

Sie sind so etwas wie „unsichtbare Beifahrer": die sogenannten Fahrerassistenzsysteme. Sie bestehen aus Sensoren und „schlauer" Computersoftware und sollen das Autofahren künftig noch sicherer machen. Denn der Straßenverkehr wird immer dichter und verlangt von den Fahrern immer mehr Aufmerksamkeit.

Fahrerassistenzsysteme für sichereres Autofahren
Fahrerassistenzsysteme = Sensoren + Computersoftware
Ziel: zukünftig noch sichereres Autofahren

Und gerade da liegt das Problem: Die meisten Unfälle werden nämlich durch den Menschen verursacht – und nur ganz selten durch technische Fehler. Oft wird einfach zu schnell gefahren oder der Abstand zum Vordermann nicht eingehalten. Oder man ist einen kurzen Moment unaufmerksam. Ganz häufig ist der Fahrer also die „Schwachstelle". Will man die Sicherheit im Straßenverkehr erhöhen, muss man daher vor allem auch den Fahrer im Blick haben: Wie kann man ihn noch besser unterstützen und auf Gefahrensituationen aufmerksam machen?

Der Mensch, die „Schwachstelle" im Straßenverkehr
Fehler des Menschen im Straßenverkehr:
- *überhöhte Geschwindigkeit*
- *fehlender Sicherheitsabstand*
- *kurze Unaufmerksamkeit*

→ Unfälle → Sicherheit muss erhöht werden

Schon heute gibt es viele Hilfsmittel, die man vor einigen Jahren noch gar nicht kannte: Da geben Autos Pieptöne von sich, wenn man beispielsweise die Fahrbahnmarkierung überfährt und so von der Straße abzukommen droht. Oder wenn man zu wenig Sicherheitsabstand hält. Und auch beim rückwärts Einparken helfen Abstandsmesser. Selbst der Reifendruck wird inzwischen in vielen Autos automatisch gemessen. Inzwischen werden sogar Autos entwickelt, die miteinander „sprechen". Wie das anfangs erwähnte Beispiel mit dem Stau zeigt, könnten solche „intelligenten Autos" in Zukunft viele schwere Unfälle verhindern. Sie tauschen automatisch Daten aus und versorgen den Fahrer so mit allen wichtigen Informationen.

Autos, die „sprechen"
Bereits vorhandene Hilfsmittel:
- *Sensorik zur Erfassung der Fahrbahnmarkierung, des Sicherheitsabstandes*
- *Einparkhilfe*
- *Reifendruckkontrolle*

Zukünftige Möglichkeiten: „intelligente Autos", die automatisch untereinander Daten austauschen

Doch die Sache ist nicht ganz so einfach: Verlässt sich ein Fahrer dann vielleicht zu sehr auf all die schlauen „Bordcomputer"? Vertraut man dann der Technik so sehr, dass genau das Gegenteil passiert und der Fahrer weniger aufmerksam wird? Überfordern uns am Ende all die vielen Instrumente? Ein Auto ist schließlich kein Flugzeug-Cockpit. Und wie leicht sind die einzelnen Geräte zu bedienen, ohne dass man viele Knöpfe drücken muss und dadurch vom Blick auf die Straße abgelenkt wird? Wenn Menschen mit Maschinen – oder eben solchen Instrumenten – arbeiten, sprechen Fachleute oft von der „Mensch-Maschine-Schnittstelle". Damit da alles funktioniert, müssen viele Experten zusammenarbeiten: Ingenieure, Informationstechniker und sogar Psychologen.

Zusammenarbeit zwischen Mensch und Maschine
Gefahr, wenn der Mensch sich ausschließlich auf die Technik verlässt oder diese ihn ablenkt.
→ Im Vorfeld arbeiten Experten intensiv daran, die Schnittstelle Mensch-Maschine möglichst störungsfrei zu machen.

Mit anderen Worten: Wenn man solche Systeme entwickelt, kann man sie nicht einfach in Autos einbauen – nach dem Motto: Mal sehen, ob's hilft. Vielmehr muss man sie erst einmal gründlich testen. Dazu dienen Fahrzeug-Simulatoren. Ein solcher Simulator ist im DLR[1]-Standort Braunschweig in einer Halle aufgebaut. Da steht dann ein Auto mit den neuen Instrumenten ausgerüstet auf einer großen Plattform, die sich hin und her bewegt: Als Fahrer hat man dabei das Gefühl, wirklich durch eine Kurve oder bergauf zu fahren. Und auch der Blick auf die Straße ist ganz realistisch – auch wenn sie nur aus einer großen „Kino-Leinwand" besteht: Darauf wird das gesamte Verkehrsgeschehen projiziert – fast wie im wirklichen Leben. Erst wenn ein neues Fahrerassistenzsystem dann den Test bestanden hat, darf es auf die „echte" Straße. Und zwar zunächst noch in Testfahrzeugen. Erst ganz am Ende dieser Erprobungsphase wird es dann zur Serienproduktion zugelassen.

Tests auf der virtuellen Straße
Test der Fahrerassistenzsysteme in Fahrzeug-Simulatoren (z. B. DLR Braunschweig)
→ Tests bestanden → Testfahrzeuge auf „echten" Straßen → dann Serienproduktion

---

[1] DLR: Abkürzung für **D**eutsches Zentrum für **L**uft- und **R**aumfahrt

Seite 8 **2.** Der Text beginnt mit einem fett gedruckten Vorspann, in dem das Thema, um das es im weiteren Verlauf des Textes geht, anschaulich (u. a. durch ein alltägliches Beispiel) dargestellt wird. Hiermit wird das Interesse des Lesers für das Thema geweckt und er wird dazu motiviert, weiterzulesen.

Seite 9 **4.**

1. Absatz: Fahrerassistenzsysteme bestehen aus Sensoren und Computersoftware. Ziel ist es, mit ihnen das Autofahren zukünftig noch sicherer zu machen.
2. Absatz: Die meisten Unfälle im Straßenverkehr ereignen sich durch menschliche Fehler, z. B. durch überhöhte Geschwindigkeit, fehlenden Sicherheitsabstand oder kurze Unaufmerksamkeit. Die Sicherheit der Fahrer soll durch die Entwicklung neuer Systeme erhöht werden.
3. Absatz: Es gibt bereits einige Hilfsmittel, die den Autofahrer unterstützen (z. B. Sensorik zur Erfassung der Fahrbahnmarkierung, des Sicherheitsabstandes, Einparkhilfe, Reifendruckkontrolle). Ziel ist es, dass demnächst Autos untereinander Daten austauschen können und so den Fahrer mit mehr Informationen versorgen können.
4. Absatz: Die Gefahr bei Bordcomputern besteht darin, dass sich die Fahrer möglicherweise zu sehr auf sie verlassen oder sich von ihnen ablenken lassen. Experten (Ingenieure, Informationstechniker, Psychologen) versuchen bereits bei der Entwick-

lung neuer Systeme, die Schnittstelle zwischen Mensch und Maschine genau in den Blick zu nehmen und möglichst sicher zu machen.

5. Absatz: Neue Fahrerassistenzsysteme werden zunächst in Fahrzeug-Simulatoren (z. B. im DLR Braunschweig) intensiv getestet. Dann erst kommen die Testfahrzeuge auf die Straße, bevor sie in die Serienproduktion gehen.

Seite 9 5. Das Bild zeigt einen Fahrzeug-Simulator, wie er vom DLR in Braunschweig eingesetzt wird. Die Plattform bewegt den Wagen, sodass man als Testfahrer einen realistischen Eindruck erhält.

Seite 11 1. Markus Bruhn

Indikationstechnik im Test: Ständig unter Strom

In Südkorea wurde unter einer 24 Kilometer langen Buslinie der Großstadt Gumi ein Induktionssystem installiert. Jetzt hat der Test mit Elektrobussen begonnen, die während der Fahrt permanent Strom tanken – und so ein großes Problem der Elektromobilität umgehen.

Wie groß ist die Reichweite? Wo gibt es Ladestationen? Wie lange dauert es, bis die Akkus wieder voll sind? Elektromobilität setzt eine ausgeklügelte Logistik voraus – oder Induktionstechnik. Ob die verlässlich funktioniert und dem Stromantrieb zum Durchbruch verhelfen kann, wird seit wenigen Tagen in der südkoreanischen Großstadt Gumi erprobt Dort fahren zwei Elektrobusse deren Akkus auch während der Fahrt permanent geladen werden – ganz ohne Kabel.
Die Nahverkehrsbusse mit Elektromotor und Akku fahren auf einer 24 Kilometer langen Teststrecke die für rund 3,3 Millionen Euro zu diesem Zweck umgebaut wurde. Abschnittsweise wurden in die Fahrbahn Induktionsanlagen eingelassen. Nach Angaben der Entwickler vom Korea Advanced Institute of Science and Technology (KAIST) ist es für den verlässlichen Betrieb der Busse bereits ausreichend, wenn zwischen fünf und fünfzehn Prozent der Strecke mit Induktionsstreifen versehen sind. Passiert ein Bus diese Abschnitte, werden die Akkus berührungslos mit elektrischer Energie aufgeladen.
Das Prinzip der Induktion ist beispielsweise von Elektrozahnbürsten bekannt, es geht um die Übertragung von elektrischer Energie ohne Stecker, Kabel und Buchse. Im Fall der E-Busse wird elektrische Energie über ein Magnetfeld, das in der Straße verlegte Kabel erzeugen, in die Akkus der Busse übertragen, ohne dass dafür ein direkter Kontakt nötig ist. Die Energie überbrückt dabei einen Freiraum von 17 Zentimetern zwischen der Straße und dem Fahrzeugunterboden. Für Fußgänger oder andere Fahrzeuge soll dabei keine Gefahr entstehen.
Rein theoretisch böte das Konzept allerlei Vorteile, die sich auch für Elektro-Pkw umsetzen ließen: Aufgrund der regelmäßigen Stromversorgung aus dem Boden

Induktionssystemtest mit Elektrobussen (Z. 1–11 im Textteil)
- neue Möglichkeit der Elektromobilität durch Induktionstechnik
- Test mit zwei E-Bussen in der südkoreanischen Stadt Gumi

Die Teststrecke (Z. 11–20)
- Induktionsanlagen in Fahrbahn eingelassen
- Teststrecke: 24 Kilometer
- abschnittsweise Verlegung reicht aus, um Akkus berührungslos aufzuladen

Das Prinzip der Induktion (Z. 20–28)
- Induktion = Übertragung elektrischer Energie ohne Stecker, Kabel und Buchse.
- Magnetfeld leitet ohne direkten Kontakt Energie in die Akkus der Busse

Vorteile der Induktionstechnik (Z. 28–36)
- Vorteile: kleinere Akkus,

benötigen die Busse nur sehr kleine Akkus an Bord. Dies spart Gewicht und senkt den Preis. Zudem entfällt bei einer Strecke mit Induktionssystem das zeitaufwendige Laden per Kabel an speziellen Stationen. Für den Individualverkehr jedoch kämen diese Vorteile nur bei einer flächendeckenden Installation von Induktionsanlagen zur Geltung.
Die Stadtverwaltung von Gumi möchte das Konzept im öffentlichen Nahverkehr bis 2015 mit zehn weiteren Bussen testen. Im Prinzip ist die Sache allerdings ein alter Hut, wenn man an die gute alte Straßenbahn mit einer Stromversorgung per Oberleitungen denkt. Nur stecken die Kabel jetzt verborgen im Untergrund.

(aus: Spiegel Online, 12. August 2013)

weniger Gewicht, spart Geld, zeitaufwendiges Laden entfällt
- notwendig: flächendeckende Installation

Pläne der Stadtverwaltung von Gumi (Z. 36–40)
- Tests mit weiteren zehn Bussen bis 2015 in der Stadt Gumi vorgesehen
- Konzept ähnelt den Oberleitungen der Straßenbahnen

Seite 12 **2.** **Mögliche Lösung:** Der Autor stellt einen Test in der südkoreanischen Stadt Gumi vor, in dem es darum geht, dass Elektrobusse durch Induktionssysteme während der Fahrt kabellos aufgeladen und mit Strom versorgt werden.

Seite 12 **3.**

Titel des Textes:	Induktionstechnik im Test: Ständig unter Strom
Autor:	Markus Bruhn
Textsorte:	Internetbericht, Sachtext
Erscheinungsjahr:	2013
Publikationsorgan:	Spiegel Online

Seite 12 **4.**

Textabschnitt	**Inhalt – Was wird gesagt?**	**Welche Aufgabe hat die Aussage?**
Z. 1–11 Induktionssystemtest mit Elektrobussen	Test in der südkoreanischen Stadt Gumi mit zwei Elektrobussen, bei denen die Akkus nicht durch Kabel, sondern während der Fahrt durch Induktionsschleifen geladen werden	Allgemeiner Bericht über den Test → Den Leser in das Thema einführen
Z. 11–20 Die Teststrecke	Induktionsanlagen wurden abschnittsweise auf einer 24 Kilometer langen Teststrecke in die Fahrbahn eingelassen. Fährt der E-Bus über eine dieser Induktionsschleifen, wird sein Akku berührungslos mit elektrischer Energie aufgeladen.	Genaue Erläuterung, wie der Test durchgeführt wurde → tieferer Einblick für den Leser in die Thematik
Z. 20–28 Das Prinzip der Induktion	Unter Induktion versteht man die kabellose Übertragung von elektrischer Energie, wie z. B. bei der Elektrozahnbürste. Bei E-Bussen erzeugen die in der Straße verlegten Kabel ein Magnetfeld, das die elektrische Energie in die Akkus der Busse überträgt. Auf Fußgänger und andere Fahrzeuge haben diese Magnetfelder keine negativen Auswirkungen.	Erklärung, wie Induktion technisch funktioniert → Vorwissen des Lesers aufgreifen oder auch Wissen vermitteln

Z. 28–36 Vorteile der Induktionstechnik	Vorteile der Induktionstechnik für E-Busse bestehen darin, dass man aufgrund der regelmäßigen Nachladung nur noch kleine Akkus braucht, damit Gewicht spart und so den Preis senkt. Darüber hinaus wird Zeit für das Nachladen per Kabel gespart. Für den Individualverkehr müsste man flächendeckend Induktionsanlagen installieren.	Bewertung der Technik → Möglichkeit für den Leser, sich kritisch mit dem Aspekt auseinanderzusetzen
Z. 36–40 Pläne der Stadtverwaltung von Gumi	Die Stadt Gumi will die Technik mit weiteren zehn Bussen testen. Das Grundprinzip ist bereits durch die Energieversorgung durch Oberleitungen bei Straßenbahnen bekannt.	Ausblick auf die Weiterentwicklung und Vergleich mit bereits bestehenden Techniken → Hinweise für den Leser darauf, wie die Idee weiterverfolgt werden könnte

Seite 13 **5.** **Individuelle Lösung**

„Der Sieger“ – eine Kurzgeschichte beschreiben und deuten

Seite 16 **1.**

Schauplatz	**Inhalt (in Stichworten)**
1. Sportplatz, Z. 1–27	– Sportwettkampf (Fünfkampf) – Dannwitz verliert unerwartet – Bert Riedel gewinnt – Mitschüler freuen sich darüber – Dannwitz ist ihnen unsympathisch – Kraftprotz – Dannwitz gratuliert Bert nicht, obwohl der Lehrer ihn dazu auffordert
2. Nachhauseweg (Z. 28–64) über einen sonnenbeschienenen Platz (Z. 29/30), über die Straßen am Stadtrand (Z. 38), den Fluss hinunter und über einen Weg, der von Büschen und einem Zaun umsäumt ist (Z. 39)	– Gespräch über den Wettkampf – Gespräch über die Mädchen, die eingeladen worden sind – Dannwitz taucht auf und fordert Bert und seine zwei Freunde zum Kampf – Bert schickt die Freunde nach Hause und stellt sich Dannwitz – Bert will nicht kämpfen – Dannwitz weint – Die Jungen sehen dies fassungslos
3. Wohnung des Ich-Erzählers (Z. 65–72)	– Gespräch des Ich-Erzählers mit dem Vater – Vater fragt, seit wann Dannwitz in der Klasse sei – Ich-Erzähler antwortet, seit anderthalb Jahren und von Anfang an habe niemand ihn gemocht, weil er seine Kräfte ausgespielt habe – Vater fragt, womit er ihnen sonst habe imponieren können – Ich-Erzähler schweigt

4. Festplatz (Z. 73–107)	– Ich-Erzähler sieht Dannwitz allein stehen – Ich-Erzähler spricht mit Bert – Er sagt, dass sie ihm nie eine Chance gegeben hätten – Er sagt, er würde es versuchen, könne es aber Berts wegen nicht – Bert geht zu Dannwitz – Ich-Erzähler ruft ihm zu, Dannwitz heiße Werner – Bert spricht mit Dannwitz – Sie kehren gemeinsam zu den anderen Jungen zurück – Ich-Erzähler denkt, wer denn heute gewonnen habe

Seite 18 **1.**

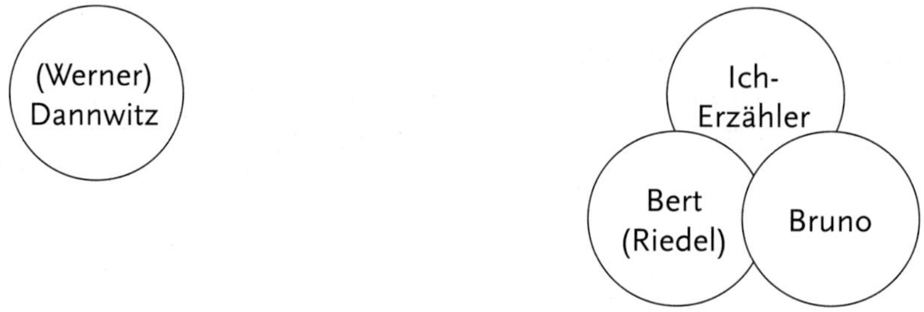

Seite 18 **2.**

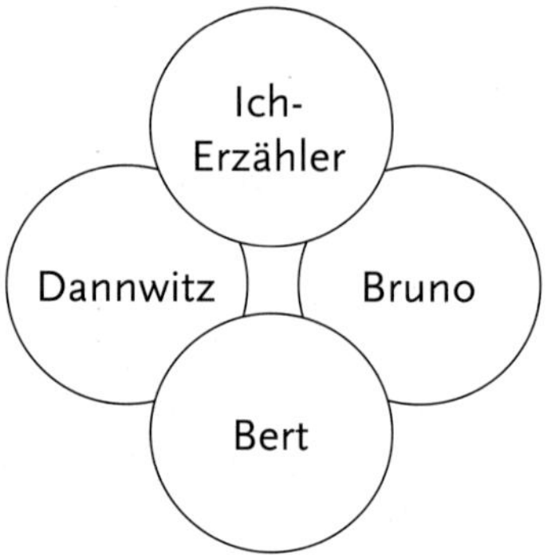

Seite 19 **3./4.**

Dannwitz	
Z. 1:	Er blickt die Klassenkameraden herausfordernd der Reihe nach an.
Z. 5/6:	Er spricht von nichts anderem als von seinen Kräften.
Z. 23:	Er dreht sich weg, als Bert auf ihn zugeht.
Z. 50:	Er fordert drei Mitschüler gleichzeitig zum Kampf auf.
Z. 61:	Er weint.
Z. 63/64:	Er trabt schwankend wie ein großer verwundeter Bär fort.
Z. 77/78:	Er steht wesenlos da wie ein Schatten.
Z. 103/ 104:	Er kommt zusammen mit Bert zwischen den Bäumen hervor, er geht lässig.

Bert, Bruno und der Ich-Erzähler	
Z. 3:	Sie finden es gefährlich, Dannwitz zu reizen.
Z. 4:	Sie mögen den Kraftprotz nicht.

Z. 7/8:	Sie gönnen ihm die Niederlage.
Z. 44:	Sie frieren, als sie ihm ins Gesicht sehen.
Z. 53–55:	Sie wollen nicht gegen ihn kämpfen.
Z. 67/68:	Sie mögen ihn von Anfang an nicht.
Z. 80/81:	Der Ich-Erzähler geht mit klopfendem Herzen an Dannwitz vorbei.
Z. 86/87:	Der Ich-Erzähler schaut verstohlen zu Dannwitz hin.
Z. 98:	Der Ich-Erzähler schlägt vor, mit Dannwitz zu sprechen.
Z. 100:	Sie erkennen, dass sie ihm nie eine Chance gaben.
Z. 102:	Der Ich-Erzähler nennt Dannwitz' Vornamen.
Z. 103–104:	Bert spricht mit Dannwitz und kommt mit ihm zwischen den Bäumen hervor.

Seite 20 1.

Mögliche Lösung:
In der Kurzgeschichte „Der Sieger", die von Erich Junge im Jahr 1958 verfasst wurde, geht es um die schwierige Beziehung zwischen einer Gruppe von langjährigen Freunden und Klassenkameraden und einem Jungen, der vor anderthalb Jahren neu in die Klasse gekommen ist.

Seite 20 2.

Einleitung:
In der Kurzgeschichte „Der Sieger", die von Erich Junge im Jahr 1958 verfasst wurde, geht es um die schwierige Beziehung zwischen einer Gruppe von langjährigen Freunden und Klassenkameraden und einem Jungen, der vor anderthalb Jahren neu in die Klasse gekommen ist.

Seite 20 3.

Beispiel einer Analyse der Kurzgeschichte:

- *Inhaltsangabe:*

Dannwitz, der beste Sportler der Klasse, verliert bei einem Fünfkampf gegen seinen Mitschüler Bert Riedel. Die Mitschüler freuen sich darüber, da ihnen Dannwitz unsympathisch ist. Er protzt nämlich immer mit seinen Kräften. Obwohl ihn der Lehrer dazu auffordert, gratuliert Dannwitz Bert nicht zum Sieg. Auf dem Nachhauseweg sprechen der Ich-Erzähler und seine Freunde Bert und Bruno über den Wettkampf und über die Mädchen, die sie zum Schulfest am Abend eingeladen haben. Plötzlich taucht Dannwitz auf und fordert die drei zum Kampf auf. Bert schickt seine Freunde weg und stellt sich, will aber nicht kämpfen, da es seiner Ansicht nach keinen Zweck habe, sich zu wehren. Der Herausforderer ist viel stärker als er. Dannwitz weiß nicht mit dieser Situation umzugehen und weint. Seine Klassenkameraden sehen es fassungslos mit an.
Beim Essen erzählt der Ich-Erzähler seinem Vater von dem Wettkampf und dem Vorfall auf dem Nachhauseweg. In dem Gespräch wird deutlich, dass Dannwitz erst seit anderthalb Jahren in der Klasse ist und von den Mitschülern sofort abgelehnt worden ist, weil er immer auf seine Kräfte angespielt hat. Auf die Frage des Vaters, womit er den neuen Klassenkameraden sonst habe imponieren können, schweigt der Ich-Erzähler.
Beim Schulfest am Abend steht Dannwitz allein am Rand. Der Ich-Erzähler spricht mit seinem Freund Bert, dem Sieger des Wettkampfs, und sagt, dass sie Dannwitz nie eine Chance gegeben hätten. Aus Freundschaft zu Bert möchte der Ich-Erzähler aber nichts unternehmen. Deshalb geht Bert zu Dannwitz. Der Ich-Erzähler ruft ihm zuvor noch zu, dass Dannwitz Werner heiße. Schließlich kehrt Bert mit Werner zu den anderen Jungen zurück, als sei es immer schon so gewesen. Und der Ich-Erzähler fragt sich, wer denn heute der Sieger geworden sei.

- *Darstellung der Figurenentwicklung, ihrer Beziehungen und des Wendepunktes in den Figurenbeziehungen:*

Dannwitz ist stolz auf seine Kräfte und seine sportlichen Leistungen. Mit seinen Klassenkameraden spricht er über nichts anderes (vgl. Z. 4–6). Er kann aber nicht gut mit Niederlagen umgehen. Als ein Klassenkamerad ihn beim Fünfkampf schlägt, gratuliert er ihm nicht, sondern geht wortlos fort (vgl. Z. 21–24). Um sein Ansehen wiederherzustellen, fordert er auf dem Nachhauseweg den Sieger Bert und dessen Freunde, den Ich-Erzähler und Bruno, zum Kampf auf: „‚Ihr seid doch drei‘, sagte er kaum hörbar, ‚kommt, ihr seid doch drei ...‘“ (Z. 50). Doch Bert sieht den Konflikt als sein Problem an und schickt seine Freunde weg. Er selbst stellt sich zwar, macht aber klar, dass er nicht zu kämpfen gedenke, da es keinen Zweck habe, sich gegen den viel stärkeren Dannwitz zu wehren: „‚Nun fang an‘, sagte er flüsternd. ‚Ich wehre mich nicht einmal, ich weiß, dass es keinen Zweck hat, sich zu wehren, also, fang an ...‘“ (Z. 53–55). Mit dieser Situation kann Dannwitz nicht umgehen, er beginnt zu weinen. Wie „ein großer verwundeter Bär“ trabt er schwankend davon. (Z. 64). Die Klassenkameraden sehen es mit Fassungslosigkeit. Zugleich ist diese Situation für sie auch ein Zeitpunkt, um über die Beziehung zu dem Klassenkameraden Dannwitz nachzudenken. Ihnen wird zudem durch den Vater des Ich-Erzählers klargemacht, dass sie Dannwitz nie eine Chance gegeben haben. Sie sind seit Jahren miteinander befreundet und als Dannwitz vor anderthalb Jahren in die Klasse kam, lehnten sie ihn sofort ab. Sie mögen diesen Kraftprotz nicht, gönnen ihm die Niederlage beim Wettkampf, finden es gefährlich, ihn zu reizen (vgl. Z. 3–8). Deshalb wollen sie keinen Kontakt zu ihm. Doch die Schwäche des vermeintlich starken und gefährlichen Dannwitz („Sein Unterkiefer fiel herab, was seinem Gesicht einen merkwürdig hilflosen Ausdruck verlieh, seine breiten Schultern sackten zusammen, die Fäuste lösten sich und wahrhaftig, er weinte.“, Z. 59–61) und die Worte des Vaters setzen ein Umdenken in Gang. Bert, der Sieger des Wettkampfs, ist es, der nach Anstößen durch den Ich-Erzähler auf Dannwitz zugeht. Und dieser ergreift die Chance und schließt sich den Jungen an: „Aber sie kamen zusammen zwischen den Bäumen hervor, lässig gingen sie nebeneinander, als sei es schon immer so gewesen, und ich dachte, wer von ihnen hat nun eigentlich heute gewonnen?“ (Z. 103–107).

- *Stellungnahme:*

Und so lässt sich die Frage, „wer von ihnen [...] nun eigentlich heute gewonnen“ habe, nur mit „alle“ beantworten. Dannwitz ist ein Sieger, weil er das erreicht hat, worum er sich anderthalb Jahre vergeblich bemühte – die Aufnahme in die Klassengemeinschaft. Dies ist ihm nicht mit Stärke, sondern mit einer Gefühlsäußerung gelungen.
Bert ist ein Sieger, nicht nur, weil er den Wettkampf gegen einen normalerweise überlegenen Gegner gewonnen hat, sondern weil er dessen Überlegenheit anerkennt und so eine unerwartete Gefühlsäußerung bei ihm auslöst. Außerdem lässt er sich nicht lange bitten, Dannwitz die Hand zu reichen.
Aber auch der Ich-Erzähler ist ein Sieger, denn er hat die Anregungen seines Vaters aufgegriffen und den ersten Schritt zur Versöhnung getan, indem er mit Bert gesprochen hat.

Strophe für Strophe – Gedichte beschreiben und deuten

Seite 22 **1./2.** **Individuelle Lösungen**

Seite 22 **3a** Zeitunglesen (V. 2), fern von der Natur (V. 2), wirtschaftliche Aktivitäten, Geld wird gezählt (V. 4), Lautstärke/Krach (V. 5), Unzufriedenheit (V. 5), geregeltes Leben („man zählt“, V. 4)

Seite 22 **3b** Ungebundene/freie Bewegung („wandern", V. 1, „strolchen", V. 3), Veränderung, Offenheit

Seite 22 **4.**

Strophe	Beispiel aus dem Text	Erläuterung
2	„Die Luft ist dick und wie aus grauem Tuch." (V. 7) „Man träumt" (V. 8, V. 9) „möchte in die Stille" (V. 10)	Abgase, lyrisches Ich fühlt sich unwohl Flucht aus dem Alltag in der Stadt Unzufriedenheit mit dem Lärm in der Stadt
3	„Man flieht aus den Büros und den Fabriken"	Unzufriedenheit mit Arbeitsalltag, Verlassen der Stadt erscheint wie Flucht

Seite 23 **5.**

Strophe	Beispiel aus dem Text	Erläuterung
2	„von Äckern und Pferdeställen" (V. 8) „Man träumt" (V. 8, V. 9) „Stille" (V. 10) „möchte [...] zu Besuch" (V. 10)	Leben und Arbeiten auf dem Land erscheinen positiv Lyrisches Ich wünscht sich fort aus der Stadt Natur/Land als Ort der Ruhe Wunsch, die Stadt zu verlassen
3	„Gräser wie Bekannte nicken" (V. 13) „Spinnen seidne Strümpfe stricken" (V. 14) „wird man gesund" (V. 15)	Gefühl der Vertrautheit, gleichmäßiges Leben, ohne Hektik Erscheinungen der Natur erscheinen schön Natur als Ort der Heilung

Seite 23 **6.** Das lyrische Ich fühlt sich in der Stadt unwohl und ist mit dem Alltag und der Unruhe in der Stadt unzufrieden. Es fühlt sich eingeengt. Im Gegensatz dazu erscheint dem lyrischen Ich die Natur als ein Ort, an dem es sich wohlfühlen und erholen kann.

Seite 23 **7.** Das lyrische Ich beschreibt das Leben in der Stadt mit diesem Bild negativ. Es sei körperlich und psychisch anstrengend und mache die Menschen krank.

Seite 24 **8.** Vertrauen, Vertrautheit, Verständnis, Fähigkeit zuzuhören, heilende Kräfte, Ruhe, spenden Trost, machen keine Unterschiede zwischen den Menschen.

Seite 24 **9.** Das Wort „Doch" kennzeichnet hier einen Einschnitt im Vers und deutet auf den scheinbaren Gegensatz zwischen „schweigen" und „nicht stumm" hin. Es verbindet die beiden Aussagen und macht deutlich, dass die Bäume zwar nicht mit Worten zu den Menschen sprechen, trotzdem aber einen positiven Einfluss auf sie haben können.

Seite 24 **10.** **Mögliche Lösung:**
Aus Sicht des lyrischen Ichs bieten die Natur und das Leben auf dem Land die Möglichkeit zu einem freieren, ungebundenen Leben, das nicht von den Zwängen und negativen Merkmalen des Stadtlebens bestimmt ist.

Seite 25 **1.** Das Gedicht besteht aus **vier** Strophen. Jede dieser Strophen umfasst **fünf** Verse, sodass das Gedicht insgesamt **zwanzig** Verse hat.

Seite 25 **2.**

Strophe	Vers	Reimwort	Kennzeichnung des Reims
1	1	Wälder	a
	2	Blatt	b
	3	Felder	a
	4	Gelder	*a*
	5	Stadt	b
2	6	*Wellen*	c
	7	Tuch	d
	8	Ställen	c
	9	*Forellen*	*c*
	10	*Besuch*	*d*
3	*11*	*Fabriken*	*e*
	12	rund	f
	13	*nicken*	*e*
	14	*stricken*	*e*
	15	gesund	f
4	*16*	*krumm*	*g*
	17	*reden*	*h*
	18	*um*	*g*
	19	*stumm*	*g*
	20	*jeden*	*h*

Seite 26 **3.**

Die richtigen Aussagen sind:
Das Reimschema ist in allen Strophen gleich.
Es reimen sich jeweils der erste, dritte und vierte Vers in einer Strophe.
Es reimen sich jeweils der zweite und der fünfte Vers einer Strophe.

Seite 26 **4.**

Morgenstern: abba (umarmender Reim)
Brentano: abab (Kreuzreim)
Ringelnatz: aabbcc (Paarreim)

Seite 27 **5.**

Das Reimschema des Gedichts „Sieh nicht, was andre tun" von Christian Morgenstern ist ein umarmender Reim (abba).
In dem Gedicht „Abendständchen" von Clemens Brentano werden die Verse durch einen Kreuzreim (abab) verbunden.
In Joachim Ringelnatz' Gedicht „Die Ameisen" liegt ein Paarreim (aabbcc) vor. Dabei reimen sich die zwei/beiden Verse, die direkt aufeinanderfolgen.

Seite 28 **1.**

V. 1: „Die Jahreszeiten wandern [...]"
Erklärung: Im Wald folgt regelmäßig eine Jahreszeit auf die andere.
V. 3: „Die Jahreszeiten strolchen [...]"
Erklärung: Auch an den Feldern erkennt man den Wechsel der Jahreszeiten; hier ist er aber unregelmäßiger.
V. 5: „Geschrei der Stadt"
Erklärung: Der unangenehme Lärm in der Stadt wird bildhaft dargestellt wie das Schreien von Menschen.

Seite 28 **2.**

Das lyrische Ich verwendet eine Metapher.

Seite 29 **3.** In der Stadt stehen die Häuser eng zusammen und wenn man über die Stadt blickt, bilden die Dächer eine große zusammenhängende Fläche. Diese Fläche ist allerdings nicht eben; durch die Giebel der Häuser sieht es aus wie Wellen.

Seite 29 **4.**

Beispiel aus dem Text	Art des sprachlichen Bildes	Bedeutung
„wie aus grauem Tuch" (V. 7)	Vergleich	zusammenhängende Fläche, die die Stadt zudeckt
„wie Bekannte" (V. 13)	Vergleich	Gefühl der Vertrautheit mit der Natur, lyrisches Ich fühlt sich geborgen
„Gräser [...] nicken" (V. 13)	Personifikation	das Nicken als menschliche Verhaltensweise, freundliche Geste, zeigt positive Atmosphäre und Vertrautheit
„Spinnen [...] stricken" (V. 14)	Personifikation	Stricken als menschliche Fähigkeit, Spinnen werden vermenschlicht und wirken so dem Menschen näher

Seite 30 **1.** Anapher

Seite 30 **2.** Die Aussage wird verallgemeinert, sie betrifft viele Menschen.

Seite 30 **3.**

Beispiele aus dem Text	Sprachliches Mittel	Wirkung/Deutung
„Man zählt die Tage. Und man zählt die Gelder." (V. 4)	Anapher, Parallelismus	Leben in der Stadt erscheint monoton
„Man träumt [...]./Man träumt [...]." (V. 8–9)	Anapher, Parallelismus	betont die Flucht des lyrischen Ichs aus dem Alltag in der Stadt
„Und möchte in die Stille zu Besuch." (V. 10)	Ellipse	Wunsch des lyrischen Ichs nach Ruhe, hervorgehoben durch die Verkürzung des Satzes
„Mit Bäumen [...] mit Brüdern [...]" (V. 17)	Alliteration	Natur („Bäume") und Menschen („Brüder") sind miteinander verbunden.

Seite 31 **1.** Das Gedicht „Die Wälder **schweigen**" wurde von **Erich Kästner** verfasst und ist **1936** zum ersten Mal erschienen.

Seite 31 **2.** Das Gedicht handelt von den negativen Seiten des Stadtlebens, dem die Natur als positiv gegenübergestellt wird.

Seite 32 **3.–5.** **Individuelle Lösungen**

Die ersten Schritte ins Berufsleben – das Praktikum vorbereiten

Seite 33 **1./2.** **Individuelle Lösungen**

Seite 34 **1.**
Pünktlichkeit = genaue Einhaltung von Terminen
Leistungsbereitschaft = bereit sein, seine Arbeit gründlich zu erledigen
Disziplin = Einhalten von Arbeitsanweisungen, Vorschriften und Sicherheitshinweisen
Sauberkeit/Ordnung = ordentliches und systematisches Arbeiten
Ehrlichkeit = vertrauenswürdig gegenüber Chef, Mitarbeitern und Kunden handeln
Ausdauer = Einsatzbereitschaft auch bei monotonen Arbeiten

Seite 34 **2.**
a) Ehrlichkeit
b) Sauberkeit/Ordnung
c) Pünktlichkeit
d) Leistungsbereitschaft
e) Disziplin/Ausdauer
f) Ausdauer/Disziplin

Seite 35 **3.** **Individuelle Lösung**

Seite 37 **1.**
Mögliche Lösung:
Stichwortzettel A
Vorteile:
- Nennung des Praktikumstags
- Nennung des Datums

Nachteile:
- Keine Unterteilung der Tätigkeiten nach Uhr- oder Tageszeit
- Ungenauigkeit der Tätigkeitsbeschreibung

Stichwortzettel B
Vorteile:
- Nennung des Praktikumstags
- Nennung der Arbeitszeit
- Unterteilung der einzelnen Tätigkeiten

Nachteile:
- Keine Unterteilung nach Uhrzeit

Stichwortzettel C
Vorteile:
- Nennung des Praktikumstags
- Nennung des Datums
- Nennung der Arbeitszeit
- Besonderer Tageszusatz
- Unterteilung des Stichwortzettels in Uhrzeit, Tätigkeit und Anmerkung
- Detaillierte Stichworte

Nachteil:
- Noch genauere Beschreibung der Tätigkeiten insbesondere am Vormittag

Seite 39 **1.**
Mögliche Lösung:
Tagesbericht vom 28.5.2013 (7. Praktikumstag)
Mein siebter Arbeitstag begann um 9.00 mit einer besonderen Aufgabe, der Vorbereitung der Behandlungsräume für den Fangotag. Dazu rührte ich unter Anleitung eines

Mitarbeiters die Fangomasse an. Sie sieht aus wie Matsch und riecht streng. In der Zeit von 10.00–13.00 schaute ich dann zu, wie Fangobehandlungen durchgeführt werden. Anschließend machte ich Mittagspause.
Die dauerte an diesem Tag nur ca. 30 Minuten, da ich einen Physiotherapeuten zu Hausbesuchen begleiten konnte. Dazu fuhren wir mit dem Firmenwagen zu verschiedenen Patienten, die zu Hause behandelt werden, weil sie aus unterschiedlichen Gründen (Alter, gebrochene Knochen etc.) nicht in die Praxis kommen konnten. Der Physiotherapeut arbeitete mit dem Patienten, indem er z. B. Gehübungen oder Übungen zur Stärkung der Rückenmuskulatur mit ihnen durchführte. Manche Patienten bekamen aber auch eine Massage. An diesem Tag behandelte er viele ältere Menschen, die sehr nett waren. Trotzdem wurde mir im Laufe des Nachmittags langweilig, da ich oft nur zuschauen konnte.

Seite 39 **2.** **Individuelle Lösung**

Schritt für Schritt – Vorgänge beschreiben

Seite 41 **1.** **Bezeichnung des Arbeitsvorgangs:**
Haare waschen

Benötigte Materialien:
Waschhandschuhe, wasserdichter Umhang, passendes Shampoo, Handtücher, Kamm, Bürste

Reihenfolge der einzelnen Handlungsschritte:
- Umhang und Handtuch umlegen
- Waschbecken heranziehen
- Waschbecken und Sitz passend einstellen
- Wasser auf Hauttemperatur einstellen
- Haare mit Handbrause anfeuchten
- Haare shampoonieren
- Shampoo ausspülen (Stirn zu Hinterkopf)
- Wasser abstellen
- Haare leicht ausdrücken
- Handtuch um Kopf des Kunden wickeln
- Waschbecken wegschieben

Besonders zu beachtende Punkte bei diesem Arbeitsvorgang:
- Umhang muss richtig angelegt werden
- Beckenrand muss Nacken umschließen
- Wassertemperatur fortlaufend kontrollieren
- nachfragen, ob für Kunden alles angenehm ist
- Shampoo gründlich ausspülen
- nasse Handtücher zur Schmutzwäsche

Seite 41 **2.** **Mögliche Lösung:**
Die Haarwäsche gehört zu den häufigsten Tätigkeiten eines Friseurs. Zur Vorbereitung der Haarwäsche sollten **zunächst** alle notwendigen Werkzeuge und Hilfsmittel bereitgelegt werden. **Dabei** handelt es sich um Waschhandschuhe, einen wasserdichten Umhang, passendes Shampoo, Handtücher, Kamm und Bürste.
Als Erstes legt man dem Kunden Umhang und Handtuch um. Dabei ist darauf zu achten, dass der Umhang richtig angelegt wird, da ansonsten die Kleidung des Kunden nass wird. **Nachdem** man das Waschbecken an den Kunden herangezogen und

passend zur Sitzhöhe des Kunden eingestellt hat, stellt man das Wasser auf Hauttemperatur ein. **Wenn** die Temperatur passend ist, feuchtet man die Haare mit der Handbrause an. **Danach** werden die Haare shampooniert. Dabei darf nicht vergessen werden, fortlaufend die Wassertemperatur zu kontrollieren. **Außerdem** sollte man den Kunden während des Vorgangs fragen, ob das Haarewaschen für ihn angenehm ist. Nach der gründlichen Haarwäsche kann das Shampoo von der Stirn zum Hinterkopf ausgespült werden. **Wichtig ist es** dabei, dass das Shampoo gründlich aus den Haaren gespült wird. **Zum Schluss** stellt man das Wasser aus, drückt die Haare des Kunden leicht aus, wickelt ihm ein trockenes Handtuch um den Kopf und schiebt das Waschbecken weg. Hierbei **ist darauf zu achten**, dass der Kunde von gegebenenfalls nass gewordenen Handtüchern befreit wird. Diese sollten jetzt in die Schmutzwäsche gebracht werden. **Anschließend** kann der Kunde weiterbehandelt werden.

Seite 43 **1.** 1-E, 2-C, 3-G, 4-F, 5-A, 6-H, 7-J, 8-I, 9-B, 10-D

Seite 43 **2.** **Mögliche Lösung:**
Einen Fahrradreifen flicken

Benötigte Materialien:
Luftpumpe, Schmirgelpapier, Schraubenschlüssel, Reifenheber, ein Gefäß mit Wasser, Gummikleber, Flicken aus dem Fahrradladen, ein kleines Kästchen für die Ventilteile.

Reihenfolge der einzelnen Arbeitsschritte:
Zunächst wird das Fahrrad umgedreht und auf Sattel und Lenkergabel gestellt. Mit einem Schraubenschlüssel werden die Radmuttern in der Mitte gelöst. Anschließend kann das Rad abgenommen werden. Mithilfe eines Reifenhebers zieht man den Reifen und den Radschlauch von der Felge. Nun kann das Ventil abgeschraubt werden. Der Schlauch kann jetzt vorsichtig von der Felge gezogen und mit einer Luftpumpe aufgepumpt werden. Um herauszufinden, wo der Schlauch defekt ist, macht man eine Wasserprobe: Dazu hält man den Schlauch Stück für Stück unter Wasser. Wenn Luftblasen aufsteigen, ist die defekte Stelle gefunden. Die schadhafte Stelle muss vor der Reparatur mit Schmirgelpapier angeraut werden, damit der Flicken besser hält. Anschließend kann der Gummikleber rund um die schadhafte Stelle verteilt werden. Er muss ca. fünf Minuten antrocknen. Nach dem Antrocknen des Klebers wird der Flicken unter festem und längerem Drücken auf die schadhafte Stelle geklebt. Nach einigen Minuten, in denen der Kleber nun vollständig trocknet und aushärtet, wird der Schlauch wieder unter den Mantel zurückgesteckt und Schlauch und Mantel wieder auf die Feige gezogen. Zum Schluss wird das Rad aufgepumpt und die Ventilmutter festgedreht. Wenn das Rad in das Gestell eingesetzt ist, wird die Radmutter mit dem Schraubenschlüssel wieder festgeschraubt.

Besonders zu beachten ist dabei:
Beim Abziehen des Reifens und des Radschlauchs von der Felge ist es wichtig, nichts Spitzes zu benutzen, damit Reifenmantel und Schlauch nicht beschädigt werden.
Nach dem Abschrauben der Radschrauben und des Ventils empfiehlt es sich, die Schrauben und die Ventilteile sicher in einem kleinen Kästchen zu verstauen, damit man sie später beim Zusammenbau griffbereit hat.
Es ist wichtig, beim Aufkleben des Flickens eventuelle Luftblasen unter dem Flicken vor dem endgültigen Trocknen und Aushärten des Klebers durch Glattstreichen zu entfernen.

Betriebspraktikum: Ja oder Nein? – Argumentieren und Erörtern

Seite 44 **1.**

Ist ein zweiwöchiges Betriebspraktikum in der neunten Klasse wirklich sinnvoll?	Pro: Das Betriebspraktikum ist sinnvoll.	Kontra: Das Betriebspraktikum ist nur wenig sinnvoll.
A: Durch die Praktikumszeit geht wichtige Schulzeit verloren, in der man für Klassenarbeiten üben könnte.		X
B: Man lernt seinen Traumberuf besser kennen.	X	
C: Es ist möglich, erste Kontakte zu knüpfen, um später eine bessere Chance bei einer Bewerbung zu haben.	X	
D: Die Betriebe haben oft hat keine sinnvollen Aufgaben, die ein Praktikant ohne Ausbildung ausüben kann.		X
E: Die Erfahrungen helfen bei der Entscheidung für oder gegen einen Beruf.	X	
F: Die Praktikumsberichte für die Schule stellen einen erhöhten Arbeitsaufwand dar.		X
G: Die Schüler sind zu jung, um über ihre Berufswahl entscheiden zu können.		X
H: Die Praktikumszeit ist zu kurz, um den Beruf wirklich kennenlernen zu können.		X

Seite 44 **2./3.**

Weitere mögliche Pro-Argumente:

- Gefällt einem die Arbeit im Praktikum nicht, kann man sich schon vor einer möglichen Ausbildung gegen den Beruf entscheiden.
- Man wird dadurch in der Schulzeit besser auf das spätere Berufsleben vorbereitet.
- Es ist wichtig, auch Lernorte außerhalb der Schule kennenzulernen, wie es in einem Praktikum geschieht.
- ...

Weitere mögliche Kontra-Argumente:

- Viele Wunschbetriebe nehmen keine Praktikanten bei sich auf.
- Die Betriebe beschweren sich über die Menge an Praktikanten, die jedes Jahr ein Praktikum bei ihnen machen wollen.
- Die eigenständige Bewerbung als Praktikant erfordert Selbstbewusstsein und ist nicht für alle Schüler leicht.
- ...

Seite 45 **1.**

Mögliche Lösung:

Kfz-Mechanikerin, Industriekaufmann, Zahnarztassistentin oder noch gar keine Idee? Für viele Schüler ist die Berufswahl eine schwierige Entscheidung, schließlich wird man sein Leben lang in diesem Beruf arbeiten. Doch hilft ein zweiwöchiges Betriebspraktikum in der neunten Klasse tatsächlich, diese Entscheidung zu treffen, oder ist es nur eine willkommene Ablenkung zum Schulalltag? Ich selbst stelle mir diese Frage immer wieder. Auch die Diskussionen im Zusammenhang mit der Vorbereitung des Betriebspraktikums in unserer Klasse zeigen, dass oft vielen Schülern der Sinn und Wert eines schulischen zweiwöchigen Betriebspraktikums in der neunten Klasse nicht klar ist. An diese Klassendiskussion anknüpfend werde ich im Folgenden die Frage erörtern, ob ein zweiwöchiges Betriebspraktikum in der neunten Klasse während der Schulzeit sinnvoll ist. Schließlich könnte man erste Berufserfahrungen ja auch in den Ferien sammeln, womit ein schulisches Betriebspraktikum während der Schulzeit überflüssig wäre.

Seite 46 1. *Behauptung:* Die Erfahrungen, die man während des Betriebspraktikums sammelt, helfen bei der Entscheidung für oder gegen einen Beruf.
Begründung: Die meisten Menschen wissen schon nach wenigen Tagen in einem Betrieb, ob eine Tätigkeit etwas für sie ist oder nicht.
Beispiel: Mein Onkel ist Zahntechniker. Er hat mir erzählt, ihm sei durch das Praktikum in der neunten Klasse klar geworden, dass sein damaliger Traumberuf Tierpfleger doch nichts für ihn war. Nach dem Praktikum als Tierpfleger sei er sich ganz sicher gewesen, dass er lieber etwas Handwerkliches machen wollte.
(Pro-Argument)

Behauptung: Das Betriebspraktikum während der Schulzeit kostet vor allem Zeit zum Lernen.
Begründung: Wenn die Schüler in den Ferien ein Praktikum machen würden, könnte man sich besser auf die Klassenarbeiten und Abschlussprüfungen vorbereiten.
Beispiel: In der Karl-Marx-Schule hat man das Betriebspraktikum während der Schulzeit abgeschafft, um mehr Zeit zu haben, die Schüler auf die Abschlussprüfungen vorzubereiten. Meine Freunde, die ich dort habe, sind mit dem Vorgehen sehr zufrieden.
(Kontra-Argument)

Behauptung: Die Praktikumsmappe geht nur zu einem sehr geringen Teil in die Note für die Fächer Deutsch und Wirtschaft ein.
Begründung: So stellen die Praktikumsberichte für die Schule einfach einen zu hohen Arbeitsaufwand dar, der sich nicht lohnt.
Beispiel: Die Zehntklässler, die letztes Jahr ihr Betriebspraktikum absolviert haben, haben uns erzählt, dass sie jeden Abend noch Notizen über den Arbeitstag anfertigen mussten und ein ganzes Wochenende für das Ausformulieren der Praktikumsberichte benötigt haben.
(Kontra-Argument)

Seite 47 2. **Mögliche Lösungen:**
Man lernt seinen Traumberuf besser kennen, weil man erste Erfahrungen sammeln und sich genau überlegen kann, ob dieser Beruf wirklich das Richtige für einen ist. Laut Siegfried Meier, dem Leiter der Agentur für Arbeit in Hannover, ist es gerade für Jugendliche besonders wichtig, möglichst viele Einblicke in die Berufswelt zu bekommen, da ihnen so auch bewusst wird, dass ihr Traumberuf möglicherweise gar nicht passend für sie ist.

Man kann erste Kontakte knüpfen, um später bessere Chancen bei einer Bewerbung zu haben. So haben sowohl die Schülerinnen und Schüler als auch die Betriebe die Möglichkeit sich bereits vor einer angestrebten Ausbildung kennenzulernen. Ähnlich erging es auch meinem großen Bruder, der sein Praktikum in einem Betrieb gemacht und nun dort auch eine Ausbildungsstelle als Industriekaufmann bekommen hat. Zu mir sagte er, dass dies ohne die zuvor geknüpften Kontakte, bei 61 Bewerbern auf diesen Ausbildungsplatz, kaum möglich gewesen wäre.

Seite 49 1. Der Verfasser ist der Meinung, dass ein Praktikum als erster Einblick in die Berufswelt nicht sinnvoll ist. Er legt zunächst die Argumente, die gegen seinen Standpunkt sprechen, dar, um dann die Argumente zu entfalten, die für seinen Standpunkt sprechen. So führt er den Leser von dem Gegenstandpunkt weg zu seiner eigenen Meinung hin.

Seite 49 **2.** **Mögliche Lösung:**

Ist ein zweiwöchiges schulisches Betriebspraktikum in der neunten Klasse wirklich sinnvoll?

1 **Einleitung**

2 **Hauptteil**

2.1 **Antithese:** Ein Praktikum ist sinnvoll, um einen ersten Einblick in die Berufswelt zu bekommen.

2.1.1 **Kontra-Argument 1:** Man kann herausfinden, ob einem der Beruf wirklich gefällt.

2.1.2 **Kontra-Argument 2:** Betriebe lernen spätere Bewerber schon früh kennen.

2.1.3 **Kontra-Argument 3:** Es ist möglich während des Praktikums erste Kontakte zu knüpfen.

2.2 **Überleitung** vom Gegenstandpunkt zum eigenen Standpunkt

2.3 **These:** Ein Praktikum kann keinen guten Einblick in die Berufswelt liefern und ist daher nicht sinnvoll.

2.3.1 **Pro-Argument 1:** Die Praktikumsberichte stellen einen zu hohen Arbeitsaufwand dar.

2.3.2 **Pro-Argument 2:** Es gibt Betriebe, die sich keine Mühe mit den Praktikanten geben.

2.3.3 **Pro-Argument 3:** Die Praktikumszeit lässt sich in der Schule besser nutzen.

3 **Schluss:** Abwägung und eigene Entscheidung

Seite 49 **3.** **Mögliche Lösung siehe Aufgabe 2**

Seite 50 **1.** Zum einen spricht der erhöhte Arbeitsaufwand für die Schülerinnen und Schüler gegen ein Praktikum in der Schulzeit. Neben der normalen Arbeitszeit in einem Betrieb, müssen Notizen für einen Praktikumsbericht erstellt werden. Demzufolge müssen die Schülerinnen und Schüler theoretisch sogar mehr arbeiten als die Angestellten des Betriebs. Dies wurde mir auch von einem Freund bestätigt, der in der Zeit seines Schulpraktikums in der neunten Klasse keine Zeit für seine Hobbys mehr aufbringen konnte und deshalb auch nicht an einem wichtigen Handballturnier teilnehmen konnte. Außerdem lässt sich die Zeit des Praktikums auch viel besser in der Schule nutzen. Schließlich soll gerade in der Schule der Grundstein für den späteren Traumberuf gelegt werden, indem man ein breites Allgemeinwissen erlernt, das einem in jedem Beruf weiterhelfen kann. Aus diesem Grund könnte man in den zwei Wochen des Praktikums auch gut für die nächste Mathematik- oder Englischarbeit lernen und bekäme darüber hinaus auch bessere Chancen bei möglichen Einstellungstests.

Seite 51 **1.** **Mögliche Lösung:**

Zusammenfassend lässt sich feststellen, dass ein zweiwöchiges Betriebspraktikum in der neunten Klasse während der Schulzeit nicht sinnvoll ist. Schüler erhalten zwar im Rahmen eines solchen Praktikums die Möglichkeit erste Kontakte zu knüpfen und sich in einem Betrieb vorzustellen. Soweit dies in der kurzen Zeit möglich ist, können einige sicher auch herausfinden, ob ihnen der Beruf wirklich gefällt.
Weit wichtiger für die eigene Zukunft ist aber, dass man in der Schulzeit möglichst viel lernt, um sich auf das Berufsleben vorzubereiten. Dies ist jedoch in der Zeit des Praktikums nicht möglich. Ein großes Problem ist weiter, dass immer mehr Betriebe die Praktikanten lästig finden und sich deshalb nicht um sie kümmern.
Aus diesen Gründen bin ich für die Abschaffung des schulischen Betriebspraktikums in der neunten Klasse, da so die Zeit in der Schule für wirklich wichtige Lerninhalte genutzt werden kann. Dies hilft mir auch nach der Schule, möglichst viele Berufe ergreifen zu können. Das ist wichtiger als in einem schulischen Betriebspraktikum, das fast die Arbeit des zweiten Halbjahres ausmacht, einen Beruf oberflächlich kennenzulernen, mit dem sowieso die meisten Schüler nach der Schule nichts zu tun haben werden.

Wir sollten uns als Klasse an die SV wenden, damit diese dafür sorgt, dass die Regeln bezüglich des schulischen Betriebspraktikums in der neunten Klasse an unserer Schule geändert werden.

Seite 51 **2.** **Individuelle Lösung**

Die reine Kraft – Werbung analysieren

Seite 52 **1.** Die richtige Zuordnung lautet: 1) Headline, 2) Bild, 3) Logo, 4) Slogan, 5) Copy-Text

Seite 53 **1.**

Text der Werbeanzeige	**Besonderheiten der sprachlichen Gestaltung und ihre Wirkung**
Die reine Kraft der Alpen	**Ellipse, Hyperbel** positive Vorstellungen mit dem Produkt verknüpfen, an Gefühle oder Bedürfnisse appellieren
Die Bio-Schorle aus Bio-Direktsaft	**Ellipse** positive Vorstellungen wie Gesundheit und Natürlichkeit der Bestandteile mit dem Produkt verknüpfen, an Gefühle oder Bedürfnisse appellieren, Besonderheiten des Produktes herausstellen
Mit mindestens 50 % Bio-Direktsaft aus Süddeutschland und Italien	**Ellipse, Alliteration (mit mindestens ...)** positive Vorstellungen mit dem Produkt verknüpfen, an Gefühle oder Bedürfnisse appellieren, Argumente darlegen, Versprechungen machen, sachliche Informationen geben
Aus kontrolliert biologischem Anbau	**Ellipse** positive Vorstellungen mit dem Produkt verknüpfen, an Gefühle oder Bedürfnisse appellieren, Argumente darlegen, Versprechungen machen, sachliche Informationen geben
Naturland zertifiziert	**Ellipse, Einsatz von Fachwörtern** positive Vorstellungen mit dem Produkt verknüpfen, an Gefühle oder Bedürfnisse appellieren, Hinweis auf die Glaubwürdigkeit der Werbeaussagen durch objektive wissenschaftliche Bestätigung, sachliche Informationen geben
Mit natürlichem Mineralwasser aus den bayerischen Alpen	**Ellipse** positive Vorstellungen mit dem Produkt verknüpfen, an Gefühle oder Bedürfnisse appellieren, Argumente darlegen, Versprechungen machen, sachliche Informationen geben

Seite 54 **2.** Mit dem Produkt positiv verbundene Vorstellungen: z.B.: Reinheit der Natur, gesunde Umgebung, Klarheit, Frische, Weite, Erholung, unterwegs sein
Versprechungen an den Kunden: z.B.: so rein und klar wie die Natur ist auch das Getränk, es ist gesund und erfrischt, es ist praktisch für unterwegs

Seite 55 **1.**

Werbung für:	Adelholzener Bio-Schorle
Werbung von:	Adelholzener Alpenquellen
Bildteil:	<u>Beschreibung:</u> Vordergrund: Plastikflasche mit roter Apfel-Trauben-Schorle im Schnee/Hintergrund: Berggipfel der Alpen = unberührte Naturlandschaft/strahlend blauer Himmel ... <u>Wirkung:</u> Verbindung von Vorstellungen wie Frische, Natürlichkeit, Gesundheit mit dem Produkt ...
Headline:	Zusammenfassung der positiven Produkteigenschaften in der Headline, Farbverhältnis: weiße Schrift auf blauem Himmel
Slogan:	Der elliptische Satzbau soll besonders einprägsam sein, das hervorgehobene Wort „bio“ den gesunden Charakter des Getränks unterstreichen.
Copy-Text:	Hervorhebung der natürlichen und gesunden Erfrischung, Information über die Zusammensetzung aus Wasser und Saft, Erklärung der Herkunft des Produktes bzw. der Inhaltsstoffe, Unterstützung der Natürlichkeit und Frische des Produktes und des Versprechens mit dem Getränk, etwas Gesundes zu sich zu nehmen
Logo:	Das Logo ist in diesem Fall nicht das Markenlogo, sondern das Logo von „Naturland“. Dieser Verband steht für ökologischen Landbau und höchste ökologische Standards. Es unterstützt die Gesamtaussage und Glaubwürdigkeit der Anzeige.

Seite 55 **2.** **Individuelle Lösungen**; Grundlage sind die Textbausteine aus den Übungen 1 und 2.

Seite 56 **1.**

	trifft zu	**trifft nicht zu**
Die Anzeige betont die Herkunft der Konfitüren.	X	
Die Landschaft im Hintergrund soll betonen, dass es sich um besonders natürliche Produkte handelt.	X	
Die Produktnamen werden in der Anzeige mehrfach erwähnt.		X
Der Fruchtanteil in den Konfitüren wird besonders hervorgehoben.		X
Die Erdbeere und die Kirsche im Vordergrund vermitteln den Eindruck, dass die Konfitüren ausschließlich aus diesen Früchten bestehen.	X	
Die Früchte im Vordergrund sollen den Blick auf sich ziehen.	X	
Die Anzeige enthält keine Kaufaufforderung.		X
Dem Betrachter der Anzeige soll vermittelt werden, dass er die deutschen Landwirte unterstützt, wenn er die Konfitüren kauft.	X	
Die Sorten stehen stellvertretend für eine Reihe weiterer Konfitürensorten der Herstellerfirma.	X	
Der Hinweis „Aus deutschen Obstgärten“ unterstreicht die besondere Qualität dieser Konfitüre.	X	
Die Früchte dieser Konfitüren stammen aus kleinen Gärten der Region.		X

Die Produkte sind zentral in der Mitte der Anzeige positioniert.	X	
Der Bildteil und der Textteil der Anzeige stehen in keinem unmittelbaren Zusammenhang zueinander.		X
Der Copy-Text der Anzeige weist auf die vielfältigen Möglichkeiten hin, bei denen man das Produkt genießen kann.		X
Die Krone oberhalb des Namens der Herstellerfirma weist auf die Qualität hin.	X	
Die Werbung wendet sich besonders an Jugendliche.		X

Seite 57 **2.**

Aussagen des Textes	**Besonderheiten in der Sprachgestaltung**
Heimat auf den Tisch.	Ellipse, Aufforderung, Gefühle/Bedürfnisse
Aus deutschen Obstgärten	Ellipse, Versprechung, Information
Entdecken Sie die fruchtige Vielfalt aus deutschen Obstgärten.	Aufforderung, positive Vorstellungen
Heimische Früchte von Zentis sind ein leckeres Stück Heimat zum Frühstück.	positive Vorstellung, Gefühle/Bedürfnisse, Versprechung
In vier köstlichen Sorten: Badische Erdbeere, Bodensee Apfel, Pfälzer Pflaume und Badische Schwarzkirsche.	Ellipse, Versprechung, sachliche Information

Seite 57 **3.**

In der vorliegenden Werbeanzeige wirbt die Firma Zentis für ihre Marmelade „Heimische Früchte". In diesem Fall geht es um die Sorten „Badische Erdbeere" und „Badische Schwarzkirsche". Dementsprechend sind vor den Marmeladengläsern eine Erdbeere und eine Kirsche abgebildet. Sie sehen perfekt und gesund aus und sollen dem Betrachter signalisieren, dass ausschließlich derartig perfekte und gesunde Zutaten in den Marmeladen enthalten sind. Diese wichtigen Motive sind in leuchtend roter Farbe dargestellt, die an zwei weiteren Stellen der Anzeige wieder aufgenommen wird. Zum einen ist der Hinweis „Aus deutschen Obstgärten" rot geschrieben, zum anderen ist der Copy-Text mit dem gleichen Rotton unterlegt. Beides soll den Charakter der roten Marmeladen unterstreichen.
Daher sind auch die zentral abgebildeten Marmeladengläser von diesen Farben bestimmt. Platziert sind diese auf einem scheinbar endlos nach hinten ragenden Holztisch. Dies betont die Natürlichkeit der Produkte.
Im Hintergrund erkennt man eine Landschaft. Die Felder und der Holztisch gehen förmlich ineinander über. Zusätzlich verbinden weitere Früchte die Bildteile. Das soll signalisieren, dass die Marmeladen direkt aus der Natur auf den Tisch kommen.
Im Hintergrund sieht man die flache Landschaft in Berge übergehen. Darüber schließt sich der leicht bewölkte Himmel an. Darauf ist in leicht geschwungener Schrift die Headline platziert: „Heimat auf den Tisch." Sie spiegelt sprachlich das Bild bzw. die Aussage des Bildes wider.
Im unteren Bildteil der Anzeige befindet sich ein kurzer Copy-Text. Er wird in weißer Schrift auf rotem Hintergrund präsentiert. Zudem fällt auf, dass einige der Wörter fett gedruckt sind. Zum einen wird so noch einmal die Herkunft („aus deutschen Obstgärten") hervorgehoben, zum anderen wird der Betrachter darüber informiert, dass es insgesamt vier Sorten der „Heimischen Früchte" gibt.
Über den Copy-Text wird man indirekt dazu aufgefordert, das Produkt zu kaufen. Man soll die fruchtige Vielfalt entdecken, was nur möglich ist, wenn man die Produkte erwirbt. Beschönigende Adjektive unterstreichen die Aufforderung. Die Vielfalt wird als „fruchtig"

angepriesen und die Marmeladen grundsätzlich als „leckeres Stück Heimat“ dargestellt. Am Bildrand unten rechts befindet sich noch das Logo der Firma Zentis. Es greift im Schriftzug auch wieder die rote Farbe auf, wobei der Hintergrund weiß ist. Die Krone im Logo soll sicherlich noch einmal die besondere Qualität der Produkte betonen.
Die Werbeanzeige ist ein gelungener Versuch, das eher „unspektakuläre“ Produkt der Marmelade für Menschen attraktiv zu machen, und sorgt vermutlich für einen hohen Wiedererkennungswert beim Einkauf. Besonders diejenigen, die eine große Heimatverbundenheit verspüren oder davon überzeugt sind, dass die Produkte der heimischen Landwirtschaft den Billigimporten qualitativ überlegen sind, fühlen sich sicher durch diese Anzeige angesprochen.

Was wäre, wenn ... Er sagt, es sei ... – Konjunktiv

Seite 58 **1.**

Indikativ Präsens	**Indikativ Präteritum**	**Konjunktiv II abgeleitet vom Präteritum**
ich komme	ich kam	ich käme
er ruft an	er rief an	*er riefe an*
du gibst	du gabst	*du gäbest*
sie heben	*sie hoben*	*sie höben*
es reißt	*es riss*	*es risse*
er liest	*er las*	*er läse*
ich laufe	*ich lief*	ich liefe
sie graben	sie gruben	*sie grüben*
du sprichst	*du sprachst*	*du sprächest*
sie denken	*sie dachten*	sie dächten
sie sitzt	*sie saß*	*sie säße*
ihr kommt	ihr kamt	*ihr kämet*
er schreibt	*er schrieb*	er schriebe

Seite 59 **2.**

Indikativ Präsens	**Indikativ Präteritum**	**Konjunktiv II abgeleitet vom Präteritum**	**Umschreibung mit *würde* + Infinitiv**
es regnet	es regnete	es regnete	es würde regnen
sie leben	sie lebten	sie lebten	*sie würden leben*
er putzt	*er putzte*	*er putzte*	*er würde putzen*
sie fliehen	*sie flohen*	*sie flöhen*	*sie würden fliehen*
wir geben	*wir gaben*	*wir gäben*	*wir würden geben*
sie findet	*sie fand*	*sie fände*	*sie würde finden*
du brauchst	*du brauchst*	*du bräuchtest*	*du würdest brauchen*
ich singe	*ich sang*	*ich sänge*	*ich würde singen*
wir verbieten	*wir verboten*	*wir verböten*	*wir würden verbieten*
er sitzt	*er saß*	*er säße*	*er würde sitzen*
ihr findet	*ihr fandet*	*ihr fändet*	*ihr würdet finden*

sie schwimmt	*sie schwamm*	*sie schwämme*	*sie würde schwimmen*
wir trinken	*wir tranken*	*wir tränken*	*wir würden trinken*
du singst	*du sangst*	*du sängest*	*du würdest singen*

Seite 59 **3.**

Was wäre, wenn ...
- es im Sommer nicht mehr *regnete/regnen würde.*
- ich im Lotto *gewänne/gewinnen würde.*
- du in einem Hollywoodfilm die Hauptrolle *spieltest/spielen würdest.*
- es für alle Menschen auf der Welt genug zu essen *gäbe/geben würde.*
- die große Pause eine Stunde *dauerte/dauern würde.*
- ich mit meinem Goldfisch an der Leine spazieren *ginge/gehen würde.*
- ich dreimal im Jahr Geburtstag *feierte/feiern würde.*
- er morgen um die ganze Welt *flöge/fliegen würde.*
- ich morgen Johnny Depp *träfe/treffen würde.*
- er ein paar Kilos *abnähme/abnehmen würde.*
- mir jemand jeden Tag meine schwere Schultasche *trüge/tragen würde.*
- mich der amerikanische Präsident gleich *anriefe/anrufen würde.*
- meine Geschwister sich nicht dauernd *stritten/streiten würden.*
- sich das dreckige Geschirr heute von selbst *abwüsche/abwaschen würde.*
- mein Lieblingsverein heute die gegnerische Mannschaft *schlüge/schlagen würde.*

Seite 60 **4.**

Mögliche Lösungen:
- Ich rechnete eine komplizierte Mathematikaufgabe vor.
- Man könnte versuchen, sie davon zu überzeugen, dass ich friedlich sei.
- Ich würde das Alphabet aufschreiben.
- Ich malte die Sonne mit ihren Planeten auf.
- Ich würde mich mit Zeichensprache verständigen.
- ...

Seite 61 **1.**

Indikativ	**Konjunktiv I**
er ist gelaufen	*er sei gelaufen*
du sagst	*du sagest*
sie rief an	*sie habe angerufen*
sie wird winken	*sie werde winken*
er will helfen	*er wolle helfen*
du gibst	*du gebest*
sie antwortete	*sie habe geantwortet*
er liebt	*er liebe*
sie wird rennen	*sie werde rennen*
sie sind	*sie seien*
er kam	*er sei gekommen*
es wird gelingen	*es werde gelingen*
du fährst	*du fahrest*
er hatte gelesen	*er habe gelesen*
es wird gut	*es werde gut*

Seite 62 **2.** **Mögliche Lösungen:**

- Alex meint, Konstantin **sei** schon zum Training **gegangen**.
- Kim verbreitet, Ramona **komme** heute nicht mit ins Kino.
- Jana sagt, Leon **habe sich** mit seiner Freundin **gestritten**.
- Umut erzählt, Kevin **spiele** für einen anderen Verein.
- Aiysche hat gehört, Maren **habe sich** mit Sergej **getroffen**.
- Melina erzählt, Marvin **sei ihr** völlig gleichgültig.

Seite 63 **1.**

- Beatrice wandte ein, die Schüler **hätten** diese Vorschläge bereits vor Wochen **abgelehnt**.
- Die Ärzte teilten mit, dem Patienten **werde** es morgen schon viel **besser gehen**.
- Tim erzählt, der Dackel der Nachbarin **sei** mit schleifender Leine an ihm **vorbeigesaust**. Er **sei** der Letzte **gewesen**, der ihn **gesehen habe**.
- Claudia befürchtet, sie **hätte** morgen nichts zum Anziehen.
- Ina und Michelle sagten, sie **kämen** morgen (*würden kommen*) und **brächten** das Buch **mit** (*würden mitbringen*).
- Die Kinder riefen, sie **hätten** ein Gummiboot.
- Die Großmutter glaubt, ihre Enkel **hätten** ihren Geburtstag **vergessen**.
- Nina sagt, sie **würde** gerne **joggen**.
- Sabrina betont, wenn es nach ihr **ginge**, **werde** die Schule morgen erst um 9.00 Uhr **beginnen**.
- Marcel schwärmte, der Urlaub auf Langeoog **sei** wirklich schön **gewesen**. Nächstes Jahr **würden** sie wieder **hinfahren**.

Seite 64 **2.**

Die Sängerin Jenny L. sagte, Sängerin sei ihr Traumberuf. Wenn sie auf der Bühne stehe, vergesse sie alles um sich herum und lebe sich total aus. Sie spiele jedoch auch gerne interessante Rollen in Kinofilmen.
Als Schauspielerin könne sie in die Rollen von Menschen schlüpfen, deren Leben sich grundlegend von ihrem unterscheide. Sie erfahre so sehr viel über andere, aber auch über sich. Das sei wirklich interessant und erhellend.
Viele Leute würden das behaupten. Sie könne das nicht verstehen. Sie sei nicht sehr groß, habe einen großen Hintern und auch ihre Nase sei zu breit. Trotzdem würden ihr viel Fans Liebesbriefe schicken. Sie kämen körbeweise bei ihr an.
Leider habe sie nicht genug Zeit dafür. Aber sie bemühe sich doch, möglichst vielen Menschen zu antworten.

Seite 65 **3.**

Jeder muss wissen, wo er spielen will – Interview mit Jugendnationaltrainer Christian Ziege

Zu der Frage, wie man bei der Nationalmannschaft damit **umgehe**, dass Spieler mit Migrationshintergrund von anderen Nationen angesprochen würden, gab der Jugendnationaltrainer Christian Ziege folgende Auskunft. Er sagte, es **gebe** viele Leute, die **versuchen würden**, Einfluss auf die Spieler zu nehmen. Er erklärte weiter, wenn ein Spieler einen türkischen Vater und eine deutsche Mutter **habe** und in Deutschland aufgewachsen **sei**, dessen Wurzeln aber in der Türkei **lägen (liegen würden)** und dessen Kultur auch türkisch **sei**, dann **sei** es für den Spieler entsprechend schwierig, sich zu entscheiden. Das Wichtigste **sei**, so Christian Ziege weiter, dass der- oder diejenige selber wissen **müsse**, was seine Kultur und welches sein Land **sei**, für das er spielen **wolle**.
Christian Ziege nahm auch zu der Frage Stellung, ob die Trainer des DFB auf diese Entscheidung Einfluss **nähmen (nehmen würden)**. Er erklärte, diese Entscheidung **müsse** jeder mit sich selber ausmachen. [...] Wenn jemand **versuche**, so führte Christian Ziege weiter aus, einen Spieler für ein anderes Land abzuwerben und der Spieler **fühle** sich eigentlich da nicht wohl, **mache** es für ihn keinen Sinn, weil der Spieler es niemals mit hundertprozentiger Überzeugung **machen werde**.

Nomen/Substantiv, Verb, Adjektiv … – Wortarten

Seite 66 **1.**

Q	A	D	J	E	K	T	I	V	E	Ö	N	F	P	L	E	S	E	N	Ü	O	S	W	B
H	I	I	R	C	O	K	I	O	Ä	M	B	V	Y	A	W	Ü	W	O	Q	U	R	E	A
A	D	E	M	O	N	S	T	R	A	T	I	V	P	R	O	N	O	M	E	N	L	D	L
M	U	U	F	D	J	M	C	H	J	P	A	L	R	B	R	K	E	E	W	S	Ö	S	D
K	E	A	H	D	U	W	A	J	Y	D	Z	L	G	T	E	M	U	N	T	E	R	I	L
P	E	R	S	O	N	A	L	P	R	O	N	O	M	E	N	H	B	D	U	R	Z	N	U
A	H	T	D	E	K	Q	S	T	N	R	P	A	K	X	Ü	S	S	L	A	F	J	R	B
U	Ö	I	M	B	T	N	T	F	P	T	S	L	O	W	D	E	S	Ä	D	I	E	S	E
S	K	K	B	L	I	F	E	J	F	J	D	M	T	I	K	I	F	U	V	P	R	E	V
E	B	E	I	P	O	S	S	E	S	S	I	V	P	R	O	N	O	M	E	N	F	G	O
G	L	L	O	N	N	D	Z	N	S	W	E	S	G	A	S	N	V	R	R	M	U	R	R
L	F	B	Z	V	E	R	B	E	N	G	N	E	M	Z	J	G	S	F	B	E	D	Ö	S
M	R	P	E	A	N	N	C	S	B	I	S	U	B	S	T	A	N	T	I	V	E	W	K
M	E	U	R	S	C	D	Ö	T	P	D	G	V	T	K	X	O	R	S	E	Ä	R	J	N
F	I	N	D	E	N	W	P	R	Ä	P	O	S	I	T	I	O	N	E	N	B	X	T	P

Seite 67 **2.**

Mögliche Wortbildungen:

Nomen/Substantive:	Riese, Rad, Eisen, Reis, Rasen, See, Reisen, Eid, Neid, Narr, Seide, Eis
Artikel:	der, die, das, ein, eine
Verben:	reden, reisen, irren, sirren, rasen, sein
Adjektive:	rein, irre
Personalpronomen:	er, es, sie
Possessivpronomen:	dein, sein
Demonstrativpronomen:	dies, diese, dieser
Präpositionen:	an, in
Adverbien:	nie
Konjunktionen:	da

Seite 67 **3.**

Individuelle Lösungen

Seite 68 **1.**

Zum ersten Mal allein in den Urlaub

a) Carolin möchte nach ihrem mittleren Schulabschluss noch weiter zur Schule gehen, **aber** **vorher** plant sie eine Reise, um richtig abzuschalten **und** neue Kraft zu schöpfen.
b) Zum ersten Mal will sie ohne ihre Familie verreisen **und** **nur** mit ihrer Freundin Lili an einer Jugendreise teilnehmen.
c) Die Eltern waren **zuerst** nicht begeistert von den Plänen ihrer Tochter.
d) Sie fanden, **dass** sie **noch** viel zu jung ist, um auf eigene Faust loszufahren.
e) **Glücklicherweise** ließen sie sich überzeugen, **als** sie die Prospekte von einem bekannten Reiseveranstalter lasen **und** erfuhren, **dass** die Mädchen von geschulten Betreuern und Betreuerinnen begleitet werden würden.
f) **Außerdem** kannte Carolins Tante eine befreundete Familie, deren Söhne **auch** an einer solchen Fahrt teilgenommen hatten.

g) Sowohl die Eltern als auch die Söhne waren **ganz** zufrieden gewesen.
h) Deshalb erhielten Carolin **und** Lili **schließlich** die Erlaubnis.
i) **Jetzt** überlegen sie, **ob** sie lieber in ein Jugendcamp am Mittelmeer **oder** in ein Jugendhotel an der Ostsee fahren wollen.

Seite 69 **2.**

1. Der Abfalleimer über dem Sonnenschirm, der ganz rechts steht, fehlt.
2. Eine Stange unter dem dritten Sonnenschirm am unteren Bildrand fehlt.
3. Ein Mauerstück neben der Treppe am linken Bildrand fehlt.
4. Palmblätter in der unteren rechten Bildecke fehlen.
5. Das kleine Fenster in der linken Hauswand ist nicht blau, sondern grün.
6. Die Verstrebungen auf der geöffneten blauen Haustür fehlen.
7. Ein Fenster in dem rechten weißen Haus ist doppelt.
8. Der Teil einer Palme in der Mitte des rechten Bildrandes fehlt.
9. Schatten auf dem Felsen in der linken oberen Bildecke fehlen.
10. Ein Gewächs auf dem Felsen über dem linken weißen Haus fehlt.
11. Ein Busch auf dem Felsen über dem rechten weißen Haus ist hinzugekommen.

Seite 70 **1.**

Benitas großer Traum

Kurz nach ihrem fünfzehnten Geburtstag verfolgte Benita im Fernsehen eine Reportage über junge Leute, die nach der Schule erst für ein Jahr ins Ausland gingen. Danach begannen sie dann mit ihrer Berufsausbildung. Benita fand diese Idee faszinierend. So etwas wünschte sie sich auch. Ihre Eltern dämpften aber ihre Begeisterung – zunächst.
Zeitform: **Präteritum**

„Du bist doch gerade erst fünfzehn geworden. Du hast sicher nicht genau zugehört. Wir sind richtig geschockt von deinen Plänen."
Zeitform: **Perfekt**

Doch Benita ließ sich nicht beirren. Sie suchte nach Informationen über die verschiedenen Möglichkeiten. In die engere Wahl kam eine Au-pair-Stelle.
Zeitform: **Präteritum**

Unter Au-pair versteht man junge Leute, die in einer Familie tätig sind und dafür Verpflegung, Unterkunft und ein Taschengeld bekommen. So lernen sie die Sprache und die Kultur des Gastlandes kennen. Die meisten Au-pair-Mädchen und -Jungen betreuen Kinder in den Familien und verrichten leichte Hausarbeiten.
Zeitform: **Präsens**

Während des Betriebspraktikums im neunten Schuljahr hatte Benita in einer Bäckerei geholfen. Dort war man mit ihr sehr zufrieden gewesen.
Zeitform: **Plusquamperfekt**

Deshalb konnte sie wieder in diesem Betrieb arbeiten. Vor der Schule und an den Wochenenden half sie in der Bäckerei und verdiente so das Geld für den Flug. Dieses Engagement überzeugte dann auch die Eltern und sie unterstützten ihre Tochter nun bei ihrem Vorhaben.
Zeitform: **Präteritum**

Am Ende des Schuljahres wird Benita ihren Schulabschluss machen. Nur vier Wochen später wird sie dann schon in den USA bei ihrer Gastfamilie leben. Dort wird sie die dreijährigen Zwillinge betreuen und ihr Englisch verbessern.
Zeitform: **Futur**

Seite 72 **1.**

Vollverb	Hilfsverb ...		Modalverb ...
	+ anderes Verb (Zeitenbildung)	**als Vollverb**	**als Hilfsverb**
informiert weist hin besorgt wendet bestellt	*wird verlassen* *werden erhalten*	*hat, ist*	soll gehen kann vorstellen will ausüben müssen interessieren sollen arbeiten

Seite 72 **2.**

Einsatzmöglichkeiten im freiwilligen ökologischen Jahr (FÖJ)
Henning erfährt, dass es vielfältige Einsatzmöglichkeiten im FÖJ gibt.
In größeren Städten bieten Zoos Stellen an. Die jungen Leute ***sollen*** dort unter fachkundiger Anleitung Tiere pflegen und versorgen. Es ***kann*** aber auch vorkommen, dass sie Kindergarten- und Schülergruppen betreuen. Die freiwilligen Helfer ***dürfen*** sie dann zu den Tiergehegen führen und ihnen auch einiges zu den Tieren erklären.
Für Pflanzenliebhaber bieten sich Botanische Gärten an, die es auch in großen Städten gibt. Hier ***müssen*** sich die freiwilligen Helfer vor allem um die Blumen kümmern, aber auch die Gehwege und Lernpfade benötigen viel Pflege. Da viele tropische Pflanzen das europäische Klima nicht ***mögen***, wachsen sie in speziellen Tropenhäusern und ***müssen*** besonders behandelt werden. In fast allen Gegenden gibt es auch spezielle Bildungseinrichtungen, in denen sich Interessierte über besondere Lebensräume von Tieren und Pflanzen informieren ***können***. Ganz in Hennings Nähe befindet sich zum Beispiel ein Auenzentrum mit Informationen über die Pflanzen und Tiere einer naturbelassenen Flusslandschaft. Dort ***will*** Henning einmal vorbeischauen und mit den Mitarbeitern sprechen. Vielleicht ***darf*** er dort sein FÖJ machen.

Seite 73 **3.**

a) Junge Leute zwischen 16 und 27 Jahren können ein FÖJ machen.
b) Natur- und Umweltschutz müssen sie interessieren.
c) Die freiwilligen Helfer sollen bei der Tier- und Pflanzenpflege helfen.

Teste dich selbst! – Wortarten

Seite 74 **1.**

	Wortarten	**Zeitform**
Henning	Nomen/Substantiv	Perfekt
hat	Verb (Hilfsverb)	
verschiedene	Adjektiv	
Naturschutzprojekte	Nomen/Substantiv	
besucht.	Verb (Vollverb)	
Vor	Präposition	Präsens
seinem	Possessivpronomen	
Eintritt	Nomen/Substantiv	
in	Präposition	
das	Artikel	
Berufsleben	Nomen/Substantiv	
möchte	Verb (Modalverb)	
er	Personalpronomen	
gern	Adverb	
ein	Artikel	
„Freiwilligenjahr“	Nomen/Substantiv	
machen.	Verb (Vollverb)	

Diese	Demonstrativpronomen	
Möglichkeit	Nomen/Substantiv	
wird	Verb (Hilfsverb)	
es	Personalpronomen	
für	Präposition	Futur
junge	Adjektiv	
Leute	Nomen/Substantiv	
jährlich	Adverb	
geben.	Verb (Vollverb)	

(1 Punkt für jede richtig bestimmte Wortart; 1 Punkt für jede richtig bestimmte Zeitform)

Seite 74 **2.**

Hilfsverb + Vollverb zur Bildung einer Zeitform	Modalverb + Vollverb
hat besucht wird geben	möchte machen

(1 Punkt für jede richtig eingeordnete Verbform)

32–25 Punkte	24–15 Punkte	14–0 Punkte
Das hast du gut gemacht!	Nicht schlecht! Lies dir noch einmal die Lernboxen im Schulbuch auf den S. 248–254 und im Arbeitsheft auf S. 66–73 durch.	Wiederhole noch einmal die Übungen im Arbeitsheft (S. 66–73) und im Schulbuch (S. 248–254).

Bausteine des Satzes – Satzglieder

Seite 75/76 **1.–3.**

a) (Die Erforschung des Weltraums) (fasziniert) (viele Menschen).
b) (Heute) (ermöglichen) (uns) (Raumsonden) (viele Erkenntnisse über den Weltraum).
c) (Durch das Weltall) (fliegen) (diese Raumsonden) (viele Jahre lang).
d) (Sie) (legen) (riesige Entfernungen) (auf ihrem Weg) (zurück).
e) (Bilder von anderen Planeten) (senden) (die Raumsonden) (zur Erde).

Seite 76 **4.**

Zur Erforschung des Weltraums nutzt man oft Satelliten und Raumsonden. Satelliten umkreisen die Erde in einer festen Umlaufbahn. Raumsonden verlassen den Anziehungsbereich der Erde. Sie fliegen ins Weltall hinaus. Manche Raumsonden sollen einen bestimmten Planeten erforschen. Am Ende ihrer Reise umkreisen sie dann diesen Planeten. Den Planeten Mars beobachten im Moment mehrere Raumsonden. Sie erkunden seine Oberfläche und senden Daten zur Erde.

Seite 76 **5.**

a) Dem Mars haben die Menschen den Namen „Roter Planet" gegeben.
b) Dies verdankt er seiner auffallend roten Farbe.
c) Um 1600 gelangen dem Astronomen Johannes Kepler genauere Beobachtungen des Roten Planeten.
d) Schon vor 350 Jahren gelang einem anderen Forscher die erste Marskarte.
e) Der Suche nach Marsbewohnern gehörte danach das besondere Interesse der Menschen.

Seite 77 **1.**

a) Im Jahr 1977 (adverbiale Bestimmung der Zeit), ins Weltall (adverbiale Bestimmung des Ortes)
b) Mit diesen Sonden (adverbiale Bestimmung des Mittels)
c) zwei Wochen vor Voyager 1 (adverbiale Bestimmung der Zeit)

d) schneller (adverbiale Bestimmung der Art und Weise), nach einiger Zeit (adverbiale Bestimmung der Zeit)
e) Wegen ihrer langen Lebensdauer (adverbiale Bestimmung des Grundes)

Seite 78 **2.** **Der Mars wird erforscht**

1965 erreichte die amerikanische Raumsonde Mariner 4 den Mars. In den Jahren zuvor waren mehrere Versuche, Sonden zum Mars zu schicken, gescheitert. Mariner 4 sendete 22 Bilder des Planeten zur Erde. Die Sonde machte die Fotos mit einer Kamera während des Vorbeifluges. Die folgenden Marsmissionen lieferten mit verbesserten Geräten zahlreiche Fotos vom Mars. Wegen der vielen Bilder und Daten veränderte sich die Vorstellung der Menschen von ihrem Nachbarplaneten grundlegend. Im Jahr 1976 landeten die Sonden Viking 1 und 2 erfolgreich auf dem Mars. Sie konnten Tausende von Fotos machen und Bodenproben entnehmen, doch die Suche nach Leben auf dem Mars blieb erfolglos. In den folgenden Jahrzehnten gab es regelmäßig weitere Marsmissionen. Manche scheiterten, andere erreichten ihr Ziel. Am 6. August 2012 landete der NASA-Rover „Curiosity" auf dem Mars.

Seite 78 **3.**

Adverbiale Bestimmung				
der Zeit (6 Beispiele)	**des Ortes (4 Beispiele)**	**der Art und Weise (4 Beispiele)**	**des Grundes (1 Beispiel)**	**des Mittels (2 Beispiele)**
1965 In den Jahren zuvor während des Vorbeifluges Im Jahr 1976 In den folgenden Jahrzehnten Am 6. August 2012	zum Mars zur Erde auf dem Mars auf dem Mars	grundlegend erfolgreich erfolglos regelmäßig	Wegen der vielen Bilder und Daten	mit einer Kamera mit verbesserten Geräten

Seite 79 **1.**

a) Ca. 380 000 km beträgt die Entfernung von der Erde zum Mond.
Welche Entfernung beträgt ca. 380 000 km? Die von der Erde zum Mond
b) Erst im 20. Jahrhundert konnten Menschen diese große Entfernung überwinden.
Was für eine Entfernung konnten Menschen erst im 20. Jahrhundert überwinden? Diese große
c) Erhebliche Temperaturunterschiede herrschen auf dem Mond.
Was für Temperaturunterschiede herrschen auf dem Mond? Erhebliche
d) Die Temperatur, die tagsüber auf 110 Grad Celsius steigen kann, fällt nachts auf bis zu –170 Grad Celsius ab.
Welche Temperatur fällt nachts auf bis zu –170 Grad Celsius ab? Die, die tagsüber auf 110 Grad Celsius steigen kann
e) Die Vorstellungen, die die Menschen vom Mond hatten, veränderten sich durch die Erkenntnisse des italienischen Forschers Galileo Galilei.
Welche Vorstellungen veränderten sich? Die, die die Menschen vom Mond hatten
Was für Erkenntnisse? Die des italienischen Forschers Galileo Galileo
f) Schon 1609 erforschte Galileo Galilei, der berühmte Wissenschaftler, mit einem Teleskop den Mond.
Welcher Galileo Galilei? Der berühmte Wissenschaftler

g) Eigentlich ist das Licht des Mondes reflektiertes Sonnenlicht.
Was für Licht? Das des Mondes
h) Schwierig ist die Landung auf der Oberfläche des Mondes.
Welche Landung ist schwierig? Die auf der Oberfläche des Mondes
i) Amerikanische Astronauten brachten Mondgestein zur Erde.
j) Mit dem Mondgestein wurden zahlreiche Untersuchungen durchgeführt.

Seite 81 **1.**

a) Venus, die römische Göttin der Liebe, wurde zur Namensgeberin für einen Planeten unseres Sonnensystems.
Apposition
b) Auch der Mars, der der Erde näher ist als die anderen Planeten, wurde nach einem römischen Gott benannt.
Relativsatz/Attributsatz
c) Wegen der roten Farbe des Planeten benannte man ihn nach dem Kriegsgott Mars.
Adjektivattribut, Genitivattribut
d) Auf dem Planeten Merkur, der am nächsten zur Sonne steht, herrschen Temperaturen von bis zu 430 Grad Celsius.
Relativsatz/Attributsatz
e) Trotzdem gibt es an seinem Nordpol vermutlich gefrorenes Wasser.
Adjektivattribut
f) Die unbemannte Raumsonde Mariner 10 flog vor ca. 40 Jahren am Merkur vorbei und sendete Bilder des Planeten zur Erde.
Adjektivattribut, Genitivattribut
g) Jupiter, der größte Planet unseres Sonnensystems, wurde nach dem obersten Gott der Römer benannt.
Apposition
h) Die Ringe um den Saturn sind vielen Menschen bekannt.
präpositionales Attribut
i) Für eine Umrundung der Sonne braucht der Saturn fast 30 Jahre.
Genitivattribut
j) Friedrich Wilhelm Herschel aus Hannover, ein Musiker und Hobbyastronom, entdeckte 1781 den Planeten Uranus.
präpositionales Attribut, Apposition
k) Die Entfernung von Neptun zur Sonne beträgt ca. 4,5 Milliarden Kilometer.
präpositionales Attribut
l) Viele Forscher diskutieren, ob der winzige Pluto überhaupt ein Planet ist.
Adjektivattribut

Teste dich selbst! – Satzglieder

Seite 83 **1./2.**

Gibt es Leben auf dem Mars?

Die Suche nach anderen Lebewesen im Weltall (pA) hat die Menschen (AO) schon seit Jahrhunderten (ABZ) beschäftigt. Auf dem Mars (ABO) vermutete (P) man lange Zeit andere Lebensformen. Im 19. Jahrhundert (ABZ) glaubte man, dort von intelligenten Lebewesen gebaute Kanäle zu sehen. Die Marsbewohner, auch Marsianer oder Marsmännchen genannt (App), beschäftigten die Fantasie der Menschen für lange Zeit. Ein Radiohörspiel (S), das ein amerikanischer Sender ausstrahlte (RS/AS), versetzte 1938 die USA in Aufregung. Dem Regisseur Orson Welles (DO) war es gelungen, das Hörspiel „Krieg der Welten" wie eine realistische Reportage klingen zu lassen. Angeblich sah sich die Erde (S) einem Angriff der Marsianer (Ga) gegenüber. Diese seien mit einer Raumkapsel (ABM) in New Jersey, einem Bundesstaat der USA (App), gelandet. Von dort aus würden sie die Herrschaft (AO) übernehmen. Tausende Amerikaner (S) glaubten dem Bericht. Sie hielten die Erfindung für Realität. Orson Welles (S) war es mit seinem Hörspiel (ABM) gelungen, die Menschen in Panik zu versetzen. Viele flüchteten (P) eilig (ABAW) aus den Städten. Erst spät erkannten sie ihren Irrtum. Heute (ABZ) rechnet niemand mehr mit einem Angriff von Marsbewohnern (pA). Dem Leben auf dem Mars (DO) widmen Wissenschaftler aber bis heute große (Aa) Aufmerksamkeit. Dem Marsroboter „Curiosity" (DO) gelangen 2012 (ABZ) Fotos von einem ausgetrockneten Flussbett auf dem Mars. Weil es früher vermutlich Wasser auf dem Mars gegeben hat (ABG), glauben Forscher (S), dass es zumindest einfache Lebensformen auf dem Planeten gegeben haben könnte.

(Aufgabe 1: 1 Punkt für jedes richtig bestimmte Satzglied, insgesamt 21)
(Aufgabe 2: 1 Punkt für jedes richtig bestimmte Attribut, insgesamt 7)

28–21 Punkte	20–13 Punkte	12–0 Punkte
Das hast du gut gemacht!	Nicht schlecht! Lies dir noch einmal die Lernboxen im Schulbuch auf S. 303–311 durch.	Wiederhole noch einmal die Übungen im Arbeitsheft (S. 75–82) und im Schulbuch (S. 303–311).

Subjekt-, Adverbial-, Relativ-/Attributsatz ... – Nebensätze/ Gliedsätze

Seite 84 **1.–3.** **Unser Kalender**

Unser Kalender gehört zu den alltäglichen Selbstverständlichkeiten, die wir in Anspruch nehmen. Dies tun wir, ohne dass wir weiter darüber nachdenken. Tag für Tag reißen wir ein neues Kalenderblatt ab. Jahr für Jahr wiederholt sich scheinbar alles nach einem festgefügten Rhythmus. Doch das war nicht immer so. Bereits im Jahre 46 v. Chr. entwickelte Julius Caesar einen Kalender, der auf dem Sonnenjahr beruhte. Das sogenannte Julianische Jahr war im Durchschnitt 365,25 Tage lang, sodass regelmäßig ein Schaltjahr eingefügt werden musste. Allerdings war diese Zeitmessung noch zu ungenau. Weil das Jahr um exakt 0,0078 Tage zu lang war, stimmte im Laufe der Jahre der Kalender nicht mehr mit den Jahreszeiten überein. Am Ende des 16. Jahrhunderts hatte sich bereits ein Unterschied von 10 Tagen zwischen dem tatsächlichen Sonnenstand und dem Kalender ergeben. Wenn man jetzt nichts geändert hätte, dann hätten unsere Nachfahren Weihnachten vielleicht einmal im Sommer feiern müssen. Papst Gregor XII. passte mit der von ihm erarbeiteten Reform die Zeiteinteilung wieder dem Sonnenstand an, sodass der Fehler behoben werden konnte. Am 24. Februar 1582 wurde beschlossen, dass in jenem Jahr auf den 4. Oktober sogleich der 15. Oktober folgen sollte. Gleichzeitig wurde die durchschnittliche Jahreslänge auf 365,245 Tage festgelegt. Dieser Reform verdanken wir es, dass sich erst in etwa 3 000 Jahren eine Differenz um einen Tag vom Lauf der Sonne ergeben wird.

Seite 85 **2.** **Lottomillionär: bitte melden!**

Viele Menschen wünschen sich, dass sie einmal im Lotto gewinnen. Was aber passiert, wenn man wirklich das große Los zieht? Im Jahre 2004 sorgte ein spektakulärer Lottogewinn von neun Millionen Euro für Schlagzeilen in den Zeitungen. Obwohl ein Gewinner ermittelt worden war, meldete sich dieser einfach nicht. Die Lottogesellschaft annoncierte sogar in Zeitschriften und druckte Sonderaushänge. Nachdem man nicht mehr damit gerechnet hatte, meldete sich der Gewinner. Warum wartete der Mann zehn Wochen, bis er seinen Gewinn abholte? Hatte er den Lottoschein verlegt? Er habe sich nicht gemeldet, weil er keine große Veränderung in seinem Leben wolle, antwortete der Lottomillionär den neugierigen Journalisten. Nachdem ihm aber klar geworden sei, dass er mit dem Geld auch Gutes tun könne, habe er sich dann doch für den Gewinn entschieden.

Seite 86 **1.**

a) Raphael hat einen neuen Computer, der auf dem neuesten Stand der Technik ist. Der Kindergarten, den etwa 100 Kinder besuchen, ist im Sommer geschlossen.
b) Die Polizei sucht einen Bankräuber, der etwa 35 Jahre alt sein und eine blaue Jeans tragen soll.
c) In dem Stadion, in dem bereits berühmte Mannschaften gespielt haben, findet das nächste Pokalfinale statt.
d) Im Fernsehen läuft eine interessante Sendung, in der Schüler von ihren Auslandsaufenthalten berichten.
e) Robert findet den Kinofilm, der von den Kreuzzügen im Mittelalter handelt, spannend.

Seite 87 **Unser Planet**

Heute wissen wir sehr viel mehr über den Planeten, der unsere Heimat bildet. Er ist ein kugelförmiger Körper, der im Weltall durch eine unsichtbare Kraft an seinem Platz gehalten wird. Es ist ein Körper, der sich ständig um sich selber dreht. Dabei umrundet er innerhalb von 365,256 Tagen eine Sonne, die 150 Millionen Jahre entfernt ist. Heute wissen Wissenschaftler, dass der Planet, der von uns Erde genannt wird, über 4,54 Milliarden Jahre alt ist. Die Erde, die nur den fünftgrößten Planeten in unserem Sonnensystem darstellt, ist besonders interessant. Nur auf diesem Planeten ist in einem Prozess, der sehr kompliziert und bis heute noch nicht vollständig aufgeklärt ist, Leben entstanden.

Seite 87 **3.** **Mögliche Lösung:**

Wirbelstürme

Tropische Wirbelstürme, **die sich über dem Meer entwickeln**, sind gefürchtet. Beim Übertritt auf das Festland verlieren sie spätestens nach anderthalb Tagen ihre Kraft. Voraussetzung für die Entstehung eines Wirbelsturms ist eine mindestens 27 Grad Celsius warme Wasseroberfläche, **die nur in den Tropen vorkommt**. Das Meerwasser, **das von der Sonne aufgeheizt wird**, verdunstet; die gewaltige Energiezufuhr verwandelt es in gasförmigen Wasserdampf, **der schnell nach oben steigt**. Dort, in kühleren Luftregionen, bilden sich Wolken, und die ersten Gewitterschauer gehen nieder. Herrscht extremes Luftdruckgefälle, wird immer mehr feuchtwarme Luft von unten angesaugt. Die Erddrehung lässt die riesigen Wolkentürme in Bewegung geraten. Mächtige Wirbel entstehen, **die zu dem verheerenden Sturm anwachsen**. Wirbelstürme verwüsten, begleitet von schweren Regengüssen, oft auch Gebiete außerhalb der Tropen. So bilden sich pro Jahr etwa acht Hurrikans über dem Atlantik, **von denen schließlich zwei oder drei den nordamerikanischen Kontinent heimsuchen**.

Seite 88 **1.**

a) (Wenn) es im Sommer in allen Schulen eines Bundeslandes Ferien gibt, beginnt die große Reisewelle. (Konditionalsatz)
b) Bereits kurz nach Schulschluss starten viele Familien mit ihrem Auto in den Urlaub, (weil) sie möglichst bald ihren Ferienort erreichen wollen. (Kausalsatz)
c) Auf die Autobahnen strömen (so) viele Autos, (dass) es vor allem an den Hauptverkehrspunkten zu langen Staus kommt. (Konsekutivsatz)

d) Die Lage verschärft sich (dadurch), (dass) es auf den Straßen im Sommer viele Baustellen gibt. (Modalsatz)
e) (Bevor) der Urlaub überhaupt Entspannung bescheren kann, bedeutet die Anreise viel Stress. (Temporalsatz)
f) (Obwohl) die Menschen von dem Problem wissen, wiederholt sich das Verkehrschaos jedes Jahr. (Konzessivsatz)
g) (Während) Tausende von Urlaubern Staus in Kauf nehmen, entscheiden sich viele für die Reise mit der Bahn. (Adversativsatz)
h) (Wo) sie ihren Sommerurlaub verbringen, legen viele bereits im Winter fest. (Lokalsatz)
i) (Damit) ihre Kunden sich entspannen können, haben Reiseveranstalter eine bunte Vielzahl von Angeboten im Programm. (Finalsatz)

Seite 89 **2.**

- Weil gutes Wetter ist, gehen viele Menschen ins Freibad.
- Wenn er erfolgreich ist, erhält der Sportler eine Medaille.
- Weil sie neugierig waren, kamen die Schüler auf dem Schulhof zusammen.
- Indem man intensiv übt, kann man in der Schule Erfolg haben.

Seite 90 **3.**

Mögliche Lösung:
Der Smutje
Da es Gefrierschränke und attraktive Fertiggerichte gibt, könnten moderne Schiffe mit ihren immer kleiner werdenden Besatzungen auf den Smutje, den Schiffskoch, eigentlich verzichten. Jeder an Bord könnte sich nach Appetit und Laune selbst bedienen, **sodass für die Verpflegung der Mannschaft gesorgt und jeder zufriedengestellt wäre**. Ohne Smutje auszulaufen wäre aber ein großer Fehler, sagen einhellig alle Experten, **die sich mit dem Aufgabenbereich des Smutjes befassen mussten**. Der Koch brutzelt nämlich nicht nur die Mahlzeiten, sondern ist zugleich eine wichtige Vertrauensperson an Bord. Seine Kombüse, **wo sich jeder einfindet**, ist Treffpunkt für alle. Der Smutje spricht mit allen, er kann ihnen zuhören und ihre Sorgen verstehen, **sodass er viel mehr ist als ein Koch**: Er ist die Seele des Schiffes.

Seite 90 **4.**

Mögliche Lösung:
Kuriose Fußball-Rekorde
Nach mehr als 35 gespielten Stunden und 600 geschossenen Toren ist das Fußballspiel, das das längste in der Geschichte war, beendet worden. 333:293 lautete das unglaubliche Ergebnis dieses Spieles, das einem guten Zweck diente, zwischen den beiden englischen Clubs Cotswold All Stars und Cambray FC.
Das torreichste WM-Spiel fand 1954 zwischen Österreich und dem Gastgeber Schweiz statt. Österreich gewann das äußerst unterhaltsame Spiel mit 7:5. Das Ergebnis, das eimalig ist, ist noch erstaunlicher, wenn man weiß, dass die Schweiz nach 23 Minuten 3:0 führte.
Die längste Nachspielzeit fand in einem Bezirksliga-Spiel statt. 28 nie enden wollende Minuten ließ der offensichtlich viel Geduld besitzende Schiedsrichter nachspielen.

Seite 91 **1.**

a) Dass du abreisen musst, macht uns wirklich traurig. (Subjektsatz)
b) Du weißt, dass du mit Geduld zum Ziel kommst. (Objektsatz)
c) Ich mag nicht, dass ihr so neugierig seid. (Objektsatz)
d) Dass es einen Unfall gegeben hat, meldeten bereits die Fernsehnachrichten. (Objektsatz)
e) Wir warten darauf, dass sie sich entscheidet. (Objektsatz)
f) Dass Semire einen Fehler gemacht hat, ist zu verzeihen. (Subjektsatz)
g) Es steht noch nicht fest, dass der Stürmer den Verein verlässt. (Subjektsatz)

Seite 91 **2.**

a) Sie hat es verdient, dass sie eine Zwei in Mathematik geschrieben hat.
b) Dass meine Mannschaft nicht abgestiegen ist, freut mich sehr.
c) Carola glaubt sicher, dass Tim sie nicht leiden kann.

d) Moritz hofft, dass er einen Praktikumsplatz im Tierheim bekommt.
e) Dass die meisten Schüler der 9a einen festen Berufswunsch haben, ist ein Erfolg.
f) Viele Betriebe erwarten, dass sich die Bewerber vor einem Vorstellungsgespräch über den Betrieb informieren.

Seite 92 1. Reihenfolge: b) – a) – c)

Seite 93 2.

a) Rebecca, die heute nicht an den Proben für das Theaterspiel teilnehmen konnte, weil sie krank geworden ist, will trotzdem auf jeden Fall die Rolle, die sie bereits auswendig gelernt hat, übernehmen.
b) Obwohl das Bühnenbild, das Anna selbst entworfen hat, bereits fast fertiggestellt ist, gibt es noch jede Menge Arbeit, weil die Schauspieler noch viele Änderungswünsche haben.
c) Klaus und Uta, die nicht so gern auf der Bühne stehen, sind für die Spezialeffekte, von denen es einige im Stück zu bewundern gibt, zuständig.

Seite 93 3.

a) Die Aula, in der das Theaterstück gespielt wird, wird erst kurz vor Aufführungsbeginn für das Publikum geöffnet, weil noch viele Einzelheiten aufeinander abgestimmt werden müssen und weil die Schauspieler sich konzentrieren wollen.
b) Obwohl alle schrecklich nervös sind, wird die Aufführung, für die die Schülerinnen und Schüler so lange geübt haben, ein großer Erfolg.
c) Selbst Micha, der während der Proben immer ganz selbstsicher war, hat plötzlich Lampenfieber.
d) Dass gerade Rebecca ihre Rolle so souverän gespielt hat, ist vor allem deshalb so bemerkenswert, weil sie wegen ihrer Erkrankung nicht an allen Proben teilnehmen konnte.
e) Alle Schauspieler erhalten, als sie nach der Aufführung vor den Vorhang treten, von ihren Mitschülern begeisterten Beifall.
f) Am Ende waren alle Mühen, die mit der Aufführung verbunden waren, vergessen, sodass die begeisterten Schülerinnen und Schüler sich bereits im nächsten Schuljahr an ein neues Stück, das sie wieder selbst schreiben möchten, heranwagen wollen.
g) Nach der Aufführung kommen alle noch zu einer kurzen Besprechung zusammen, bei der einige Hinweise für die nächste Aufführung, die schon übermorgen sein soll, gegeben werden.

Teste dich selbst! – Neben-/Gliedsätze

Seite 94 1. **Die Wikinger**

a) Die Wikinger waren Seefahrer und Krieger aus dem Norden**,** **die** vom 8. bis 11. Jahrhundert in Europa Angst und Schrecken verbreiteten. (2 P.)
b) Diese Männer**,** **die** in fremden Ländern raubten und mordeten**,** waren zu Hause meist Bauern. (3 P.)
c) Blitzartige Überfälle waren das Markenzeichen der Wikinger**,** **die** sich gerne ungesicherte Ziele wie Dörfer oder Klöster aussuchten. (2 P.)

(1 Punkt für jedes richtig umformulierte Satzgefüge und jedes richtig gesetzte Komma)

Seite 94 2. **Besuch eines Polarbären**

a) Der Polarforscher Hauke Trinks berichtet**,** dass der Besuch des Polarbären sich tief in der Nacht ereignet habe. (**Objektsatz**)
b) Der Schlittenhund**,** der die Hütte bewachte**,** schlug an. (**Relativ-/Attributsatz**)
c) Obwohl der Schlittenhund sehr erfahren und trainiert war**,** hatte er gegen den mächtigen Räuber kaum eine Chance. (**Konzessivsatz**)
d) Der Polarforscher und sein Gefährte stürmten nach draußen und versuchten, den

Überfall des hungrigen Raubtiers abzuwehren, indem sie Böllerschüsse abgaben. **(Modalsatz)**

e) Gezielte Schüsse durften sie nicht abfeuern, weil Eisbären in Norwegen unter besonderem gesetzlichen Schutz stehen. **(Kausalsatz)**

f) Die Böllerschüsse blieben aber nicht ohne Wirkung auf den Eisbären, sodass er von dem Hund abließ und auf das Eis hinaus floh. **(Konsekutivsatz)**

g) Die Situation war natürlich auch für die beiden Menschen gefährlich, da der Eisbär das größte an Land lebende Raubtier ist. **(Kausalsatz)**

h) Ein Eisbär greift Menschen aber nur an, wenn er sehr ausgehungert ist. **(Konditionalsatz)**

(3 Punkte für jeden zutreffend bezeichneten, unterstrichenen und richtig mit Kommas vom Hauptsatz abgetrennten Neben-/Gliedsatz)

Seite 95 **3.**

a) Sie versprach ihren Mitspielerinnen, **dass** sie in Zukunft härter trainieren wird.

b) Das Fahrrad, **das** ihn außerordentlich interessiert, ist leider viel zu teuer.

c) Die Klasse 9a freut sich schon darauf, **dass** sie nächstes Jahr die Abschlussfeier vorbereitet.

d) Das Konzert, **das** sie so stark begeisterte, wurde von allen Musiksendern empfohlen.

(1 Punkt für jedes Satzgefüge mit richtiger Kommasetzung; 1 Punkt für die richtige Schreibweise der Wörter *das* und *dass*)

Seite 95 **4.**

Gegen den Vorwurf, dass das Einsperren von Delfinen besonders grausam und unmenschlich sei, betonen andere besonders den pädagogischen Aspekt von Delfinshows und unterstreichen, dass die unmittelbare Betrachtung der Delfine durch die Menschen wertvoll sei, obwohl sich dies meist darauf beschränkt, dass ihnen bei der Ausführung einfacher und sich wiederholender Aufgaben, die in erster Linie die Zuschauer unterhalten sollen, zugesehen wird.

(1 Punkt für den zutreffend unterstrichenen Hauptsatz; 3 Punkte für die fünf richtig gekennzeichneten Nebensätze; 3 Punkte für die sieben zu ergänzenden Kommas)

46– 36 Punkte	**35–24 Punkte**	**23–0 Punkte**
Das hast du gut gemacht!	Nicht schlecht! Lies dir noch einmal die Lernboxen im Schulbuch auf den S. 327–337 durch.	Wiederhole noch einmal die Übungen im Arbeitsheft (S. 84–93) und im Schulbuch (S. 327–337).

Geht es um den Täter oder die Tat? – Aktiv und Passiv

Seite 96 **1.** **Die Geschichte des Panamakanals**

1869 wurde der Suezkanal eröffnet, der das Mittelmeer und das Rote Meer miteinander verbinden sollte. Nun glaubten viele Menschen, dass ein Kanal, der in Mittelamerika Pazifik und Atlantik verbinden würde, ebenso leicht zu bauen sein müsste. Man hoffte außerdem auf großen finanziellen Gewinn. 1879 wurde die französische Panamakanal-Gesellschaft von der Regierung Kolumbiens mit dem Bau dieses Kanals beauftragt. Panama wurde damals noch von Kolumbien regiert. Tausende von Arbeitern wurden beim Bau des Kanals beschäftigt, jedoch erwies sich das Projekt im tropischen Klima

Mittelamerikas schwieriger als erwartet. Viele der Arbeiter wurden von Krankheiten wie Malaria und Gelbfieber heimgesucht. Von 1881 bis 1889 starben ca. 22 000 Menschen bei den Arbeiten. Nachdem erst ein kleinerer Teil des Kanals fertiggestellt worden war, musste die französische Panamakanal-Gesellschaft 1889 Konkurs anmelden. Die Arbeiten wurden eingestellt und sie wurden erst 1906 wieder aufgenommen. Panama war inzwischen ein selbstständiger Staat geworden. Der Weiterbau des Kanals wurde von dem Ingenieur George W. Goethals aus den USA geleitet, da die Rechte an der Kanalzone bereits 1901 an die US-amerikanische Regierung verkauft worden waren. Im August 1914 wurde der Panamakanal fertiggestellt. Er wurde zum ersten Mal von einem Schiff durchfahren . Seit September 2007 wird wieder am Panamakanal gebaut, da die beliebte Wasserstraße von immer mehr und immer größeren Schiffen durchfahren wird. An der größten Baustelle des amerikanischen Kontinents wird voraussichtlich bis zum Jahr 2014 gebaut werden.

Seite 97 **2.**

Kolumbien regierte damals noch Panama.
Krankheiten wie Malaria und Gelbfieber suchten viele der Arbeiter heim.
Der Ingenieur George W. Goethals aus den USA leitete den Weiterbau des Kanals.
Ein Schiff durchfuhr ihn zum ersten Mal.
Immer mehr und größere Schiffe durchfahren die beliebte Wasserstraße.

Seite 98 **1.**

Der neue Panamakanal
Die Planungen für die Erweiterung des Panamakanals sind abgeschlossen. (ZP) Die Bauarbeiten werden Panama sehr viel Geld kosten. (A, Futur) Kritiker glauben, dass das kleine Land die notwendigen Investitionen nicht wird leisten können. (A, Futur) Doch der Anfang ist gemacht. (ZP) Mit 15 000 Kilo Dynamit wurde an einem Hügel Gestein gesprengt. (VP) In den kommenden Jahren werden 130 Millionen Kubikmeter Gestein abgetragen werden. (VP) Zurzeit kommt es im Kanal immer wieder zu Staus und langen Wartezeiten. (A) Dies wird von vielen Reedereien kritisiert. (VP) Alle Beteiligten hoffen aber auf das Ende der Bauarbeiten im Jahr 2014. (A)

Seite 98 **2.**

Hasen werden von Klimawandel abgehängt (V)
Manche Hasenarten passen ihr Fell der Jahreszeit an. (A) Im Sommer sind sie braun und im Winter weiß gefärbt. (ZP) Durch den Klimawandel wird der Winter verkürzt. (VP) Der Schnee ist eher weggeschmolzen als früher. (ZP) Das Hasenfell ist aber immer noch weiß gefärbt. (ZP) Die Hasen werden nun von den Raubtieren im Frühjahr leicht erkannt und gejagt. (VP)

Leistungsfähigkeit der Rechenzentren ist immer mehr gestiegen (ZP)
Von Google werden weltweit 13 große Rechenzentren unterhalten. (VP) Hier werden die Daten der Kunden des Internetriesen gelagert. (VP) Parallel zum Wachstum des Internets ist auch die Leistungsfähigkeit dieser Rechenzentren gestiegen. (ZP) Die Rechenzentren werden ständig gekühlt. (VP) Damit ist den Betreibern vor allem im Sommer eine schwere Aufgabe gestellt. (ZP) Google hat deshalb den Standort einiger Rechenzentren strategisch geschickt gewählt. (A) So liegt das finnische Rechenzentrum Hamina an einem Fjord. (A) Dessen eiskaltes Wasser wird zur Kühlung genutzt. (VP)

Seite 99 **3.** a) Der Fisch ist gebraten.
b) Der Junge ist gerettet.
c) Das Feuer ist gelöscht.
d) Der Aufsatz ist geschrieben.
e) Der Vorhang war geöffnet.
f) Der Cowboy war am Marterpfahl gefesselt.
g) Die Einladung zum Geburtstag war verteilt.
h) Die Klassenzimmertür ist abgeschlossen.

Richtig zu schreiben kann man lernen! – Tipps für die Rechtschreibung

Seite 100 **1.** Land – Länder, landen, ...
fragte – Frage, fragen, Fragezeichen ...
Schublade – schieben, geschoben ...
winzig – winziger, winzige (Menge) ...
Betrag – Geldbeträge, betragen ...
weit – weiter, Weite ...
grob – das Grobe, gröber ...
Sieb – sieben, Siebe ...
hupte – Hupe, sie hupen ...
genug – genügend, genügen ...
gering – geringer, geringe (Menge) ...
Zwang – Zwänge, zwingen ...

Seite 100 **2.** Vo-raus-set-zung, be-an-stan-den, ver-aus-ga-ben, An-stren-gung, Ver-an-stal-tung, Kaf-fee-er-satz, Fahr-rad-weg, Be-en-di-gung, ver-las-sen, un-er-mess-lich, ent-kom-men, un-zer-trenn-lich, Son-nen-schein-dau-er, Schul-ent-las-sungs-fei-er

Seite 101 **3.** Richtig geschrieben sind folgende Wörter: vielleicht (5), Reportage (5), vergessen (4), Ankunft (1), verlieren (4), beraten (1), Fahrrad (1), etwas Schönes (4), nämlich (4), Flüsse (4), Gruß (4), Bandwurm (2)

Seite 101 **4./5.** brisant (hochexplosiv; sehr aktuell; aus dem Französischen)
Brodem (Qualm, Dampf, Dunst)
Brokat (kostbares Seidengewebe; aus dem Italienischen)
Broschüre (leicht geheftetes Druckwerk)

Seite 102 **1.**
a) Extremsport ist etwas, das (**R**) die Sportler bis an ihre Grenzen führt.
b) Ein Beispiel dafür ist das (**A**) Laufen bei einem Ultramarathon über 100 Kilometer.
c) Beim Freeclimbing oder Freiklettern geht es darum, dass (**K**) schwierige Felswände ohne technische Hilfe, also nur mit Händen und Füßen, zu bewältigen sind.
d) Das (**D**) verlangt viel Kraft, Ausdauer und Körperbeherrschung.
e) Das Aussehen des Monsterrollers ähnelt dem Fahrzeug, das (**R**) viele aus ihrer Kindheit kennen. Der Vorteil dieses Extremsports ist, dass (**K**) nur eine kurze Einweisung nötig ist, bevor die rasante Abfahrt ins Tal losgehen kann.
f) Viele glauben, dass (**K**) das (**A**) Fahren der übergroßen und stollenbereiften Tretroller ein Extremsport für die ganze Familie ist.

Seite 102 **2.** **Brüderliche Speedkletterer**
Auf der Suche nach dem Außergewöhnlichen haben Extremsportler **das** (A) Speedklet-

tern entdeckt. Beim Speedklettern geht es darum, **dass** (K) eine Route in möglichst kurzer Zeit erklettert wird. Die Brüder Alexander und Thomas Huber zählen zu den weltbesten Speedkletterern. Ihre Touren zeigen, **dass** (K) sie wahre Grenzgänger sind. Bei ihren Klettergängen begeben sie sich immer in Lebensgefahr: Denn wer schnell sein möchte, hat keine Zeit, Sicherungen anzubringen. **Das** (D) bedeutet, **dass** (K) die Huberbuben oft mit nur minimaler Sicherung klettern. So klettert die Angst vor dem Tod immer mit. Beide versichern aber, **dass** (K) diese Angst zugleich ihr bester Schutz ist, weil sie ihre Konzentration steigert. Ganz wichtig ist es auch, **dass** (K) man **das** (A) eigene Können realistisch einschätzt: Hohes technisches Niveau, extreme Ausdauer, Greif- und Trittpräzision und Schnell- und Maximalkraft sind **das** (A) Wichtigste in dieser waghalsigen Sportart.
Ihre Mutter versteht nicht, **dass** (K) sich ihre Jungen ständig in Gefahr begeben. Aber auch sie selbst können nicht wirklich erklären, **dass** (K) sie ihr Leben immer wieder freiwillig aufs Spiel setzen.
Sie erklären ihre Besessenheit wie folgt: „Wenn man **das** (A) Ziel, **das** (R) man sich gesteckt hat, erreicht, erlebt man ein Gefühl, **das** (R) Glück und Freiheit bedeutet. Es ist so überwältigend, **dass** (K) man es immer wieder sucht.“ **Das** (D) geht offenbar am besten, wenn man seine Grenzen immer wieder neu erkennt, neu auslotet und verschiebt.

Seite 103 **3.**

Aktion „Steffi rennt“
Dass Extremsport auch einer guten Sache dienen kann, zeigte Steffi Praher im Januar 2013. **Das** Spezialgebiet der Extremsportlerin ist der Ultralangstreckenlauf. Steffi Praher schaffte etwas, **das** viele für unmöglich halten. Sie legte trotz des eiskalten Wetters, **das** ihr **das** Rennen schwer machte, nonstop – ohne Unterbrechung rennend bzw. auch gehend – 250 Kilometer zurück. **Das** hat ihr den Respekt aller und 22 222 Euro Spendengelder eingebracht. **Das** Wahnsinnsprojekt, auf **das** sich Praher ein halbes Jahr lang intensiv vorbereitet hat, wurde so ein voller Erfolg. Man sollte dazu auch wissen, **dass** die Dreißigjährige zudem noch Mutter von zwei kleinen Mädchen ist.

Seite 104 **1.**

Prognose – Vorhersage/Niveau – höhere Stufe, Ebene/progressiv – fortschrittlich, fortschreitend/Applaus – Beifall/Teleskop – Fernrohr/Priorität – Vorrang/Aktie – Wertpapier/faktisch – tatsächlich

Seite 104 **2.**

Aktie, Alphabet, Apparat, Armee, Bibliothek, Definition, Diskussion, Fabrik, Funktion, Ingenieur, interessant, Interesse, Kabinett, Kommentar, Margarine, Maschine, Mathematik, Ministerium, Museum, Nation, Niveau, Orchester, Paragraf, Patient, Physik, Produktion, Programm, Republik, Temperatur, trainieren, Turbine

Seite 105 **3.**

Gra**ph**it, As**th**ma, **Th**ema, Del**ph**in, A**th**let, **Rh**y**th**mus, Meta**ph**er, **Ph**otogra**ph**ie, **Th**eater, Saxo**ph**on, Jo**gh**urt, Spa**gh**etti, **Th**eorie, **Th**unfisch, **Rh**euma, **Rh**etorik, Pan**th**er, Geogra**ph**ie, Katastro**ph**e, Mikro**ph**on

Seite 105 **4.**

Fremdwörter, bei denen eine Angleichung an die deutsche Schreibweise möglich ist	**Fremdwörter, bei denen eine Angleichung an die deutsche Schreibweise nicht möglich ist**
der Graphit/Grafit	das Asthma
der Delphin/Delfin	das Thema
die Photographie/Fotografie	der Athlet
das Saxophon/Saxofon	der Rhythmus
der Joghurt/Jogurt	die Metapher
die Spaghetti/Spagetti	das Theater
der Thunfisch/Tunfisch	die Theorie

der Panther/Panter	das Rheuma
die Geographie/Geografie	die Rhetorik
das Mikrophon/Mikrofon	die Katastróphe

Seite 105 **5.** Souvenir, Vampir, aggressiv, definieren, naiv, Olive, Delfin, Autonomie, Disziplin, Textilien, Kantine, Justiz, Mandarine, Kabine, Praline, montieren

Seite 106 **6. + 7.** Richtig geschrieben (das heißt, stehen bleiben müssen): Katastrophe, Toleranz, Skizze, Regisseur, Bibliothek, Physik, Souvenir, Diskussion, Aggression

Seite 106 **8.**

Sport/Freizeit	**Technik**	**Essen/Trinken**
Hobby	CD-Player	Cheeseburger
Inlineskates	Handy	Steak
Fitness	Software	Cocktail
Basketball	Laser	Ketchup
Hockey	online	Fast Food
Rugby	Monitor	Toast
Badminton	Laptop	Dinner

Seite 107 **8.** voipen, phishing, Browser, Provider, Chatroom, Mouseclick, E-Mail, Homepage, online, Domaine, Cyberspace, Download, LAN-Party, Hypertext, Blogger, User, Update, Community

Seite 107 **9./10.** **Individuelle Lösungen**

Teste dich selbst! – Tipps für die Rechtschreibung

Seite 110 **1.** **Delfinsprache**

Alles, was wir über die Sprache von Delfinen wissen, ist, ***dass*** sie mit ihrer Sprache offensichtlich sehr zufrieden sind und ***dass*** sie eine ***internationale*** Verbreitung hat. Der ***Zoologe*** Norris, einer der ***Pioniere*** auf diesem Gebiet, ließ einen im ***Pazifik*** gefangenen Delfin über eine normale Fernsprechleitung mit einem Artgenossen in Florida verbinden, der aus dem ***Atlantik*** stammt. Es kam eine längere Unterhaltung in Gang. ***Das*** hatten die Forscher nicht erwartet.

(1 Punkt für jede richtige Schreibweise)

Seite 110 **2.** Verbreitung – Verbreitungen/längere – lang/Unterhaltung – Unterhaltungen

(1 Punkt für jede andere Wortform oder jede verwandte Form zur Erklärung der Schreibweise der unterstrichenen Wörter)

Seite 110 **3.** Dramatik, Euphorie, motivieren, Phänomene, Vernissage, Priorität, Innovation, Repertoire, existenziell

(1 Punkt für jede richtige Schreibweise)

Seite 110 **4.** Dramatik = dramatische Dichtkunst/Euphorie = Hochgefühl/motivieren = anregen, jmd. zu etwas bewegen/Phänomene = Erscheinungen, Ereignisse/Vernissage = Ausstellungseröffnung/Priorität = Vorrang/Innovation = Neuerung, Erneuerung/Repertoire = Vorrat einstudierter Stücke/existenziell = lebenswichtig

(1 Punkt für jede richtige Bedeutung)

Seite 110 **5.** **Kein Geschnatter**

Dass (Konjunktion) es sich bei der Delfinsprache um sinnloses Geschnatter handelt, glaubten viele. **Dass** (Konjunktion) **das** (Demonstrativpronomen) nicht so ist, bewiesen zahlreiche Experimente. Zwei Wissenschaftler nahmen ein Gespräch, **das** (Relativpronomen) ein Delfinpaar geführt hat, auf. **Das** (Artikel) Band ließen sie einige Monate liegen. Den Delfin-Mann sperrten sie dann in ein Einzelbecken. Der nächste Schritt war, **dass** (Konjunktion) ihm **das** (Artikel) Band über Unterwasserlautsprecher vorgespielt wurde. **Das** (Artikel) Männchen antwortete sofort auf den Ruf seiner Frau und unterhielt sich eine Weile mit seiner Partnerin.

(1 Punkt für jede richtige Ergänzung; 1 Punkt für jede richtig erkannte Wortart)

45–35 Punkte	34–20 Punkte	19–0 Punkte
Das hast du gut gemacht!	Nicht schlecht! Lies dir noch einmal die Lernboxen im Schulbuch auf den S. 240–243, 254 und 259 und im Arbeitsheft auf S. 100–109 durch.	Wiederhole noch einmal die Übungen im Arbeitsheft (S. 100–109) und im Schulbuch (S. 240–243 und S. 251–259).

Großgeschrieben werden ... – Groß- und Kleinschreibung

Seite 111 **1.**

a) Der Radiosender versprach, die Hörer über den Spielstand auf <u>dem</u> <u>Laufenden</u> zu halten.
Das laufende Spiel musste wegen starken Regens für eine Stunde unterbrochen werden.

b) Wegen des schönen Wetters machen viele Menschen einen Ausflug <u>ins</u> <u>Grüne</u>.
Während die Polizisten in einigen Bundesländern noch grüne Uniformen tragen, sind diese in anderen durch blaue ersetzt worden.

c) Der Sportverein sucht schon lange nach Trainingsräumen. Ein Vertreter der Stadt sagte heute, dass <u>etwas</u> <u>Geeignetes</u> gefunden wurde.
Bei dem Sporteignungstest müssen leider viele feststellen, dass sie nicht geeignet sind.

d) Durch den starken Seegang waren viele Passagiere nach kurzer Zeit blau und grün im Gesicht.
Durch <u>das</u> <u>helle</u> <u>Grün</u> und <u>Blau</u> kommt der Stoff besonders gut zur Geltung.

e) Im Zoo sollten die Besucher nicht das Raubtiergehege betreten.
<u>Das</u> <u>Betreten</u> der Eisfläche ist gefährlich.

Seite 111 **2.**

- Um zu bestehen, muss er mindestens eine **Vier** in der Arbeit schreiben.
  Das Quartett, das zur Eröffnung spielte, bestand aus **vier** Streichern.
- Die Eltern verlangen, dass die Kinder ohne **Wenn** und **Aber** mit zum Besuch bei den Verwandten fahren.
  Einige Insekten sind völlig harmlos, **wenn** sie **aber** gereizt werden, können sie sehr aggressiv werden und zustechen.
- Der Redner versuchte im **Folgenden** die Vorteile anschaulich aufzuzeigen.
  In den auf das Gewitter **folgenden** Minuten verließ aus Sorge vor weiteren Unwettern niemand das Haus.
- Nachdem der Ball mehrfach **hin** und **her** geschossen wurde, landete er schließlich doch im Tor.
  Der Verkäufer blieb bei dem ewigen **Hin** und **Her** der Kundin immer noch sehr geduldig.
- Das Ferienhaus muss einige Wochen im **Voraus** bezahlt werden.
  In der Regel fährt der Rettungswagen dem Notarztwagen **voraus**.
- Am Ende waren die Veranstalter der Meinung, dass dem **Ganzen** zu viel Aufmerksamkeit beigemessen wurde.

Am Ende der Veranstaltung waren die Organisatoren der Meinung, dass sich der **ganze** Aufwand gelohnt hatte.

- Die Arbeit nahm **wesentlich** mehr Zeit in Anspruch, als ursprünglich erwartet worden war.
  Im **Wesentlichen** sind auf der Konferenz die erhofften Ziele festgelegt worden.
- Wir müssen das **Für** und **Wider** einer Skifreizeit genau abwägen.
  In der Klasse sprachen einige Schüler **für**, andere **wider** die Skifreizeit.

Seite 112 **3.** auf dem Laufenden sein/(sein Schäfchen) ins Trockene bringen/ins Schwarze treffen/(mit jemandem) ins Reine kommen/aus dem Vollen schöpfen/im Trüben fischen/im Dunkeln tappen/aufs Ganze gehen/beim Alten bleiben

Seite 113 **4.**

a) Das Fragen ist leichter als das Antworten, Fordern ist leichter als Geben und Rufen einfacher als Kommen.
b) Oft erkennt man den Einfältigen am Fragen und den Verständigen am Schweigen.
c) Das Gute, dieser Satz steht fest, ist oft das Böse, das man lässt.
d) Am Abend wird der Faule fleißig.
e) Der Klügere gibt nach.
f) Vereint sind auch die Schwachen mächtig.
g) Es gibt nichts Neues unter der Sonne.
h) Es kann der Frömmste nicht in Frieden leben, wenn es dem bösen Nachbarn nicht gefällt.
i) Wenn zwei sich streiten, freut sich der Dritte.
j) Unter den Blinden ist der Einäugige König.
k) „Es gibt nichts Gutes
außer: Man tut es.“ (Erich Kästner)
l) Da hilft kein Weh und Ach.

Seite 113 **5.**

a) Klara hat blaue Jeans bekommen, jetzt schwärmt sie für schwarze.
b) Tim ist der sportlichste Schüler, er ist allerdings nicht der fleißigste.
c) Sie liest gerne fantastische Geschichten, obwohl diese nicht immer die spannendsten sind.
d) Mein Fahrrad ist nicht das neueste Fahrrad, dafür ist es aber das schnellste.

Seite 114 **6.**

Simpel

Der 22-jährige Barnabé, genannt Simpel, lebt aufgrund/auf Grund einer geistigen Behinderung schon seit längerem/seit Längerem im Heim Malicroix.
Simpel ist geistig auf dem Niveau eines Dreijährigen und liebt sein Stofftier Monsieur Hasehase ohne Wenn und Aber. Monsieur Hasehase ist das Wichtigste in seinem Leben. Er braucht ihn zum Reden und Besprechen seiner Pläne. Für seinen siebzehnjährigen Bruder Colbert wird die Vorstellung, dass Malicroix für immer Simpels Zuhause sein soll, etwas ganz Unerträgliches.
Nach längerem Überlegen und vielem Hin und Her beschließt er, Simpel aus dem Heim zu holen, auch wenn er Angst hat, das Ganze zu schultern. Er ist sich im Klaren darüber, dass es am vernünftigsten gewesen wäre, wenn ihr Vater sich darum gekümmert hätte. Der aber ist mit seinem eigenen Leben beschäftigt. So ist Colbert der Einzige, der Verantwortung übernimmt.

Seite 115 **1.** montagmorgens, morgens, nachts, jeden Freitag, am gestrigen Montag, am Samstag, vorigen Mittwoch, am Samstagnachmittag, eines Montags, übermorgen Vormittag, jeden Mittwoch, eines Tages

Seite 115 **2.** Montag, Am Montagmorgen, mittags, nachmittags, Nachmittag, Montagabend, morgen, am Dienstag, zum Samstag, am Morgen, nachmittags, abends, von Montag, zum Samstag

Seite 117 **1.**

Hallo Frau Andersen,
von der sonnigen Baleareninsel Mallorca sende ich **Ihnen** herzliche Feriengrüße. Wir haben im Wetterbericht gehört, dass auch **Sie** gutes Wetter haben.
Ganz herzlich möchte ich mich noch bei **Ihnen** bedanken, dass **Sie** meinen kleinen Niko versorgen. Hoffentlich macht er **Ihnen** auch nicht zu viel Arbeit und bringt mit seinem Herumrennen nicht **Ihr** ganzes Haus durcheinander.
Aber **Sie** kennen ihn ja und **Sie** haben deshalb ja gewusst, worauf **Sie** sich eingelassen haben.
Liebe Frau Andersen, ich verspreche **Ihnen** schon jetzt, dass wir demnächst, wenn **Sie** verreisen, auf **Ihren** Liebling aufpassen werden.
Wenn wir wieder zu Hause sind, möchten wir **Sie** gerne als kleines Dankeschön einladen. Wir können **Ihnen** dann viele Fotos von den schönen Seiten der Insel zeigen.
Es wäre schön, wenn **Sie** und **Ihr** Mann dafür Zeit fänden.
Von uns allen sonnige Grüße an **Sie** und **Ihren** Mann.

Tschüss!

Ihre Inga Neuhäuser

Teste dich selbst! – Groß- und Kleinschreibung

Seite 118 **1.**

a) Das dauernde Wenn und Aber bringt dich nicht weiter.
b) Alexander will heute etwas Sinnvolles tun.
c) Paula kam als Vierte ins Ziel.
d) Bei dem Spiel am nächsten Samstag kommt es auf jeden Einzelnen an.

(2 Punkte für jede richtig geschriebene und unterstrichene Nominalisierung/Substantivierung)

Seite 118 **2.**

Kims Praktikum hat **gestern** begonnen. Seit **diesem Montagmorgen** arbeitet sie in einer Kfz-Werkstatt. **Am Donnerstagnachmittag** soll sie eine kleine Inspektion durchführen. Dafür wird ihr **morgen** alles gezeigt. Wegen der ungewohnten harten Arbeit sehnt Kim aber den **heutigen Dienstagabend** herbei. Sie ist überzeugt, dass sie **nachts** wie ein Stein schlafen wird.

(2 Punkte für jede richtig geschriebene Zeitangabe)

Seite 118 **3.**

Ein guter/~~Guter~~ Rat
Auf einer Schiffsreise wurde das Meer infolge eines plötzlich auftretenden/~~Auftretenden~~ Unwetters sehr stürmisch/~~Stürmisch~~. Ein Vorsichtiger/~~vorsichtiger~~ fragte daraufhin den vorbeieilenden/~~Vorbeieilenden~~ Steward: „Was trinkt man am besten bei stürmischem/~~Stürmischem~~ Wetter?" Darauf der Steward im Vorübergehen/~~vorübergehen~~: „Wenn ich Ihnen/~~ihnen~~ raten darf: Trinken ~~sie~~/Sie das Billigste/~~billigste~~, Verehrtester/~~verehrtester~~!"

(1 Punkt für jede durchgestrichene falsche Schreibweise)

Seite 118 **4.**

a) Die kleinen/~~Kleinen~~ Wünsche erfüllt man sich gleich, die großen/~~Großen~~ verschiebt man.
b) Kornelia liest gerne spannende/~~Spannende~~ Bücher. Die ganz dicken/~~Dicken~~ allerdings bevorzugt sie weniger.
c) Anna und ihre beste/~~Beste~~ Freundin Luisa schauen sich öfter zusammen Filme an; den bislang interessantesten/~~Interessantesten~~ haben sie in der letzten Woche gesehen.

(1 Punkt für jede durchgestrichene falsche Schreibweise)

37–29 Punkte	28–19 Punkte	18–0 Punkte
Das hast du gut gemacht!	Nicht schlecht! Lies dir noch einmal die Lernboxen im Schulbuch auf den S. 248–251 und S. 264–271 durch.	Wiederhole noch einmal die Übungen im Arbeitsheft (S. 111–117) und im Schulbuch (S. 248 ff. und 264 ff.).

Gesummt oder Gezischt? – s-Laute

Seite 119 **1.** Kuss (= Küsse), fließen, Nase, Kissen, Kasse, hassen, lesen, reißen, Haus (= Häuser), Lose, Gräser, sausen

Seite 119 **2.** Zum Beispiel:
Kuss, Nuss, Fluss, Schuss ...
fließen, gießen, sprießen, verdrießen ...
Nase, Vase, Blase, Phase ...
Kissen, Wissen, missen, Bissen ...
Kasse, Masse, Rasse, Klasse ...
hassen, fassen, lassen, passen ...
lesen, Wesen, Tresen, Besen ...
reißen, heißen, weißen, beißen ...
Haus, Maus, Schmaus, heraus ...
Lose, Hose, Rose, Dose ...
Gräser, Bläser, Fräser, Gläser ...
sausen, brausen, Pausen, schmausen ...

Seite 119 **3.** **Individuelle Lösung**

Seite 119 **4.** Eine strenge und unumstößliche Regel, was man lesen sollte und was nicht, ist albern. Man sollte alles lesen. Mehr als die Hälfte unserer heutigen Bildung verdanken wir dem, was man nicht lesen sollte.
(Oscar Wilde)

Ich befasse mich nicht mit Rechtschreibung und Interpunktion.
(Michel de Montaigne)

Der Papierkorb ist der beste Freund des Schriftstellers.
(Isaac Bashevis Singer)

Mit einem Buch auf dem Schoß war ich glücklich. Ich fürchtete nichts mehr außer einer Unterbrechung.
(Charlotte Brontë)

„Schriftsteller werden berühmt“
Die Wahrheit ist, dass selbst Bestsellerautoren im Jargon der Medien nur sogenannte C-Promis sind: Nur eine Meldung wert, wenn man freien Platz füllen muss – allenfalls der Tod des Autors ist eine Nachricht. Es gibt Ausnahmen (Nobelpreisträger und einige wenige besonders skandalträchtige Autoren oder besonders gut aussehende Autorinnen), aber der normale Autor kommt in den Medien so gut wie nicht vor. Und auf der Straße erkannt wird er auch nicht. Wer berühmt werden will, geht besser zum Fernsehen, statt zu schreiben.
(Andreas Eschbach)

Seite 120 **5.** Sylvia Englert
Schreib's doch einfach auf!

Sich große Mengen von Informationen zu merken fällt nicht leicht – die Lösung ist, sie schriftlich aufzuzeichnen. Erste Schreibversuche finden sich schon auf den Wänden von Höhlen, in denen die Vorfahren des Homo sapiens hausten. Als die Indianer

Amerika besiedelten, benutzten sie als Gedächtnisstütze für ihre überlieferten Geschichten comicartige Folgen von kleinen Bildsymbolen (Piktogramme), die sie auf Birkenrinde zeichneten. In Ägypten schrieb man mit Pinseln und Ruß-Tinte auf Papyrus, in Mesopotamien drückte man ein spitzes Stöckchen in Tontafeln und hatte dafür schon eine abstrakte Schriftsprache erfunden, die Keilschrift. Im alten Rom benutzte man, wenn's schnell gehen sollte, Wachstäfelchen.

In Rom konnten sich die Bürger übrigens schon sehr früh über Tagesereignisse informieren: Die sogenannte Acta Diurna, eine Art frühe Zeitung, wurde an öffentlichen Plätzen ausgehängt. Allerdings war sie eine eher langweilige Lektüre, etwa so wie das „Amtsblatt" heute. Zu den echten Vorläufern der heutigen Presse zählten die privaten Briefe von Händlern, Professoren und Fürsten; Kaufleute waren eine Art wandelnde Nachrichtenquelle. Auch Flugblätter gab es, auf denen aber meist nun eine Nachricht verkündet wurde.

Die gesprochene Sprache aufzuschreiben stellte sich als gute Idee heraus, denn nun konnte man sie auch transportieren. Jetzt war es möglich, sich über weite Strecken mitzuteilen: In Ägypten verbreiteten kleine Tontäfelchen die Nachricht von der Krönung des Pharao Ramses II. Julius Caesar nutzte Botentauben, um Gallien unter Kontrolle zu halten. In Afrika und Südamerika benutzen manche Völker heute noch die „Nachrichtentrommel": Mit ihr kann man sich in unübersichtlichem Gelände über mehrere Kilometer Entfernung die neuesten Ereignisse mitteilen.

Wer schreiben konnte, hatte Macht – das war damals in allen Ländern so. Oft beherrschten nur Priester diese schwierige Kunst, und auch in Mitteleuropa waren es die Mönche, die als Gelehrte Wissen bewahrten. In Ägypten waren Schreiber hochgeschätzte Fachleute, die wegen der vielen komplizierten Symbole eine lange Ausbildung in ihrem Beruf brauchten. Im Auftrag des Pharao produzierten sie fleißig Gerichtsprotokolle, Briefe, Rechnungen und Verträge.

Obwohl das Wort „Papier" von der ägyptischen Pflanze Papyrus abgeleitet ist, wurde das, was wir heute als Papier kennen, in China erfunden und verbreitete sich erst im 13. Jahrhundert in Mitteleuropa. Zu dieser Zeit konnten die meisten Deutschen, bis hin zum Adel, nicht lesen und schreiben. Sogar viele Könige unterschrieben mit einem Kreuz. Also übermittelte man Informationen mithilfe von Bildern: Wer die Bibel nicht lesen konnte, der schaute sich die Bilder in den Kirchenfenstern oder Wandmalereien an und reimte sich so die Geschichte der Kreuzigung zusammen. Deutsch lesen zu können nützte lange Zeit auch nicht gerade viel: In Deutschland waren die meisten Texte bis zum 15. Jahrhundert lateinisch geschrieben.

Teste dich selbst! – s-Laute

Seite 122 **1.**

Genuss	Maßstab	Wasser	Buße	müssen
flüssig	Fußball	Ruß	Schuss	Flosse

(1 Punkt für jeden richtig eingetragenen s-Laut)

Seite 122 **2.**

Mit ungefähr acht Jahren erschien mir das Schreiben als das größte Wunder auf diesem Planeten. Wie konnte man mit den immer gleichen 26 Buchstaben so viele Türen zu so vielen fremden Welten öffnen? Es war mir unbegreiflich. Ich erinnere mich daran, wie ich die Tür zu meinem Kinderzimmer zuwarf, mich mit einer Ausgabe von Grimms Märchen auf den Knien in einen Sessel kauerte und mit Herzklopfen zu lesen begann. Kaum zu fassen, was diese Buchstaben in meinem Gehirn anzurichten vermochten und wie sie mich immer tiefer in eine Welt der sprechenden Pferdeköpfe, der Zwerge, Riesen und Prinzessinnen zogen. Wie konnte das sein? Es war doch bloß ein bisschen Fliegendreck auf weißem Papier.

(Doris Dörrie)

(1 Punkt für jeden richtig eingetragenen s-Laut)

Seite 122 **3.**
a) Man unterscheidet den **stimmlosen** und **stimmhaften** s-Laut.
b) Den stimmhaften s-Laut schreibt man immer mit **s**.
c) Den stimmlosen s-Laut kann man auf **drei** verschiedene Weisen schreiben und zwar ***s***, ***ss*** und ***ß***.
d) Nach einem **langen Vokal** oder einem Doppellaut schreibt man den s-Laut mit ß.
e) Nach einem **kurzen Vokal** schreibt man den s-Laut mit ss.

(1 Punkt für jede der Regel entsprechend richtig ausgefüllte Lücke)

31–25 Punkte	24–16 Punkte	15–0 Punkte
Das hast du gut gemacht!	Nicht schlecht! Lies dir noch einmal die Lernbox im Arbeitsheft auf S. 119 durch.	Wiederhole noch einmal die Übungen in diesem Kapitel des Arbeitsheftes (S. 119–121).

„Freude?strahlend" – Getrennt- und Zusammenschreibung

Seite 123 **1.**
a) Wenn du um 14.00 Uhr **zurück bist** [5], haben wir noch genügend Zeit für ein Beratungsgespräch.
b) Weil Pauline im Urlaub sehr viel **Fahrrad fahren** [3] will, bringt sie ihr Rad zum Händler, um es kontrollieren zu lassen.
c) Vor nahezu 3 000 Jahren begannen die Griechen damit, Theaterstücke **aufzuschreiben** [2] und auf speziellen Bühnen **aufzuführen** [2].
d) Es ist nicht ratsam, von dem Mauervorsprung **herunterzuspringen** [2].
e) Solltest du mich noch einmal einfach so **stehen lassen** [4], kündige ich dir die Freundschaft auf.
f) Adjektive und Adverbien werden **kleingeschrieben** [2].
g) In welchem Alter hast du **lesen gelernt** [4]?
h) Schülerinnen und Schüler, die am Wandertag **Schlittschuh laufen** [3] oder **Ski fahren** [3] wollen, müssen sich in eine gesonderte Liste eintragen.
i) Jule ist es nicht **schwergefallen** [2], sich bei ihrem Freund zu entschuldigen.
j) Paul ist bei dem Wettkampf leider **schwer gestürzt** [1].
k) Auf eine definitive Aussage ließ er sich nicht **festnageln** [2].
l) Das Schnitzel war so groß, dass er seinen Teller nicht **leer essen** [1] konnte.

Seite 124 **2.**
a) **Fleisch fressende/Fleischfressende** Pflanzen wachsen in den Tropen, einige Arten gibt es jedoch auch in unseren Regionen zu kaufen.
b) Mit einem Spezialschwamm kannst du dein Fahrradgestänge **blank putzen/blankputzen**.
c) Der Ätna gehört zu den Vulkanen, die immer wieder **Feuer speien**.
d) Das, was sie gemacht hat, sollte ihr **leidtun**.
e) Wenn du zu lange ungeschützt in der Sonne **liegen bleibst**, kannst du deine Haut dauerhaft schädigen.
f) In ca. einer Stunde werde ich mit den Hausaufgaben **fertig sein**, dann können wir **Eis essen**.
g) Wenn du bei einem Referat **frei sprichst**, ist dir die Aufmerksamkeit des Publikums eher gewiss, als wenn du alles abliest.
h) Wenn alles **vorbei ist**, werde ich ein paar Tage ausspannen.
i) Im klassischen Griechenland saßen die Zuschauer auf **ansteigenden** Stufen, die das Bühnenhaus im Halbrund **umschlossen**.
j) Das Gerät ließ sich nur sehr schwer **handhaben**, deshalb beschloss sie, es **zurückzugeben**.
k) Seine Eltern haben ihm verboten, so lange **fernzusehen**.
l) Wiederholt versuchte er, ihr Vertrauen **wiederzugewinnen**.

Seite 125 **1.** **Was berichtet die Sage vom Minotaurus?**
sogenannten/so genannten, unterirdischen, abgeleitet, doppelschneidigen, so oft, zu stimmen, rennen hören, sofern, Glauben schenkt, zu erklären

Welche Religion hatten die alten Griechen?
gnädig zu stimmen, Wohlergehen, zu sichern, zu stellen, voraussagen, bevorstand, zu erfahren, aufstiegen, inmitten

Wie wurden die Mumien im alten Ägypten behandelt?
einbalsamiert, zu ermöglichen, sodass, Verwesungsprozess, Sobald, abgerieben, wohlriechende, damaligen, zu erhalten, langwieriges, ausgeführt, sichergestellt, weiterleben

Teste dich selbst! – Getrennt- und Zusammenschreibung

Seite 126 **1.** **Steinmarder**
Vor diesem bösen Beißer müssen **Autofahrer** (1) **Angst haben** (2). Denn der von Steinmardern verursachte Schaden ist **riesengroß** (3). Die **Reparaturkosten** (4) können zu 70 Millionen Euro **zusammengefasst** (5) werden, wobei die **Folgeschäden** (6) an den Motoren nicht **mitgerechnet** (7) sind. Wenn in manchen **Vorortstraßen** (8) im Mai und Juni **flächendeckend** (9) geparkte Autos **stillgelegt** (10) werden, sieht man manchmal, wie Nachbarn **wutentbrannt** (11) **zusammenkommen** (12), und hört, wie gängige Gegenmaßnahmen **ausgetauscht** (13) werden. Dazu gehört es zum Beispiel, **Hundehaare** (14), **Mottenkugeln** (15) oder Knoblauchzehen im **Motorraum** (16) zu platzieren, also eigentlich alles, was stinkt und **bitter schmeckt** (17).
Für die betroffenen Autofahrer ist es sicherlich kein Trost, wenn ihnen der Marder ein gestohlenes **Hühnerei** (18) oder auch einen toten Vogel auf dem **Luftfilter** (19) **zurücklässt** (20). Als Schutz gegen Marderbisse empfehlen Experten vor allem gehärtete Überzüge für Kabel und Schläuche, eine **regelmäßige** (21) **Motorwäsche** (22) oder auch die Benutzung öffentlicher **Verkehrsmittel** (23).

(2 Punkte für jede richtig geschriebene Einsetzung)

46–37 Punkte	36–25 Punkte	24–0 Punkte
Das hast du gut gemacht!	Nicht schlecht! Lies dir noch einmal die Lernbox im Schulbuch auf S. 274 und im Arbeitsheft auf S. 123 durch.	Wiederhole noch einmal die Übungen im Arbeitsheft (S. 123–125) und im Schulbuch (S. 274–277).

Wo steht ein Komma? – Kommas richtig setzen

Seite 127 **1.** **Tunnelbau heute**

a) Die Tunnel von U-Bahnen, Autobahnen und Eisenbahnen wurden früher von Hand, unter härtesten Bedingungen und mit Hunderten von Arbeitern gebaut.
b) Heute erledigen gigantische, 1000 Tonnen schwere, 150 Meter lange und mit einem kaum zu zerstörenden Bohrkopf ausgestattete Tunnelbohrmaschinen diese Arbeit.
c) In einer Stadt wie London müssen dabei andere U-Bahn-Linien, Versorgungseinrichtungen, Abwasserkanäle und unterirdische Flüsse umgangen werden.
d) Voraussetzung eines Tunnelbauvorhabens ist immer die genaue Kenntnis der geologischen Beschaffenheit des Geländes, die Untersuchung der Bodenmechanik, die Einschätzung auftretender Drücke sowie eine Analyse der Gesteinszusammensetzung.
e) Der U-Bahn-Tunnel wird mit Beton ausgekleidet, die Stromversorgungsleitungen

werden installiert, Beleuchtungsanlagen werden eingebaut und Belüftungsanlagen werden eingerichtet.

f) Als die längsten Tunnel der Welt gelten der Tunnel der U-Bahn-Linie 3 der chinesischen Stadt Guangzhou mit 67,30 km, ein Tunnel der U-Bahn-Linie 10 in Peking mit 54,80 km, der Seikantunnel der japanischen Eisenbahn mit 53,85 km und der Eurotunnel unter dem Ärmelkanal zwischen Frankreich und England mit 49,94 km.

Seite 128 **1.**

a) Das Gehirn von Schimpansen ist nur ein Drittel so groß wie das menschliche, aber trotzdem besitzen sie eine erstaunliche Intelligenz.
b) Schimpansen können nicht nur Probleme lösen, sondern haben auch richtige Aha-Erlebnisse.
c) Sie spitzen sowohl zum Jagen als auch zum Stochern in Termitenbauten Stöcke an.
d) Dieses Verhalten ist weder angeboren noch wird es den Jungen beigebracht.
e) Ein Schimpanse kann die Zeichensprache von Menschen lernen, aber er wird nie wie ein Mensch sprechen.
f) Sowohl der hochstehende Kehlkopf als auch die anders gebaute Luftröhre verhindern beim Schimpansen ein wirkliches Sprechen.
g) Mithilfe der Zeichensprache äußern Schimpansen nicht nur Wünsche, sondern unterhalten sich auch mit Menschen.
h) Sie beantworten jede Frage ihres Trainers, aber sie zeigen niemals Zweifel.
i) Schimpansen sind intelligent, jedoch zeigt sich hier die Grenze ihrer Intelligenz.
j) Sie können nichts hinterfragen, sondern nehmen die Dinge einfach hin.

Seite 129 **1.**

Abenteuerlicher Flug nach Schweden

a) Schon die Fahrt mit dem Bus von Paderborn zum Flughafen am Niederrhein war außergewöhnlich, da der Busfahrer sich nur auf seinen angeblichen Orientierungssinn verließ.
b) Am Ende kostete uns dies wenigstens eine Dreiviertelstunde Verspätung, die ziemlich nervenaufreibend war.
c) Da wir zu dem Zeitpunkt noch nichts von den kommenden Problemen wussten, haben wir uns alle beschwert.
d) Weil der Flughafen recht übersichtlich war, lief nach Ankunft am Flugschalter alles glatt und wir saßen alle glücklich und zufrieden auf unseren Sitzen.
e) Dem einen oder anderen Schüler wurden dann aber doch die Knie weich, als der Flieger abhob.
f) Man konnte nur noch die Lichter der Städte erkennen, da schon der Abend nahte.
g) Immer mehr Schüler schliefen ein, auch wenn die Sitze nicht sehr bequem waren.
h) So bemerkten wir auch nicht, dass der Pilot irgendwann die Richtung änderte und wieder heimatlichen Kurs nahm.
i) Entsprechend groß war die Verwunderung, als wir dann wieder am Niederrhein landeten.
j) Wegen technischer Probleme war der Pilot, der noch neu in seinem Beruf war, auf Nummer sicher gegangen und umgekehrt.
k) So mussten wir erst eine ganze Zeit warten, bis ein neuer Flug gestartet werden konnte.

Seite 130 **2.**

Besonders wichtig ist, dass durch die Einführung einer Schuluniform das Gemeinschaftsgefühl in den Klassen erhöht wird. Ausschlaggebend ist dafür, dass aufgrund der einheitlichen Kleidung der Konkurrenzdruck untereinander und der Neid entfallen. In unserer Klasse nehmen zum Beispiel immer wieder einige Schülerinnen und Schüler nicht am Sportunterricht teil, weil sie nicht die „angesagten" Markenschuhe besitzen. Die positive Wirkung einer einheitlichen Schulkleidung ist demnach, dass sich niemand ausgeschlossen fühlen muss.
Schwerer als das Bedürfnis nach individueller Kleidung wiegt sicher, dass sich viele Schülerinnen und Schüler oft ausgegrenzt fühlen. Dieser Ausgrenzung kann durch die Einführung einer einheitlichen Schulkleidung ein Ende gesetzt werden. (5 Kommas)

Seite 130 **3.**

Delfine und ihre Kommunikation

Über die Delfine wissen wir sehr viel, weil sich schon sehr viele Forscher mit ihnen beschäftigt haben. Das ist auch verständlich. Delfine sind populär, weil sie attraktiv sind, als intelligent und als menschenfreundlich gelten. [...] An der australischen Küste kommen frei lebende Delfine sogar zu regelmäßigen Begegnungen mit Badegästen an den Strand.
Obwohl viele Beobachtungen über die Kommunikation von Delfinen gemacht wurden, sind bisher nur wenige Aufzeichnungen im freien Wasser gelungen.
(4 Kommas)

Besonderes Glück hatte eine Studentengruppe aus Kiel, die vor der spanischen Küste von einer Plattform aus erstmals Video- und Tonaufnahmen machen konnte. In der Bucht lebten zahlreiche Hornhechte, die auf Delfine große Anziehungskraft ausübten. Das Revier unter Wasser ist offenbar klar umrissen, weil über einen Beobachtungszeitraum von drei langen Sommermonaten sich die Delfine hier regelmäßig einfinden, um zu jagen.
(3 Kommas)

Selten zuvor wurden die Kommunikationslaute frei lebender Delfine aus so großer Nähe aufgenommen. Es sind Signale, die meist mit einer hohen Frequenz beginnen, danach abfallen und wieder ansteigen. Offenbar sind sie von Bedeutung, wenn Delfine koordiniert in Formation schwimmen. Sozusagen durch Verabredung auf Signalpfiff lösen sich zwei Delfine aus dem Verband, die in den dichten Pulk der Hornhechte vorstoßen.
(4 Kommas)

Von ganz anderer Qualität sind die Ortungslaute, die in der Wirkungsweise eines Echolots auf den Fischschwarm treffen, sodass sie zum Sender zurückkehren. Richtung und Intensität der Schallwellen informieren den Jäger darüber, wo der Standort der Beute ist. Aber nicht genug damit! Wenn der Delfin seine Schallstrahlen so verändert, dass daraus niedrigfrequente Schallstöße werden, können sie zur betäubenden oder tödlichen Waffe werden. Taucher, die häufiger solche Szenen beobachteten, haben davon berichtet. Vom Schallstrahl der Delfine getroffene Fische erzitterten, erlahmten und wurden geschnappt.
(8 Kommas)

Seite 132 **1.**

a) Die Unterkunft, die wir gebucht haben, bevor wir losgefahren sind, erwies sich als katastrophal.
b) Um das Hotel, das mitten in der Stadt lag, die von vielen Menschen besucht wird, führte eine Hauptstraße.
c) Viele Autofahrer, die auf der Hauptstraße fuhren, weil sie die schnellste Verbindung in die Stadt war, hupten unaufhörlich.
d) Wir waren entsetzt, als wir merkten, dass wir auch nachts keine Ruhe finden würden.
e) Obwohl unser Zimmer, das sich entgegen unseren Wünschen im Erdgeschoss befand, zum Hinterhof lag, drang der Lärm hinein.
f) Weil wir nicht wollten, dass wir keine Nacht Ruhe finden, baten wir die Reiseleitung um ein Zimmer in einem anderen Hotel.
g) Weil jedoch kein Zimmer frei war, das unserer Preisvorstellung entsprach, mussten wir noch zwei Tage in dem Lärm ausharren.

Seite 133 **2.**

a) Weil die Hinfahrt, die über zehn Stunden dauerte, sehr anstrengend war, schliefen wir direkt nach der Ankunft erst einmal zwei Stunden.
b) Obwohl es sehr heiß war, weil es Mittag war und die Sonne schien, schliefen wir tief und fest.
c) Danach gingen wir, weil wir auf das Meer schauen wollten, das nur wenige Schritte vom Hotel entfernt lag, an den Strand.

d) Da wir unsere Badehosen, die noch im unausgepackten Koffer lagen, nicht mitgenommen hatten, konnten wir nicht sofort schwimmen gehen.
e) In den nächsten Tagen, die voller Sonnenschein waren, wie auch der Wetterbericht vorhergesagt hatte, gingen wir mit großer Freude ins Wasser.

Seite 134 **1.**

Eine anstrengende Busfahrt

a) Auch die Möglichkeit, sich entspannt hinzusetzen, war nicht immer gegeben.
b) So baten schon bald die ersten Schüler darum, eine Pause zu machen.
c) Der Busfahrer musste aber daran denken, seine vorgeschriebenen Ruhezeiten einzuhalten.
d) So schnell kam es also nicht infrage, eine Rast zu machen.
e) Zum Glück hatten mehrere Schüler DVDs mitgenommen, um sich die Zeit zu verkürzen.
f) Nach längeren Diskussionen gelang es, sich auf einen Film zu einigen.
g) Der Film half den Schülern dabei, sich über die Unbequemlichkeiten hinwegzutrösten.
h) So waren alle darüber erstaunt, vom Busfahrer zu hören, dass die lang ersehnte Pause anstehe.
i) Alle stürmten in die Raststätte und keiner dachte daran, nach dem Zeitpunkt der Weiterfahrt zu fragen.
j) Der Anblick des Fast-Food-Restaurants verleitete viele Schüler dazu, sich dort erst einmal verköstigen zu lassen.
k) Die Lehrer hatten alle Mühe damit, die Schüler wieder in den Bus zu bekommen.
l) Nach einer langen Fahrt freuten wir uns darüber, am Ziel zu sein.
m) Keiner mochte zu dem Zeitpunkt daran denken, sich wieder auf den Heimweg machen zu müssen.

Seite 135 **2.**

Das Wunder von Bern – Der Inhalt

Während der Bergarbeiter Richard Lubanski aus Essen in russischer Gefangenschaft war, hat seine Familie gelernt, ohne ihn auszukommen. Bei seiner Rückkehr 1954 muss er feststellen, dass sein ältester Sohn ein Kommunist ist, seine Tochter mit Soldaten flirtet und sein elfjähriger Sohn Matthias (Rufname Mattes), den er noch nie gesehen hat, den Fußballer Helmut Rahn als Idol hat, den Richard gar nicht kennt. Bei aller Mühe schafft er es zunächst nicht, sich wieder in seine Familie einzufügen. Währenddessen gelingt es der deutschen Nationalmannschaft, bei der Weltmeisterschaft als Außenseiter bis ins Endspiel zu kommen. Helmut Rahn ist jedoch frustriert, weil der Trainer ihn zunächst nicht aufstellt. Langsam bessert sich das Verhältnis zwischen Richard und Mattes, und auch Helmut Rahn ist im Finale gegen Ungarn aufgestellt, in dem er das entscheidende Tor zum 3:2-Endstand schießt, mit dem Deutschland die Sensation gelingt, zum ersten Mal Weltmeister zu werden.

Seite 136 **1.**

Die Farbe Weiß

Wortgeschichtlich ist Weiß mit anderen indoeuropäischen Wörtern verbunden, die „licht", „leuchtend" und „hell" bedeuten. In bildhaften Wortzusammensetzungen ist der Sinn erweitert zu „makellos", „unbefleckt". Ein weißer Fleck auf einer Landkarte bezeichnete früher eine unerforschte Gegend, heute ist generell etwas Unbekanntes damit gemeint. Wer eine weiße Weste hat, hat sich nichts vorzuwerfen.

Schwarzes Schaf

Bei Schafzüchtern sind schwarze oder gefleckte Schafe weniger erwünscht, weil ihre Wolle nicht die gewünschte Qualität hat und zur Stoffbearbeitung, wozu auch das Färben gehört, unbrauchbar ist.

Graue Maus

Hier ist nicht von einem Tier die Rede, sondern von einer menschlichen Person, die klein und unauffällig ist wie eine Maus und diesen Eindruck häufig noch durch unauffällige Kleidung unterstützt.

Blauer Brief
Dahinter verbirgt sich ein Warnschreiben (vor allem von der Schule an die Eltern). Im 19. Jahrhundert wurden in Preußen königliche Kabinettsorders, aber auch Mahnschreiben an Beamte und Offiziere, die ihre Versetzung in den Ruhestand beantragen sollten, in blauen Umschlägen verschickt.

Teste dich selbst! – Kommas richtig setzen

Seite 137 **1.**

a) Für eine schnelle Antwort wäre ich Ihnen sehr dankbar.
b) Aus diesem Grund sind Pinguine gute Testobjekte für das Studium von Ausmaß, Dauer und Bedingungen der Kältegewöhnung.
c) Ein Unternehmen sollte, was es an Gewinn erwirtschaftet, zu einem Teil wieder neu investieren.
d) Vonseiten der Regierung hielt sich niemand, nicht einmal der Pressesprecher, dafür zuständig, uns eine konkrete Prognose mitzuteilen.
e) Bei Vertragsabschluss ist es das Beste, alle Nebenabsprachen schriftlich niederzulegen.
f) Im Zusammenhang mit der steigenden Umweltverschmutzung nehmen die Verhandlungen mit Unternehmen, vor allem mit Großunternehmen, beträchtlich zu.
g) Wir gehen davon aus, nun unsererseits alles getan zu haben, um Ihre Zustimmung zu erhalten.
h) Sicherlich ist es nicht leicht und vielleicht sogar eine Gefahr, Vorhersagen auf diesem Gebiet zu wagen, dennoch halten wir eine Prognose für erforderlich.
i) Eine abschließende Bewertung der hier vorgestellten Verfahren ist auf den letzten Seiten zu finden.
j) Es wurde immer heißer, aber die Sonne, die hoch am Himmel stand, wollte nicht mehr aufhören zu scheinen.
k) Er dachte nach und dachte nach.
l) Der Ausdruck „rosa Brille" wird seit dem 20. Jahrhundert dazu verwendet, zum Ausdruck zu bringen, dass man sich über irgendetwas oder über einen Menschen angenehmere Vorstellungen macht, als es der Wirklichkeit entspricht.

(2 Punkte für jeden Satz mit richtiger Zeichensetzung)

Seite 138 **2.**

Feuerwehr befreite ein Schaf aus einer misslichen Lage
Die Feuerwehr, die es am Freitagabend mit einer einzigartigen Rettungsaktion zu tun hatte, befreite ein Schaf aus einem Kanalrohr.
Als der Schäfer seine kleine Herde zählte, vermisste er ein zwei Monate altes Schaf. Schließlich hörte er, nachdem er zuvor vergeblich die Weide abgesucht hatte, aus einem unvergitterten Kanalrohr das ängstliche Blöken des Schafes. Mithilfe eines Videowagens wurde schließlich das Tier aufgespürt, das unterirdisch 200 Meter weit gelaufen war und nun hilflos im Kanal feststeckte. Weil kaum zu erwarten war, dass es selbst rückwärts geht und aus dem Kanal zurückfindet, musste etwas geschehen. Nachdem das Rohr freigelegt und ein Loch hineingeschlagen war, konnte schließlich ein Feuerwehrmann das Tier an den Hinterbeinen ins Freie ziehen. Der Einsatzleiter taufte das Tier Florian, weil so der Schutzpatron der Feuerwehr heißt.

(1 Punkt für jedes richtig ergänzte Komma)

Seite 138 **3.**

Das Wunder von Bern – Meinungen
a) Mich hat der Film deshalb sehr überzeugt, weil es dem Regisseur gelungen ist, das Geschehen von Beginn an bis zum Schluss aus der Perspektive des Jungen darzustellen. (Jonathan)
b) Ich würde gerne erfahren, was aus den ungarischen Spielern geworden ist. Soweit ich weiß, haben viele es nicht überwinden können, dieses Endspiel zu verlieren. (Christoph)

c) Sönke Wortmann zeigt, dass es auch mit einem eher geringen Budget möglich ist, einen hervorragenden Film zu drehen. (Aus der Presse)
d) Das Werk des Regisseurs Sönke Wortmann wird dem Anspruch gerecht, Dokumentation und erfundene Geschichte in einem Werk zu vereinen, ohne langweilig zu sein. (Aus der Presse)

(1 Punkt für jedes richtig ergänzte Komma)

43–33 Punkte	32–19 Punkte	18–0 Punkte
Das hast du gut gemacht!	Nicht schlecht! Lies dir noch einmal die Lernboxen im Schulbuch auf den S. 279–288 und S. 327–334 durch.	Wiederhole noch einmal die Übungen im Arbeitsheft (S. 127–136) und im Schulbuch (S. 279–288 und S. 327–337).

Inhaltsverzeichnis

Rechtschreibung

Ich teste meinen Lernstand

Kennzeichnungen in diesem Arbeitsheft:

1 Aufgabe

4 Zusatzaufgabe

●○○ Aufgaben mit Starthilfen
●●○ etwas schwierigere Aufgaben mit Starthilfen

●●● Aufgaben, die mehr Wissen und Können von dir verlangen

▸ Der Pfeil sagt dir, auf welcher Seite du etwas nachschlagen kannst.

Mit dem beigefügten Lösungsheft kannst du deine Arbeitsergebnisse selbst überprüfen.

Informationen – Recherchieren und veranschaulichen

Information **Informationen im Internet recherchieren**

- Mit **Suchmaschinen** kannst du **im Internet** gezielt nach Informationen suchen. Rufe z. B. die Suchmaschinen *blinde-kuh.de, helles-köpfchen.de* oder *fragfinn.de* auf.
- Schränke deine Suche von Beginn an ein. Gib in die Suchmaschine **Suchbegriffe (Schlüsselbegriffe)** ein, die zuallererst zu deinem Thema gehören, z. B.: *Recycling Plastik.*
- Man kann auch mit **ganzen Sätzen** suchen. Setze sie in **Anführungszeichen**. Diese **„Phrasensuche“** lohnt sich, wenn man z. B. eine bestimmte Aussage oder eine Liedzeile sucht.

1 **Ordne die folgenden Begriffe den Zahlen auf der abgebildeten Suchmaschine zu.**

☐ Internetadresse ☐ Eingabefeld für Suchbegriffe ☐ Nutzeranmeldung ☐ Tag des Zugriffs

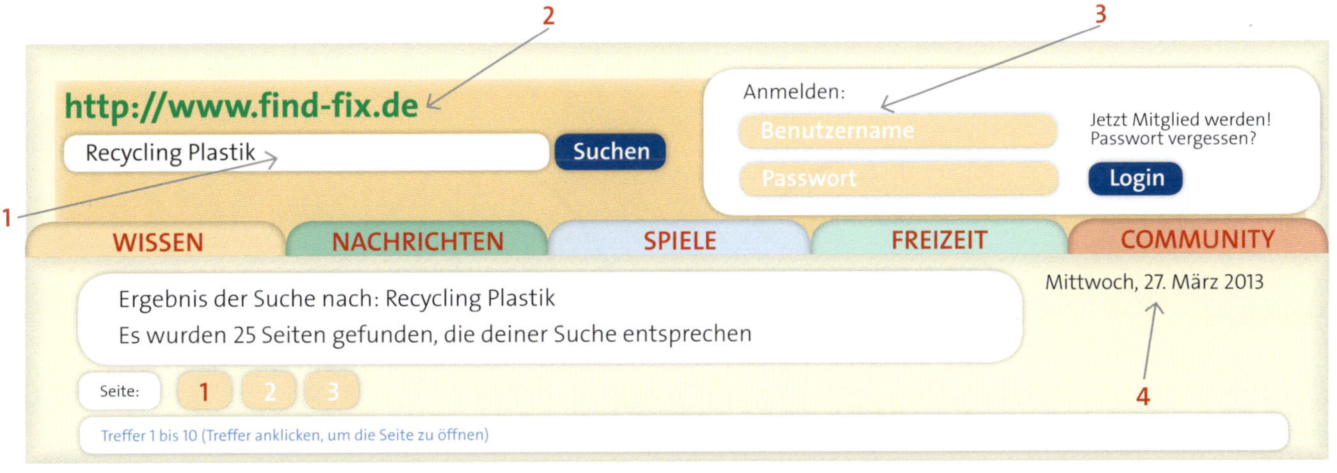

2 **Kreuze an: Mit welchen beiden Suchbegriffen wurde bei find-fix.de gesucht?**

☐ Müll Plastik ☐ Trennung Müll ☐ Recycling Plastik ☐ Recycling Müll

3 **Steht der folgende Text mit den Suchmaschinentreffern im Zusammenhang? Kreuze an. Ergänze im Heft.**

☐ Er steht in einem Zusammenhang, weil ... ☐ Er steht in keinem Zusammenhang, weil ...

Treffer 12: Mülltrennung und Recycling

Wir produzieren jeden Tag sehr viel Müll, der viel zu wertvoll ist, um ihn einfach wegzuwerfen. Wir verwenden z. B. alte Plastikmaterialien oder Glas, um daraus neue Produkte herzustellen. Dein Schreibpapier ist vielleicht aus Altpapier; es besteht aus wiederverwertetem Papier. Wenn Müll getrennt und wiederverwertet wird, spricht man von „Recycling“. Das Wort kommt aus dem Englischen (gesprochen wird es „Riseikling“) und bedeutet „noch einmal verwerten“. Zum Glück werden aus Müll neue Produkte hergestellt. Dadurch müssen z. B. nicht viele neue Bäume abgeholzt werden. Insgesamt entsteht weniger Müll, wir schonen die Natur und neue Arbeitsplätze werden auch geschaffen.

Früher sammelte ein Schrotthändler alte Metallteile. Heute trennen wir den Müll und bringen ihn zu Sammelstellen. Oder er wird von uns bereits zu Hause in farbige Tonnen einsortiert und von der Müllabfuhr abgeholt. Immer mehr Müll bedeutet immer größere Probleme. Plastik z. B. verrottet nicht und belastet die Natur. Die Müllhalden werden immer größer und neue Mülldeponien schaden dem Boden und dem Grundwasser. Müll, der in Müllverbrennungsanlagen verbrannt wird, produziert giftige Abgase. Am besten ist es, möglichst die Müllproduktion zu vermeiden und den Müll, den wir produzieren, zu trennen, um ihn dem Prozess einer Wiederverwertung zuzuführen.

Methode **Informationen in einer Mind-Map geordnet veranschaulichen**

Mit einer **Mind-Map** kannst du **Informationen** aus einem Text **übersichtlich anordnen.**
Sie besteht aus **drei Arten von Einträgen**: 1. Thema, 2. Schlüsselbegriffe, 3. weitere Informationen.

1 Schreibe in die Mitte des Blattes das **Thema**.
Du kannst das Heft auch quer legen. Umrahme das Thema.

2 Ordne um das Thema **die wichtigsten Schlüsselbegriffe** (wichtige Informationen) des Textes.
Verbinde das Thema und die Schlüsselwörter durch dicke Äste.

3 Schreibe zu den Schlüsselwörtern die **dazugehörigen Informationen** (weitere Informationen) aus dem Text. Zeichne dazu dünne Äste.

4 **Lies noch einmal den Text auf Seite 5. Markiere Schlüsselwörter (wichtige Informationen).**

5 **Vervollständige die Mind-Map mit den Informationen aus dem Text.**
Beschrifte die freien Äste. Ihr könnt auch im Heft arbeiten.

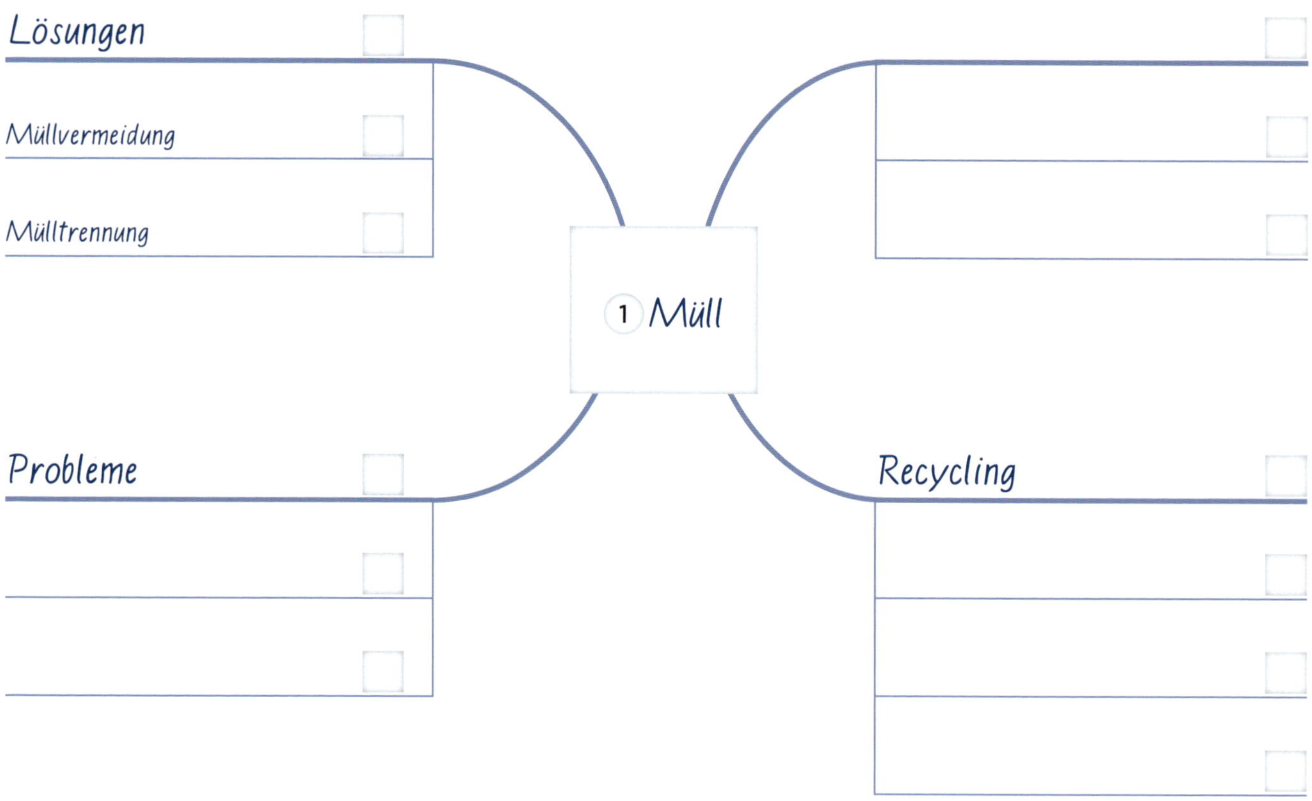

6 **Prüfe für jeden Begriff in deiner Mind-Map, um welche Art von Eintrag es sich handelt.**
Schreibe neben jeden Ast der Mind-Map die richtige Ziffer 1 bis 3 aus dem Methodenkasten.

7 **Recherchiere zu folgender Phrase:** „*Recycling – Aus Alt mach Neu!*"

a **Gib die Formulierung bei folgenden Suchmaschinen ein. Oder nutze eine dir gut bekannte Suchmaschine.**

☐ blinde-kuh.de ☐ helles-koepfchen.de ☐ fragfinn.de ☐ ______________________.de

b **Mit welcher Suchmaschine hast du Informationen zur Phrase gefunden? Kreuze an.**

c **Arbeite im Heft eine Mind-Map aus.**
Ordne mit ihr die Informationen, die du zu dem Thema „Recycling – Aus Alt mach Neu!" gefunden hast.

Berichten – Einen informierenden Text verfassen

Information **Einen informierenden Text verfassen**

Ein Informationstext fasst in **knapper und** für den Leser **gut verständlicher Weise das Wichtigste** über **Gegenstände, Personen oder Sachverhalte** zusammen.

Aufbau
- Zu **Beginn** eines Informationstextes wird **das Thema** genannt, z. B.: *„Über Meteoriten"*.
- Danach werden in einer **sinnvollen Reihenfolge Informationen zu wichtigen W-Fragen** gegeben: Wer? Was? Wann? Wo? Wie? Warum?

Sprache
- Die Sprache eines Informationstextes ist **sachlich**. Gefühle und Wertungen werden vermieden.
- Ein Informationstext wird in der Regel im **Präsens** verfasst, z. B.: *Ein Meteorit ist ... Er besteht aus ...*

1 **Du willst deine Klasse mit Hilfe eines kurzen Textes über die Gefahr eines Meteoriteneinschlags aus dem Weltall informieren. Was weißt du bereits über Meteoriten? Notiere Stichworte:**

____

____

2 **Markiere im folgenden Text alle Informationen, die du zusätzlich zu deinem Vorwissen über Meteoriten erhältst.**

Viele Verletzte nach einem Meteoriteneinschlag – Zufall oder Vorbote?

Bei dem Meteoriteneinschlag in Russland sind mehr als 1000 Menschen verletzt worden. Ein Interview der „Aktuellen Stunde" mit Jan Friese aus der Wissenschaftsredaktion.

Aktuelle Stunde: Sie sagen, das, was in Russland passiert ist, sei ein Meteoritenschauer. Was müssen wir uns darunter vorstellen?

Friese: Es geht um kleinere Gesteinsbrocken, die auf die Erde fallen. Man kann sich den Meteoritenschauer wie einen Kieslaster vorstellen, der seine Ladung über der Erde abkippt. Meist sind es kleine Brocken, die schon in der Atmosphäre verglühen. Es könnte aber auch ein größerer Gesteinsbrocken in der Atmosphäre explodiert sein. Dafür spricht die Druckwelle, die viele Fensterscheiben zerplatzen ließ. So etwas wie eine Splitterbombe.

Aktuelle Stunde: Ein Meteoriteneinschlag ist also [...] gefährlich?

Friese: Möglicherweise schon. Ich kann mich nicht daran erinnern, wann durch einen Einschlag so viele Menschen verletzt wurden. Als Meteoriten werden meist die kleinen Gesteinsbrocken bezeichnet. Von ihnen fallen jedes Jahr mehrere Tausend auf die Erde. Meist passiert dabei nichts, weil sie auf unbewohntem Gebiet einschlagen. Da sind sie kaum von einem Felsbrocken zu unterscheiden. Gefährlicher sind die Asteroiden, Gesteinsbrocken aus dem Weltall, die durchaus auch die Größe eines Kreuzfahrtschiffs haben. Sie können der Menschheit gefährlich werden. Zum Vergleich: Der Asteroid, der die Dinosaurier auslöschte, hatte wahrscheinlich einen Durchmesser vom mehreren Kilometern.

Planen

3 **Frage dich zuerst, was deine Mitschüler über Meteoriten erfahren sollten. Nutze eine Mind-Map wie folgt. Ergänze sie im Heft durch dein Vorwissen zum Thema und die Informationen, die du im Interview auf Seite 7 findest.**
Tipp: Der Text beantwortet noch nicht alle Fragen.

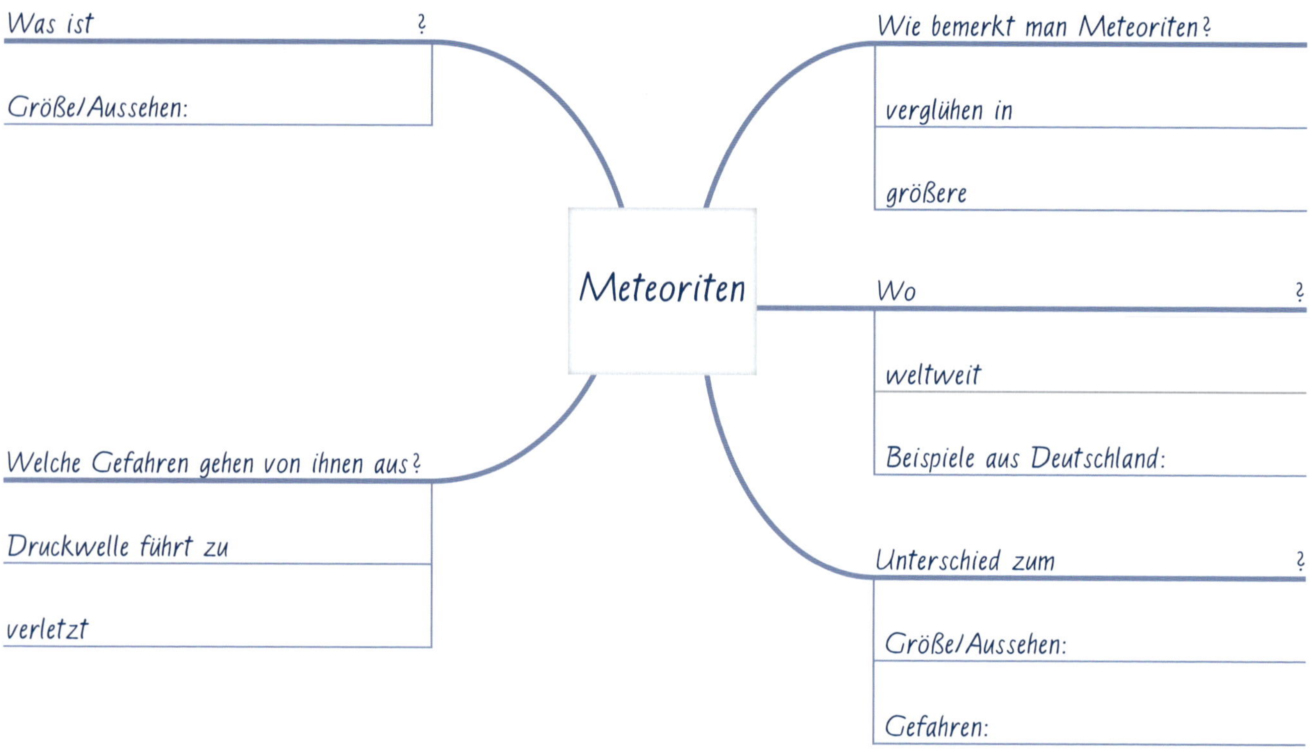

4 **Werte die folgende Grafik aus.**
a **Kreuze an: Welche der nachstehenden Aussagen A bis D treffen auf die Grafik zu (r)? Welche nicht (f)?**
b **Prüfe, ob es Meteoriteneinschläge in deinem Bundesland gab.**
c **Ergänze deine Mind-Map durch die Informationen, die du aus der Grafik hinzugewonnen hast.**

Meteoriten in Deutschland
(Jahr des Fundes/Gewicht in Kilogramm)

Kiel	1962	0,738
Oldenburg	1930	16,6
Emsland	1940	19
Königsbrück	2004	0,052
Ramsdorf	1958	4,68
Simmern	1920	1,222
Trebbin	1988	1,25
Treysa	1916	63
Untermässing	1920	80

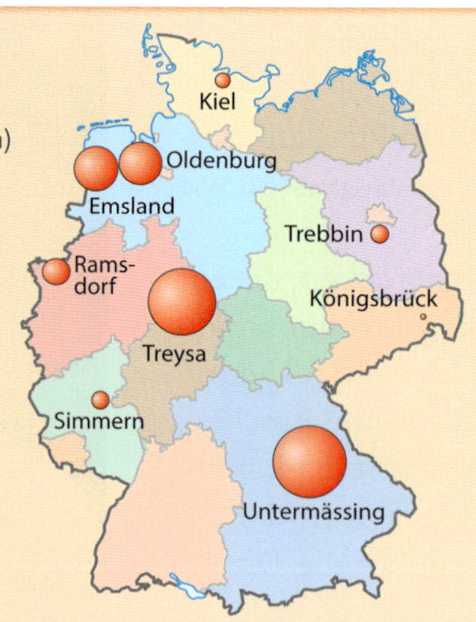

Die Grafik zeigt …

	richtig	falsch
A … Meteoriteneinschläge, die es in Deutschland gab.	☐	☐
B …, dass der größte Meteorit, der in Deutschland eingeschlagen ist, 63 kg wog.	☐	☐
C …, dass auch in Deutschland Meteoriten einschlagen können.	☐	☐
D …, dass z. B. ein 0,052 kg schwerer Meteorit 2004 in Königsbrück zu Boden ging.	☐	☐

Schreiben

5 **Schreibe mit Hilfe deiner Vorarbeiten einen zusammenhängenden Text. Beachte die folgenden Schreibtipps und Formulierungshilfen.**

Schreibtipps	Formulierungshilfen
Nenne zuerst das **Thema:**	*Meteoriten können zu jeder Zeit und überall auf der Welt …*
Orientiere dich an der **Reihenfolge** deiner **Fragen aus der Mind-Map.**	*Ein Meteorit ist …*
Nutze **Verknüpfungswörter** *(wenn, nachdem, deshalb, da, außerdem, denn, damit, sodass, schließlich)*, um sinnvolle Zusammenhänge zwischen den einzelnen Informationen herzustellen.	*Meteoriten bemerkt man am Himmel, wenn sie in die Atmosphäre eindringen, weil sie …* *Viele gehen unbemerkt zu Boden, da …*
Achte darauf, deinen Text im **Präsens** zu schreiben. Ändere die **Zeitform.**	*Wissenschaftler beobachteten ( ) den Weltraum. Sie erkannten ( ) auf diese Weise drohende Gefahren. Die Bevölkerung wurde ( ) frühzeitig benachrichtigt.*
Gib deinem Informationstext zum Schluss eine **zum Thema passende Überschrift.**	

Überarbeiten

6 **Vergleiche deinen fertigen Text mit der Information (► S. 7). Hast du alle Hinweise berücksichtigt? Verbessere, wenn nötig.**

7 **Schreibe deinen Informationstext über Meteoriten sauber in dein Heft oder tippe ihn am Computer.**
Tipp: Frage deinen Lehrer, ob du deinen Text im Klassenzimmer aushängen darfst.

Sternschnuppen – Einen informierenden Text verfassen

1 ●○○ **Was weißt du über Sternschnuppen? Notiere Stichworte:** ______________________________

____

2 ●○○ **Welche Aussagen lassen sich der folgenden Grafik zum Thema „Sternschnuppen" entnehmen? Füge die Satzbausteine A bis C und 1 bis 3 zu sinnvollen Aussagen zusammen. Ziehe Verbindungslinien.**

A Von 100 befragten Menschen glauben 40 ...

B Im Vergleich zur Zahl 13 ...

C Noch etwas häufiger als auf Sternschnuppen achtet die Mehrheit der befragten Personen auf ...

1 ... vierblättrige Kleeblätter als Glücksbringer.

2 ..., dass ein Wunsch für sie in Erfüllung geht, wenn sie eine Sternschnuppe sehen.

3 ... wählten mehr Befragte die Sternschnuppen als Glücksbringer.

3 ●○○ **Der nachfolgende Informationstext über Sternschnuppen ist unvollständig.**

a Entscheide, welche Satzverknüpfungen in den Klammern richtig sind. Unterstreiche sie.

Sternschnuppen sind kleine Gesteinsbrocken, (der/die/das) sich auf ihrem Flug durch das All stark erhitzen (sondern/aber/und) bei Eintritt in die Erdatmosphäre verglühen.
(Dieses/Zunächst/Schließlich) Verglühen macht die kleinen Meteoriten, die vom Himmel fallen, als helle Lichtstriche am Himmel sichtbar.
Gefahren gehen von Sternschnuppen nicht aus, (wenn/nachdem/da) sie oft nur Millimeter groß sind.
Selten kommt es vor, (das/dass/weil) man auf die Erde gefallene Sternschnuppen findet.
Wünsche sollen in Erfüllung gehen, (nachdem/deshalb/bevor) man eine Sternschnuppe erblickt hat.
40 von 100 Menschen achten darauf, Sternschnuppen am Nachthimmel zu entdecken, (nachdem/weil/damit) ihre Wünsche in Erfüllung gehen.
Die Bezeichnung „Sternschnuppe" geht zurück auf den Glauben, Engelchen würden die Sterne putzen, (um/wobei/außerdem) manchmal ein Stückchen abbreche und als Sternschnuppe zur Erde falle.

b Welche der beiden Überschriften (A oder B) passt besser zum Text? Kreuze an.

☐ A Sternschnuppen – Sterne, die auf die Erde fallen

☐ B Sternschnuppen – Glücksbringende Steinchen aus dem Weltraum

4 **Vielleicht traust du dir einen Informationstext über Weltraumschrott zu. Dann bearbeite die folgende Seite.**

Weltraumschrott – Einen informierenden Text verfassen

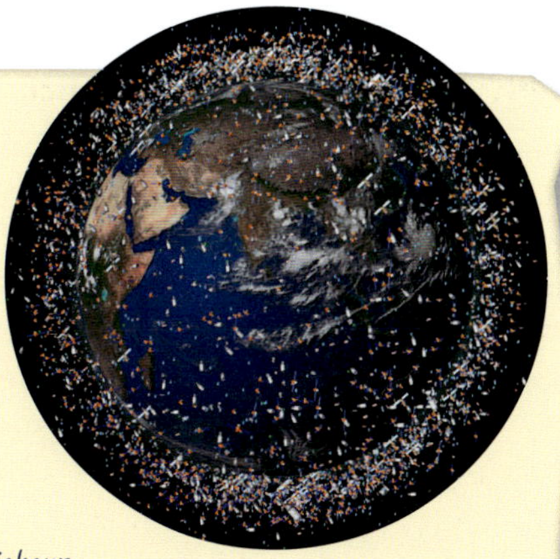

Wo? *Erdumlaufbahn; ca. 36.000 km Höhe*
Was? *Müll im All; Weltraumschrott umkreist die Erde; Trümmerteile; z. T. kleiner als 10 cm; Schätzungen: 150.000 Objekte rasen durch den Weltraum; Raketen- und Satellitenteile ...*
Wie viele? *weit über 12.000 Objekte größer als 10 cm*
Woher? *Raumfahrt/Satelliten; abgesprengte Raketenstufen; Werkzeuge der Astronauten; Schrauben; Metallteile; ...*
Welche Gefahren? *Kollisionen mit Satelliten; Weltraumstation JSS; tritt in die Erdatmosphäre ein - verglühen ...*
Was wird unternommen? *Beobachtung mit Teleskopen; in Datenbank speichern; Satelliten und JSS weichen Schrott aus; keine Müllabfuhr; Müllvermeidung ...*

1 ●●● Nutze die Abbildung und den Stichwortzettel, um für deine Mitschüler einen informierenden Text über das Thema „Weltraumschrott“ zu verfassen.

Überschrift: ...

Weltraumschrott bedroht in zunehmendem Maße Projekte der Raumfahrt.

2 ●●● Prüfe mit Hilfe der Checkliste, ob du die Tipps umgesetzt hast. Hake ab oder überarbeite deinen Text.

3 Erstelle eine erklärende Grafik zu deinem Text. Du kannst z. B. veranschaulichen, woher die Schrottteile stammen.

Checkliste

Einen Informationstext verfassen

- Habe ich alle notierten **Fragen** mit meinem Informationstext **beantwortet**?
- Nutze ich **Verknüpfungswörter**, um einen zusammenhängenden Text zu schreiben?
- Passt meine **Überschrift** zum gesamten Inhalt des Textes?
- Konnte ich alle **Informationen** für andere Schüler verständlich darstellen und **erläutern**?
- Habe ich persönliche Meinungen vermieden? Ist mein Text **sachlich** genug?
- Habe ich hauptsächlich die **Zeitform Präsens** verwendet?

Personen beschreiben – Sportler aus China

Methode | **Personen beschreiben**

- **Einleitung**: Nenne zu Beginn den **Anlass und Zweck** der Beschreibung.
- **Hauptteil**: Beschreibe mit treffenden Begriffen einzelne **Körpermerkmale** wie: *Kopf, Kinn, ...*
  - Halte eine bestimmte **Reihenfolge** ein, am besten vom Kopf bis zu den Füßen.
  - Geh auch auf die **Kleidung** ein.
- **Schluss**: Hier kannst du beschreiben, wie die Person auf dich **wirkt**.
- Eine Personenbeschreibung steht im **Präsens,** z. B.: *Sie/Er besitzt, sieht, steht, wirkt, ...*

1 **Am Telefon möchte deine Freundin wissen, wie der chinesische Badmintonspieler Lin Dan aussieht.**

a **Ergänze mit Hilfe des Bildes und der Zeitungsmeldung die Antwortblasen mit passenden Informationen.**

b **Ordne ihren Fragen die passenden Antworten zu. Trage dazu die Antwortsymbole ▲ ✱ ■ ● bei den Fragen richtig ein.**

Lin Dan hat beim Herren-Badminton Gold geholt

Der chinesische Badmintonspieler Lin Dan hat am Sonntag beim Badminton im Finale mit 2:0 seinen malaysischen Gegner Chong Wei Lee geschlagen und damit die 34. Goldmedaille für China gewonnen.

Fragen:

- ☐ Wie ist Lin Dan gekleidet?
- ☐ Wie sehen sein Kopf und Gesicht bzw. Gesichtsausdruck aus?
- ☐ Wie wirkt seine Körperhaltung?
- ☐ Wie heißt der Badmintonspieler?

Antworten:

▲ Sein Körper ist ________________. Er macht einen ________________ vorwärts, weil ____.

■ Lin Dan ____. In der linken Hand hält er ________________________________. Auf dem linken Oberarm ________________________________.

✱ Der Badmintonspieler heißt ________________________. Er kommt aus ________________________________.

● Er hat ____________, ____________ Haare und ein ____________, ____________ Gesicht. Seine ________________________ stehen leicht ab. Er hat ______________ Augen. Seine Augenbrauen sind ______________. Auf dem Bild hat er den ________________ geöffnet, da er sich konzentriert und leicht ________________ zu sein scheint.

2 **Personenbeschreibungen sollten in einer geordneten Reihenfolge erfolgen, z. B. von oben nach unten.**

a **Schau dir die folgende Liste der Merkmale für eine Personenbeschreibung an.**
Bei sechs Begriffen wurden die Buchstaben vertauscht. Finde heraus, um welche Begriffe es sich handelt.

b **Lege eine sinnvolle Reihenfolge für die Personenbeschreibung fest.**
Ordne die Merkmale aus der Liste auf dem nebenstehenden Spickzettel.

Liste: Merkmale für eine Personenbeschreibung	Spickzettel für eine Personenbeschreibung
KÖRPERHALTUNG	1. Name
HEESCHGLCT =	2.
LTERA =	3.
NLKIDEUG =	4.
PFOK =	5.
RHEKUNFT =	6.
PERSÖNLICHER EINDRUCK	7.
VERHALTEN	8.
MAEN =	9.

3 **Lies die folgende Personenbeschreibung eines Schülers.**
Kreuze an, wie sie überarbeitet werden muss. Bei der Textüberarbeitung …

- ☐ A muss die Reihenfolge der genannten Merkmale geändert werden.
- ☐ B müssen Sätze umformuliert werden.
- ☐ C sind abwechslungsreiche Verben (*tragen, aussehen, besitzen, auffallen*) zu verwenden.
- ☐ D muss die Zeitform des Textes (Präsens) geändert werden..

VORSICHT FEHLER!

Lin Dan ist ungefähr 25 Jahre alt. Er hat schwarze, stoppelige Haare und ein ovales, sehr schmales Gesicht. Er hat mandelförmige Augen. Er hat dunkle, geschwungene Augenbrauen. Er hat volle Lippen. Er hat ein weiß-gelbes Trikot mit schwarzen Schultern, eine schwarze Hose und gelbe Sportschuhe an. Er hat einen Badmintonschläger in der linken Hand, was darauf schließen lässt, dass er Linkshänder ist. Er hat einen trainierten Körper und viele Muskeln. Sein Blick ist konzentriert. Insgesamt wirkt er sehr sportlich.

4 **Nutze deine Vorarbeiten. Verfasse in deinem Heft eine Personenbeschreibung für Lin Dan.**

Die Volleyballspielerin – Eine Personenbeschreibung ergänzen

1 ●○○ **Im Internet hast du nach weiteren chinesischen Sportlern gesucht. Dabei hast du dieses Bild einer Volleyballerin gefunden. Kreuze an, welche Begriffe für eine Personenbeschreibung dieser Sportlerin geeignet sind.**

Größe	☐ klein	☐ groß		
Körperbau	☐ stämmig	☐ schlank	☐ kräftig	
Haare	☐ lang	☐ kurz	☐ zusammengebunden	
Gesicht/ Gesichtsform	☐ oval	☐ rund	☐ kantig	☐ schmal
Augen	☐ groß	☐ mandelförmig		☐ dunkel
Mund und Ausdruck	☐ lächelnd	☐ geöffnet	☐ verkniffen	
	☐ herabgezogen		☐ konzentriert	
Kleidung	☐ lässig	☐ elegant	☐ sportlich	☐ bunt
	☐ Trikot	☐ T-Shirt	☐ Hemd	
	☐ Jeans	☐ Rock	☐ kurze Sporthose	
Eigenschaften	☐ sportlich	☐ durchtrainiert	☐ athletisch	

2 ●○○ **Ergänze im Heft die folgende Beschreibung mit passenden Begriffen aus dem Wortspeicher und aus Aufgabe 1.**

Wortspeicher

Körperbau Augen rot athletisch Haare trägt Trikot Nummer schwarze

Die junge Sportlerin ist ca. 25 Jahre alt, schlank und groß. Der … der Volleyballerin wirkt sportlich und … . Da sie auf dem Bild gerade den Ball schlägt, sind ihre dunklen und … … weit aufgerissen. Der Ausdruck ihres Mundes ist … Ihre dunklen, … … hat sie …. Die Sportlerin … ein für ihr Team typisches rotes kurzärmliges … mit der Nummer acht. Auch ihre Sporthose ist … und mit einer … versehen. Die Knie und Unterschenkel werden durch … Knieschoner und lange schwarz-weiße Socken geschützt. Insgesamt wirkt die Volleyballspielerin ehrgeizig und engagiert.

Tischtennisspieler – Eine Personenbeschreibung verfassen

1 ●●●

**Für ein Portfolio über China sollen chinesische Sportler beschrieben werden.
Wähle einen der beiden abgebildeten Tischtennisspieler aus.**

a Kreuze an, zu welchen Merkmalen du etwas schreiben kannst:

☐ Gesicht/Gesichtsausdruck ☐ Alter ☐ Geschlecht ☐ Haare/Frisur

☐ Kleidung ☐ Körperbau ☐ Herkunft

b Markiere die Begriffe auf dem Merkmalzettel, die du für deine Beschreibung verwenden kannst.

Gesichtsform: oval, kantig, schmal, länglich **Augen und Augenausdruck:** eng beieinanderstehend, auseinanderstehend, blau, braun, dunkel, mandelförmig **Augenbrauen:** schmal, buschig, geschwungen, dunkel **Mundwinkel und Ausdruck:** lächelnd, verkniffen, herabgezogen, konzentriert, freundlich **Lippen:** schmal, voll, geschminkt, geschwungen, geöffnet **Haare:** lang, kurz, mittellang, dunkel, hell, blond, lockig, gescheitelt, hochgesteckt, voll **Kleidung:** sportlich, lässig, elegant, modisch, traditionell, bunt **Figur/Körperhaltung:** groß, klein, schlank, sportlich, untersetzt, korpulent, aufrecht, dünn

2 ●●●

Beschreibe die von dir ausgewählte Person möglichst genau.
Tipp: Achte darauf, nicht nur *haben* und *sein* zu verwenden.

Einen Vorgang beschreiben – Backen, pressen, basteln

Methode | **Einen Vorgang beschreiben**

Aufbau
- **Einleitung**: Nenne die notwendigen Materialien und/oder Vorbereitungen, z. B.: *Man braucht 200 Gramm Mehl, zwei Tassen Milch und einen Esslöffel ...*
- **Hauptteil**: Beschreibe Schritt für Schritt den Ablauf des Vorgangs, z. B.: *Zuerst werden die Äpfel geschält. Danach ... Nach einigen Minuten ...*
- **Schluss**: Runde deine Beschreibung mit einem Schlusssatz ab, z. B.: *Guten Appetit!*

Sprache
- Verwende durchgängig nur **eine Form der Ansprache**: *Man nimmt* ... oder: *Du nimmst* ... oder: *Nimm* ...
- Wechsle zwischen **Aktiv- und Passivformulierungen**. So wird deine Beschreibung abwechslungsreicher, z. B.: *Der Teig wird gerührt. Danach fügt man ... hinzu.*
- Wähle passende Wörter, die die **Reihenfolge** der einzelnen Schritte deutlich machen, z. B.: *zuerst, dann, danach, zum Schluss ...*
- Schreibe im **Präsens.**

Apfelküchlein backen

1 Schreibe als Einleitung auf, welche Zutaten und Küchengeräte man zum Backen von Apfelküchlein benötigt. Vergiss die Maßangaben nicht (1 EL = Esslöffel, 1 TL = 1 Teelöffel, g = Gramm).

Zutaten:
- ______ - ______
- ______ - ______
- ______ - ______
- ______ - ______

Küchengeräte:
- ______ - ______
- ______ - ______
- ______ - ______
- ______ - ______

2 Verfasse im Hauptteil die Anleitung für ein Schülerkochbuch. Verwende die Du-Form.
Tipp: Denke an unterschiedliche Bezeichnungen für die zeitliche Abfolge.
Formuliere Aktiv- und Passivsätze.

Schäle die Äpfel und

schneide sie in schmale Scheiben.

Information: Aktiv oder Passiv
- Aktiv: *Du rührst den Teig.*
- Passiv: *Der Teig wird gerührt.*

Gib als Nächstes Mehl, …

Rühre die fein geschnittenen Apfelstückchen vorsichtig in

den Teig. …

Nimm mit einem Esslöffel eine Portion Teig und gib sie

vorsichtig in das heiße Fett.

Guten Appetit!

Natürlichen Klebstoff herstellen – Einen Vorgang beschreiben

Natürlicher Klebstoff

Viele Klebstoffe enthalten giftige Lösungsmittel, deren Dämpfe nicht eingeatmet werden sollten. Aus rohen Kartoffeln kannst du selbst einen völlig ungiftigen und umweltfreundlichen Klebstoff herstellen.

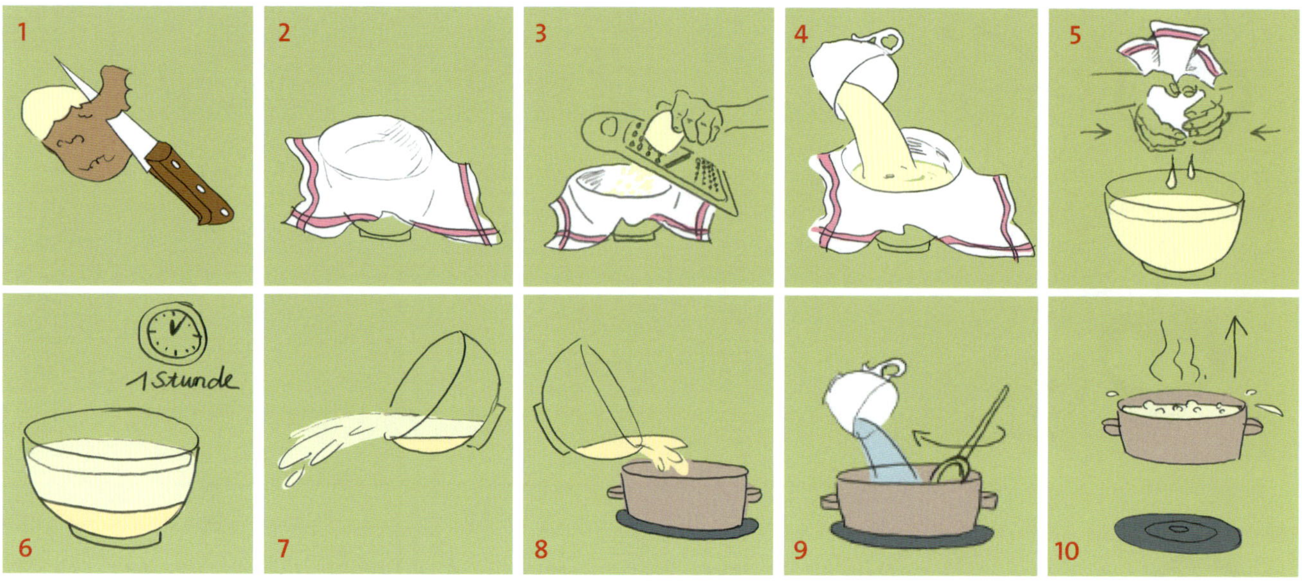

1 Ordne zu: Welches Bild 1 bis 10 gehört zu welchem der folgenden Beschreibungssätze? Schreibe die jeweilige Zahl vor die Sätze.

- ☐ Anschließend wird eine Tasse Wasser in die Schüssel mit den geriebenen Kartoffelstückchen gegeben.
- ☐ Eine Schüssel wurde zuvor mit einem sauberen Leinentuch ausgelegt.
- ☐ Man reibt die Kartoffel nach dem Schälen mit einer Kartoffelreibe in die ausgelegte Schüssel.
- ☐ Nun wird die überschüssige Flüssigkeit vorsichtig abgegossen.
- ☐ Sobald die Flüssigkeit Blasen wirft und quillt, nimmt man sie vom Herd. Der Klebstoff ist nun fertig und wird in kleine, gut verschließbare Gefäße umgefüllt.
- ☐ Die Schüssel mit dem ausgepressten Saft etwa eine Stunde stehen lassen, bis sich auf dem Boden eine Schicht weiße Kartoffelstärke[1] abgesetzt hat.
- ☐ Man umschließt daraufhin die Kartoffelstückchen mit dem Leinentuch und presst die Masse zusammen, bis kein brauner Kartoffelsaft mehr in die Schüssel läuft.
- ☐ Dann wird eine Tasse Wasser zur Stärke gegossen und alles unter ständigem Rühren erhitzt.
- ☐ Im Anschluss gibt man die zurückgebliebene Stärke in einen kleinen Kochtopf.
- ☐ Zunächst wird eine rohe Kartoffel mit einem Messer oder einem Kartoffelschäler geschält.

2 Markiere im Text Wörter, die die Reihenfolge der einzelnen Schritte deutlich machen.

3 Hebe farblich die Sätze in der Vorgangsbeschreibung hervor, die im Passiv formuliert wurden.

4 Traust du dir eine weitere Vorgangsbeschreibung zu? Dann probiere die Bastelanleitung auf Seite 19 aus.

1 **Stärke:** Mit Stärke speichern vor allem Pflanzen überschüssige Energie. Sie lagern sie in Form winzig kleiner Stärkekörner.

Ein chinesischer Papierdrache – Eine Bastelanleitung schreiben

1 ●●● Welche Gegenstände und Werkzeuge benötigt man, um einen chinesischen Papierdrachen zu basteln? Schau dir die Abbildung an und liste die benötigten Dinge auf.

Um einen chinesischen Papierdrachen zu basteln,
benötigt man: ...
- vier weiße ...

2 ●●● Erkläre im Hauptteil der Vorgangsbeschreibung die Drachenherstellung Schritt für Schritt. Verwende zur Beschreibung der Reihenfolge: *zuerst, zu Beginn, zunächst, dann, danach, anschließend, zum Schluss, schließlich* und geeignete Verben, die du in der richtigen Form einsetzt: *farblich gestalten, anmalen, bunt malen, bemalen bepinseln, streichen, färben, gestalten, zeichnen, falten, befestigen.*

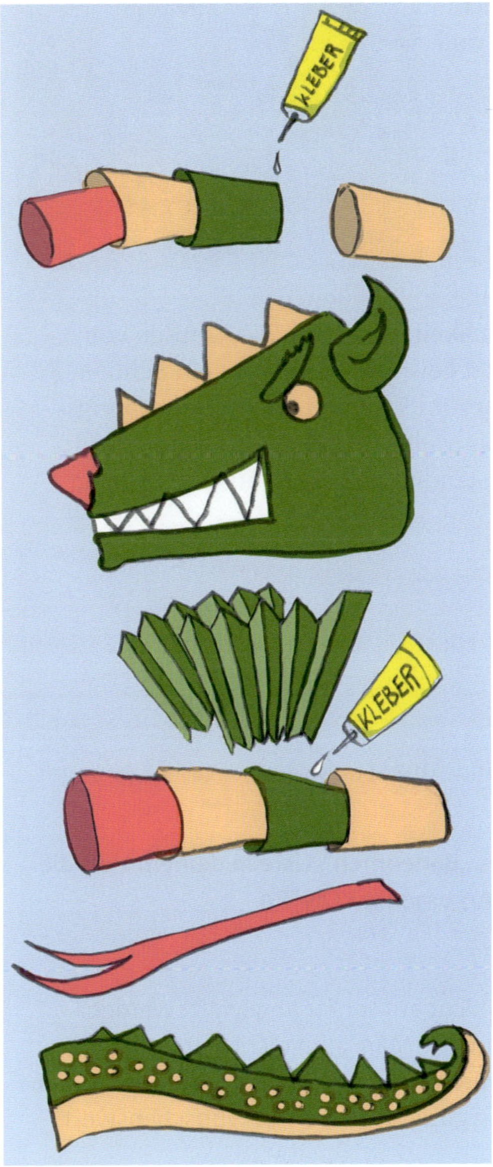

_______ nimmt man die bemalten Pappbecher und klebt sie farblich abwechselnd aneinander. Dabei das hintere Ende eines Bechers an die Öffnung des _______.

Argumentieren – Standpunkte schriftlich begründen

Methode **Einen Leserbrief verfassen**

In einem **Leserbrief** kannst du deine **persönliche Meinung** zu einem Artikel oder Thema formulieren.

- In der **Betreffzeile** zum Leserbrief gibst du den **Zeitungsartikel** an, auf den du dich **beziehst** (▶ S. 21).
- In der **Einleitung** sagst du knapp, auf **welche Aussage des Artikels** du dich genau beziehst. Gib dazu **deine Meinung** an (noch ohne Begründung).
- Im **Hauptteil** äußerst du **mindestens 2 (max. 3) wichtige Argumente, deine Gründe und deine Beispiele**.
  - Führe auch Argumente aus dem Zeitungsartikel an, und zwar um ihnen zuzustimmen oder um ihnen zu widersprechen (mit Gegenargumenten).
- Zum **Schluss wiederholst** du mit anderen Worten noch einmal **deine Meinung** bzw. **deinen Standpunkt** und unterschreibst mit deinem **Namen**.

Mittwochs, dritte Stunde – Benimm-Unterricht

Peter Müller, Bonner Echo vom 3. Juni 2014

Wohlgekleidet steht Markus G. vor einer Klasse von Siebtklässlern. Auf dem Stundenplan steht das Unterrichtsfach „Benehmen“. Nicht nur mittwochs in der dritten Stunde will er seinen Schülerinnen und Schülern gute Manieren beibringen. Markus G. ist der Meinung, dass Verhaltensweisen wie Höflichkeit, Pünktlichkeit und andere gute Manieren häufig im Schulalltag zu kurz kommen oder viel zu wenig von den Schülerinnen und Schülern beachtet werden.
Das Thema hat seine Berechtigung im Schulunterricht, weil von Seiten der Industrie immer häufiger beklagt wird, dass es Bewerbern oft an wichtigen Voraussetzungen für eine Berufsausbildung fehlt. Hierzu zählt z. B. nicht nur Teamfähigkeit, sondern auch Pünktlichkeit, Disziplin, das Grüßen von Personen oder ein gepflegter Sprachgebrauch. Markus G. berichtet beispielsweise von dem Schüler Sebastian, der ständig seine Kappe auf dem Kopf trägt und Kaugummi kaut. Bei einem Bewerbungstermin könnten dies bereits Kriterien für eine Ablehnung sein. Ein weiteres Beispiel ist seine Schülerin Jasmin, die als Hobbys Telefonieren und Chatten angibt und ständig „voll krass“ in ihren Sätzen benutzt.

1 **Benenne das Thema des Zeitungsartikels:** ____________________

2 **Markiere farbig:** die Meinung des Lehrers (grün), seine Argumente/Gründe (blau) und seine Beispiele (orange).

3 **Sammle Argumente für und gegen die Einführung des Unterrichtsfachs „Benehmen“. Liste in deinem Heft die Argumente aus der „Argumentkiste“ geordnet auf: Argumente PRO – Argumente KONTRA**

Argumentkiste

Benehmen lernt man zuhause. Gesellschaftliche Probleme dürfen nicht auf Lehrer abgewälzt werden. Aufgabe des Elternhauses Eltern benehmen sich oft auch nicht richtig. Man kann nicht seine eigenen Wertevorstellungen allen überstülpen. Gutes Benehmen hat noch niemandem geschadet. Man sollte keine Lernzeit verschwenden. „Aller Anstand ist schwer!“ Die Förderung guter Manieren ist wünschenswert.

4 **Welcher Meinung bist du? Markiere in deiner Liste zu Aufgabe 3 das Argument, das du am wichtigsten findest.**

5 **Verfasse einen Leserbrief zum Zeitungsartikel „Mittwochs, dritte Stunde“ auf S. 20.**
Du kannst die Formulierungshilfen neben den Schreiblinien nutzen.

Betr.: Mittwochs, dritte Stunde – Benimm-Unterricht; Peter Müller, Bonner Echo vom ...

Formulierungshilfen	Mein Leserbrief zum Thema „Benimm-Unterricht“
Einleitung Peter Müller vertritt in seinem Artikel „...“ die Meinung, dass ...	*Sehr geehrte Damen und Herren,*
Genau wie er ... Im Gegensatz zum Verfasser ... meine ich/stehe ich auf dem Standpunkt/bin ich der Überzeugung, dass ...	
Hauptteil *Zustimmung:* Ich bin der gleichen Meinung wie ... Dafür spricht auch ... Ich bin wie ... der Meinung, dass/weil ...	
Widerspruch: Ich teile die Meinung nicht. Er hat zwar Recht, dass ... Aber ... Ich möchte Herrn Müller in einem Punkt widersprechen: ... Natürlich stimmt es, dass ... Aber ...	
Schluss Abschließend möchte ich noch einmal betonen, dass ...	
Name	

„Ich bin für eine Höflichkeitswoche!“ – Einen Leserbrief verfassen

Du beziehst dich auf den Zeitungsartikel auf S. 20. Du bist nicht einverstanden mit der Einführung des Unterrichtsfachs „Benehmen“.
Deshalb sprichst du dich für die Durchführung von Höflichkeitswochen aus, wie sie auf dem nebenstehenden Plakat vorgeschlagen werden.

1 **Verfasse deinen Leserbrief. Gehe so vor:**

●○○ **a** **Ergänze in deinem Heft den Hauptteil des Leserbriefs. Nutze**
- **die Schreibtipps,**
- **die Formulierungshilfen und**
- **die Vorschläge auf dem abgebildeten Plakat.**

b **Markiere die Verknüpfungswörter (*denn, weil, da, …*), die du verwendet hast.**

Sehr geehrte Redaktion vom Bonner Echo, sehr geehrter Herr Müller!

In Ihrem Artikel „Mittwochs, dritte Stunde - Benimm-Unterricht“ vom 3. Juni 2014 sprechen Sie sich für die Einführung des Unterrichtsfachs „Benehmen“ aus.
Ich teile Ihre Meinung in dieser Frage nicht.

Schreibtipps	Hauptteil meines Leserbriefs – Formulierungshilfen
Formuliere **deine Meinung** zum Thema.	*Ich bin der Meinung, dass …* *Meiner Meinung nach ist die Durchführung von …* *Ich bin davon überzeugt, dass …* *Ich möchte Ihnen widersprechen …*
Begründe deine Meinung/ deinen **Gegenvorschlag** mit einem **Argument**. **Tipp:** Nutze die „Argumentkiste“ auf S. 20.	*Ich bin stattdessen dafür, dass …* *Ich möchte dagegen folgenden Vorschlag unterbreiten: …* *…, da … / …, weil … / …, denn …*
Veranschauliche dein Argument durch ein **Beispiel**.	*In Projektwochen haben wir immer wieder sehr konzentriert …*

Aus diesen Gründen möchte ich abschließend noch einmal betonen, dass ich …
Mit freundlichen Grüßen

(Name) ____________________

2 ●○○ **Übertrage den ausformulierten Leserbrief auf ein unliniertes Blatt und lege eine Schreibunterlage mit Zeilen darunter. Du kannst den Leserbrief auch am Computer tippen.**

3 **Vielleicht traust du dir einen Forumsbeitrag im Internet zu. Dann bearbeite die nachfolgende Seite.**

„Verhaltensführerscheine"? – Einen Forumsbeitrag verfassen

In einem Internetforum wird die folgende Frage gestellt:

Jolina: Sollen Schüler verpflichtet werden, für soziale Netzwerke im Internet einen Verhaltensführerschein zu machen? Ich suche Pro- und Kontra-Argumente zum Thema!

Bodo: Ja! Denn es gibt zu viele, die von sich zu viel offenbaren und daher angreifbar sind.
Sie wissen nicht, wie man sich gegen Mobbing im Internet schützt.
Selbst Arbeitgeber schauen ins Internet, wenn sie neue Bewerber einladen. Sind dann peinliche Dinge zu finden, werden sie nicht genommen.
Ein Führerschein ist eine Anleitung, was der Einzelne daraus macht, ist eine andere Sache.

Wanda: Nein! Wozu sind denn Eltern da?
Kinder sollten von ihren Eltern lernen, dass sie persönliche Daten niemals preisgeben dürfen.
Wie im Leben sollten sie auch im Netz nicht fluchen und drohen. Die Zahl der „Likes" sollte nicht über das Netz transportiert werden, sondern in tatsächlichen Begegnungen mit wirklichen Freunden.
Oder brauchen Eltern einen solchen Führerschein?

1 ●●● **Lies aufmerksam die beiden Forumbeiträge durch.**
Markiere in unterschiedlichen Farben die jeweiligen Pro- und Kontra-Argumente zur Fragestellung.

2 ●●●
a Entscheide dich für die Pro- oder die Kontra-Seite.
b Lege eine Liste mit weiteren Argumenten und Beispielen für deine Position an.

____

____

____

____

____

c Formuliere in deinem Heft einen eigenen Forumsbeitrag. Beachte die Checkliste.

Checkliste

Argumentieren – Einen Forumsbeitrag schreiben

- **Meinung:** Formulierst du deutlich deinen Standpunkt?
- **Argumente:** Nennst du zwei bis drei überzeugende Argumente für deine Meinung?
- **Beispiel:** Veranschaulichst du mindestens ein Argument durch ein Beispiel?
- **Auf einen anderen Forumsbeitrag eingehen:** Bist du auf den anderen Forumsbeitrag eingegangen? Hast du diesen Beitrag z. B. überzeugend entkräftet?
- **Schluss:** Fasst du am Ende deine Meinung zusammen? Oder machst du einen Vorschlag (z. B. Kompromiss)?

Tipp: Ihr wollt euch in einem Forum anmelden?
Verwendet **nie** euren wirklichen Namen als Benutzernamen.
Gebt **keine persönlichen Daten** (Adresse, Handynummer) an.

Reportagen und Grafiken lesen – Die Familie Chuchillo

Information | **Reportagen**

- Anders als ein sachlicher Bericht soll die **Reportage informieren** und **unterhalten**. Der Leser soll sich das **Ereignis** möglichst **anschaulich und lebendig** vorstellen können.
- Oft sind die Verfasser der Reportagen **persönlich dabei** gewesen.
- Eine Reportage enthält in der Regel
  - viele **Sachinformationen**,
  - **Aussagen** (Fragen, Wertungen, Kommentare) in **direkter Rede** sowie
  - **Gedanken und Gefühle** der Beteiligten.
- Für viele **Reportagen** ist kennzeichnend, dass in ihnen **berichtet und geschildert** wird.
- Die **berichtenden Abschnitte** geben **Sachinformationen** und stehen meist im **Präteritum**.
- In den **schildernden Abschnitten** äußern sich **Beteiligte** häufig in direkter Rede **persönlich** über ihre **Eindrücke, Erlebnisse und Gefühle**.
- Die Zeitform ist in der **direkten Rede** das **Präsens**.

1 **Lies die folgende Textüberschrift und betrachte das nebenstehende Foto. Notiere in Stichworten, worum es in dem Text gehen könnte.**

____

____

Magdalena Hamm

Schweinchen, hilf!

Als ich die Familie Chuchillo in ihrem Haus in Peru treffe, habe ich schnell ein Fiepen im Ohr. Zuerst schaue ich mich verwundert in der Küche um. Doch ich kann nicht entdecken, wo das Geräusch herkommt. Also versuche ich, mich wieder auf die Menschen zu konzentrieren, die mir gegenübersitzen und die sich mir vorstellen wollen: Mutter Zenovia, Vater Franklin und ihre sechs Kinder – die drei Söhne Nilton, Grisol und Yoel und die drei Töchter Tania, Doris und Joni. […]

„Was ist denn das für ein Geräusch?“, frage ich. „Ach, das sind nur unsere Cuys“, sagt Nilton. Er ist zwölf Jahre alt und hat sich für meinen Besuch schick gemacht – er trägt eine bunte Mütze auf dem Kopf.

„Cuys?“, frage ich verwundert. „Was sind denn Cuys?“ – „Komm mit“, sagt er, „ich zeige sie dir!“

Nilton verschwindet durch die offene Tür nach draußen, geht um das kleine Steinhaus herum, in dem die Küche der Familie ist, und zeigt auf einen Verschlag mit Blechdach. „Darin halten wir unsere Cuys“, sagt Nilton. Hier draußen ist das Fiepen lauter, jetzt kommt es mir auch bekannt vor. Noch ehe ich einen Blick durch die Stalltür werfe, wird mir klar: Die Geräusche stammen von Meerschweinchen! Und tatsächlich, der Stall ist voll mit den Tieren. […]

Familie Chuchillo lebt in Peru, in einem winzigen Dorf hoch oben in den südlichen Anden. Von der Stadt Cusco aus muss man zwei Stunden lang mit dem Auto über unebene Wege holpern, bis man zu ihrem Haus gelangt. Die Anden sind eine Gebirgskette, die sich durch ganz Südamerika erstreckt. Sie bestehen aus unzähligen Bergen, die aussehen, als seien sie mit grünem Samt überzogen. Bis vor ein paar Hundert Jahren wurden die Anden von den Inkas bewohnt, einem mächtigen Indianervolk, das riesige Paläste aus Stein baute. Die Inkas hatten ihre eigene Sprache, Quechua, und die wird noch heute von vielen Andenbewohnern gesprochen. Auch von Nilton und seiner Familie. „Cuy“ zum Beispiel ist das Quechua-Wort für Meerschweinchen – und es ist ein sehr passender Name für die Tiere. Denn wenn man ganz genau hinhört, dann klingt ihr Fiepen tatsächlich wie „cuy, cuy, cuy“.

In Peru werden Meerschweinchen nicht als Streicheltiere gehalten, sie werden gegessen. Das klingt vielleicht erst mal fremd und fürchterlich. In dem südamerikanischen Land ist es aber so normal, wie es für viele von uns normal ist, Hühner, Kühe, Schafe oder Schweine zu essen. Für Familie Chuchillo zählt außerdem: Die Meerschweinchen sind in den Anden einfacher zu halten als Kühe oder Schweine. Hier oben wächst nicht genügend saftiges Gras, um große Tiere damit satt zu bekommen. Das wenige Getreide und die Kartoffeln, die man im kargen Boden anbauen kann, brauchen die Menschen selbst zum Essen. Außerdem kosten größere Tiere auch mehr Geld. Geld, das die Familie nicht hat. Bis vor Kurzem waren die Chuchillos so arm, dass sie kaum etwas zu essen kaufen konnten. Es gab fast immer nur Kartoffeln, die der Vater selbst anbaut. Schulhefte für ihre Kinder konnten sich die Eltern schon gar nicht leisten. Seitdem die Chuchillos aber ihre Cuys züchten, verdienen sie mit dem Verkauf der Tiere Geld, und sie haben selbst Fleisch zum Essen. Deshalb sagt der Vater, dass es ihnen dank der Tiere viel besser geht.

Allein hätte die Familie ihre Meerschweinchenfarm allerdings nicht aufbauen können. Sie bekamen Hilfe von „Plan“, einem Kinderhilfswerk. Plan schenkte der Familie Chuchillo vor zwei Jahren 22 Meerschweinchen – zwei Männchen und 20 Weibchen. Und seither haben sie sich prächtig vermehrt. Den Stall hat der Vater selbst gebaut, die Kinder helfen mit, die Tiere zu versorgen.

„Ich füttere sie mit Gras“, sagt Tania. Sie ist acht Jahre alt und trägt heute einen traditionellen Andenhut, einen weiten, geblümten Rock und ein knallbuntes Tuch um die Schultern. „Wenn die Cuys Babys bekommen, trennen wir sie nach Männchen und Weibchen“, sagt Tania. Das ist auch gut so, denn die kleinen Schweinchen können schon nach einigen Wochen selbst Babys bekommen, immer gleich vier oder fünf auf einmal. Familie Chuchillo muss aufpassen, dass es nicht zu viele werden, sonst wird der Stall zu eng und das Futter knapp.

2 **Trafen deine Leseerwartungen zu (▶ Aufgabe 1, S. 24)? Markiere die Textstelle, die dich vielleicht überrascht hat.**

3 **Worum geht es in dem Text? Kreuze die treffendste Aussage an.**

- ☐ A In dem Text geht es um verarmte Inkas und ihre Sprache Quechua, die heutzutage nur noch von wenigen gesprochen wird.
- ☐ B In dem Text geht es um eine Familie in Peru, die von der Aufzucht und dem Verkauf von Meerschweinchen ihr Leben bestreitet.
- ☐ C In dem Text geht es um einen peruanischen Jungen, der Meerschweinchen liebt und diese sammelt bzw. züchtet.
- ☐ D In dem Text geht es um das Leben der Bauern in Südafrika, die Schweinchen züchten, um auf diese Art ein weiteres Einkommen zu haben.

4 a **Prüfe, ob du bestimmte Wörter im Text richtig verstanden hast. Finde im Text die passenden Worterklärungen und schreibe sie neben das genannte Wort.**

die Cuys ______________________ „Plan“ ______________________

der Verschlag ______________________ das Fiepen ______________________

b **Ordne auch den folgenden Begriffen aus dem Text die richtige Worterklärung zu. Ziehe Verbindungslinien.**

A holpern	1 spärlich, mager, ertragsarm
B Gebirgskette	2 weicher Stoff
C Samt	3 großartig, wunderbar, sehr
D karg	4 eine Folge hoher Berggipfel
E prächtig	5 sich auf unebenem Untergrund fortbewegen

5 a **Unterstreiche in der Reportage alle Sachinformationen, die du über das Land Peru, seine Ureinwohner sowie das Leben der jetzigen Einwohner erfährst.**
b **Notiere die Antworten zu den nachfolgenden W-Fragen:**

Was erfährst du über Peru? ______________________

____

____

____

Welche Informationen liefert der Text über die Inkas?

____

____

____

Welche Folgen hat die Cuy-Zucht für die Familie Chuchillo?

____

____

____

____

6 a **Gliedere die Reportage in 4 Abschnitte.**
b **Schreibe die Zeilenangaben in die Übersicht und formuliere eine Zwischenüberschrift für jeden Textabschnitt.**

Zeilenangaben	Überschrift

7 **Verfasse in deinem Heft auf der Grundlage deiner Vorbereitungen eine Zusammenfassung. Nutze den Lückentext.**

In der Reportage ... von ... geht es um ..., die in den peruanischen Anden lebt und ... Im ersten Textabschnitt wird ... vorgestellt. Dann wird das Dorf in ... Im dritten Abschnitt geht es um ... Im letzten ...

Was ich erfahre (Teil 1) – Einen Textabschnitt zusammenfassen

1 ●○○ **a** **Lies erneut den nachfolgenden Textabschnitt aus der Reportage (▶ S. 24):**
- **Unterstreiche Textpassagen, die sachlich informieren, grün.**
- **Markiere Textpassagen, die den Leser unterhalten, blau.**

Familie Chuchillo lebt in Peru, in einem winzigen Dorf hoch oben in den südlichen Anden. Von der Stadt Cusco aus muss man zwei Stunden lang mit dem Auto über unebene Wege holpern, bis man zu ihrem Haus gelangt. Die Anden sind eine Gebirgskette, die sich durch ganz Südamerika erstreckt. Sie bestehen aus unzähligen Bergen, die aussehen, als seien sie mit grünem Samt überzogen. Bis vor ein paar Hundert Jahren wurden die Anden von den Inkas bewohnt, einem mächtigen Indianervolk, das riesige Paläste aus Stein baute. Die Inkas hatten ihre eigene Sprache, Quechua, und die wird noch heute von vielen Andenbewohnern gesprochen. Auch von Nilton und seiner Familie. „Cuy“ zum Beispiel ist das Quechua-Wort für Meerschweinchen – und es ist ein sehr passender Name für die Tiere. Denn wenn man ganz genau hinhört, dann klingt ihr Fiepen tatsächlich wie „cuy, cuy, cuy“.

b **Ordne die von dir unterstrichenen Sachinformationen in die folgende Tabelle ein.**

Über das Leben der Familie Chuchillo erfahre ich:	Über die Inkas erfahre ich:
- lebt in Peru	*- lebten bis vor ein paar Hundert Jahren in …*
- …	*- …*

2 ●○○ **Fasse den Auszug aus der Reportage in eigenen Worten zusammen, z. B.:**

In dem Auszug aus der Reportage „Schweinchen, hilf!“ geht es um die Situation der Familie Chuchillo. Der Textabschnitt handelt von …

Außerdem/Ferner/Darüber hinaus wird berichtet, …

3 **Wenn du noch mehr über die Familie Chuchillo erfahren möchtest, dann bearbeite die nächste Seite.**

Was ich erfahre (Teil 2) – Eine Grafik zu einem Sachtext ergänzen

Methode **Karten und Grafiken beschreiben**

Reportagen enthalten häufig neben dem geschriebenen Text Grafiken (Schaubilder) oder Karten. Sie geben oft **zusätzliche Informationen** oder fassen Wichtiges aus dem Text zusammen.
Du kannst sie so erschließen und beschreiben:

- Lies zuerst die **Überschrift**. Sie nennt in der Regel das Thema.
- Beschreibe, welcher **Ausschnitt** auf der Karte gezeigt wird.
- Nutze, wenn vorhanden, die **Zeichenerklärungen** (Legende): Wofür stehen Symbole, z. B. Pfeile? Was bedeuten bestimmte Farben? Welche Zahlen und Distanzen werden angegeben?

1 ●●● **Lies die Reportage (▶ S. 24–25) erneut durch und beschrifte mit ihrer Hilfe die Karte zum Text. Trage die Begriffe des Wortspeichers an die passenden Stellen in der Karte ein.**

Wortspeicher
Anden Peru Cusco Deutschland

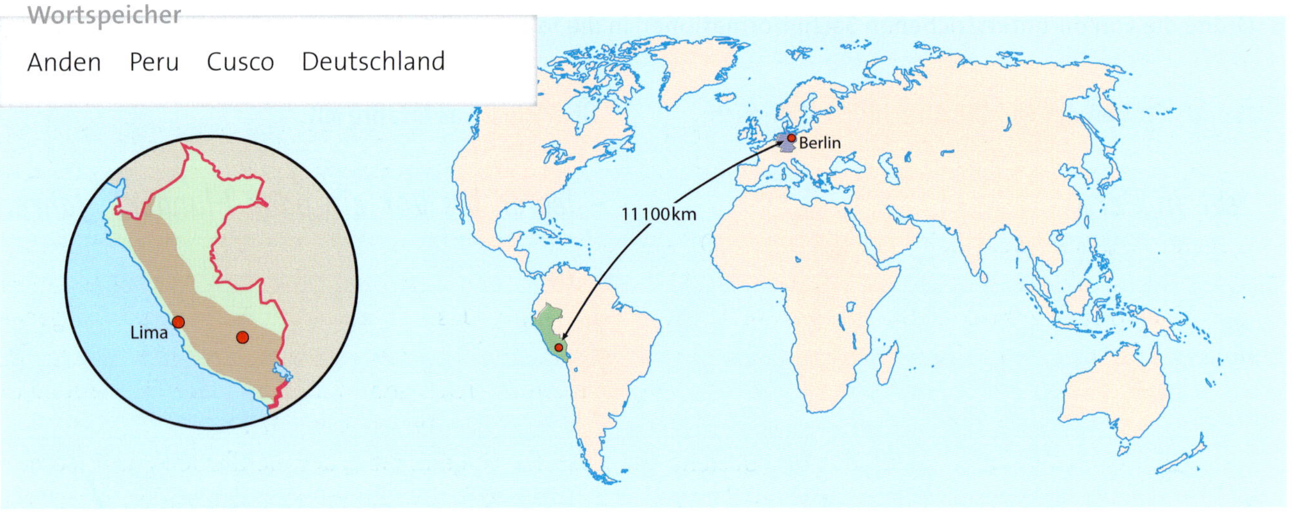

2 ●●● **Erarbeite selbst eine Grafik zum Text. Beziehe dazu auch den folgenden Textabschnitt mit ein.**

a Unterstreiche Schlüsselwörter mit neuen Informationen.

Familie Chuchillo ist schon jetzt, nach knapp zwei Jahren, viel zufriedener. Zwar müssen die Eltern einen Teil des Geldes, das sie durch den Verkauf der Tiere verdienen, wieder ausgeben, um die Meerschweinchen zu versorgen. Trotzdem haben sie jetzt merklich mehr als zuvor. „Wir konnten für Tania endlich eine Schultasche kaufen“, erzählt der Vater Franklin. „Außerdem haben wir Pflanzensamen gekauft und bauen jetzt unser eigenes Gemüse an.“ Er zeigt auf die Beete, auf denen im Schatten des Hauses kleine Pflänzchen wachsen: Zwiebeln, verschiedene Sorten Kohl und Salat.

b Ergänze die folgende Tabelle mit passenden Schlüsselwörtern aus der gesamten Reportage.

Familie Chuchillo vor der Meerschweinchenzucht	Aufbau einer Meerschweinchenzucht	Möglichkeiten durch die Meerschweinchenzucht

Eine Kalendergeschichte untersuchen – Finderlohn?

Information **Merkmale von Kalendergeschichten**

Eine **Kalendergeschichte** ist eine **kurze Geschichte**, die **unterhalten und belehren** soll.

- Inhalt der Geschichten sind **merkwürdige oder lustige Geschehnisse im Leben meist einfacher Menschen.** Sie sollen den Leser **zum Nachdenken anregen,** denn die Geschichten zeigen, welche Stärken und Schwächen Menschen haben können.
- Kalendergeschichten enthalten in der Regel eine **überraschende Wendung** (Pointe).
- Oft wird auch eine **Lehre** formuliert, die dem Leser sagt, wie er die Geschichte auf sein eigenes Leben beziehen kann.

Johann Peter Hebel

Der kluge Richter *(1805; leicht modernisiert)*

1 Ein reicher Mann hatte eine beträchtliche Geldsumme, welche in ein Tuch eingenäht war, aus Unvorsichtigkeit verloren. Er machte daher seinen Verlust bekannt und bot, wie man zu tun pflegt, dem ehrlichen Finder eine Belohnung von hundert Talern an. Da kam bald ein guter und ehrlicher Mann dahergegangen: „Dein Geld habe ich gefunden. Dies wird's wohl sein! So nimm dein Eigentum zurück!" So sprach er mit dem heitern Blick eines ehrlichen Mannes und eines guten Gewissens, und das war schön.

2 Der andere machte auch ein fröhliches Gesicht, aber nur, weil er sein verlorenes Geld wiederhatte. Denn wie es um seine Ehrlichkeit aussah, das wird sich bald zeigen. Er zählte das Geld und dachte unterdessen geschwinde nach, wie er den treuen Finder um seine versprochene Belohnung bringen könnte.

„Guter Freund", sprach er, „es waren eigentlich achthundert Taler in dem Tuch eingenäht. Ich finde aber nur noch siebenhundert Taler. Ihr werdet also wohl eine Naht aufgetrennt und Eure hundert Taler Belohnung schon herausgenommen haben. Da habt Ihr wohl daran getan. Ich danke Euch."

Das war nicht schön, aber wir sind noch nicht am Ende.

3 Ehrlich währt am längsten, und Undank schlägt seinen eigenen Herrn.

Der ehrliche Finder, dem es weniger um die hundert Taler als um seine unbescholtene Rechtschaffenheit ging, versicherte, dass er das Päcklein so gefunden habe, wie er es bringe.

Am Ende kamen sie vor den Richter. Beide bestanden auch hier noch auf ihren Behauptungen. Der eine sagte, dass achthundert Taler eingenäht gewesen seien, der andere erwiderte, dass er von dem Gefundenen nichts genommen und das Päcklein nicht versehrt habe. Da war guter Rat teuer.

Aber der kluge Richter, der die Ehrlichkeit des einen und die schlechte Gesinnung des anderen zu kennen schien, griff die Sache so an: Er ließ sich von beiden über das, was sie aussagten, eine feste und feierliche Versicherung geben und tat hierauf folgenden Ausspruch: „Wenn der eine von euch achthundert Taler verloren, der andere aber nur ein Päcklein mit siebenhundert Talern gefunden hat, so kann auch das Geld des Letzteren nicht das nämliche sein, auf welches der Erstere ein Recht hat. Du, ehrlicher Freund, nimmst also das Geld, welches du gefunden hast, wieder zurück und behältst es in guter Verwahrung, bis der kommt, welcher nur siebenhundert Taler verloren hat. Und du da geduldest dich, bis derjenige sich meldet, der deine achthundert Taler findet." So sprach der Richter, und dabei blieb es.

1 **Kreuze an, welche Aussage den Inhalt der Geschichte am besten trifft. Die Kalendergeschichte handelt von ...**

- [ ] A ... einem reichen Mann, der von einem unehrlichen Finder betrogen wird, indem er ihm das verlorene Geld nicht zurückgibt
- [ ] B ... einem reichen Mann, der sein verlorenes Geld von einem ehrlichen Finder zurückerhält und ihn dafür entsprechend belohnt.
- [ ] C ... einem Streit um eine Belohnung zwischen einem ehrlichen Finder und einem unehrlichen, reichen Mann.

2 **Hebels Geschichte ist mehr als 200 Jahre alt. Sie enthält Wörter, die wir heute nicht mehr oft gebrauchen. Ordne den markierten Wörtern im Text die richtige Erklärung zu. Ziehe Verbindungslinien.**

1	beträchtlich (Z. 1)	A	gleichzeitig, inzwischen
2	Taler (Z. 5)	B	richtig handeln
3	unterdessen (Z. 15 f.)	C	anständig, ehrlich
4	wohl daran tun (Z. 24)	D	früher eine Münze von relativ hohem Wert
5	unbescholten (Z. 30)	E	groß, enorm, beachtlich
6	Rechtschaffenheit (Z. 30)	F	ebendas, ebendies
7	nicht versehrt (Z. 37 ff.)	G	Ehrenhaftigkeit, Anständigkeit
8	das nämliche (Z. 47)	H	nicht beschädigt

3 **Wie werden die Figuren in der Kalendergeschichte beschrieben?**

a **Wähle aus dem Wortspeicher geeignete Adjektive aus. Markiere sie mit unterschiedlichen Farben:**

gelb = Richter, blau = der ehrliche Finder, grün = der reiche Mann.

Wortspeicher

reich arm vorsichtig unvorsichtig großzügig freundlich unfreundlich dumm klug ehrlich unehrlich gut böse hinterlistig offen trickreich natürlich dankbar undankbar geizig intelligent schlau

b **Finde Textbelege, um deine Zuordnung der Adjektive zu untermauern. Arbeite im Heft.**

Richter	der ehrliche Finder	der reiche Mann
		großzügig: „Er […] bot […] eine Belohnung von 100 Talern an." (Zeile 3–6)

c **Beschreibe mit Hilfe deiner Vorarbeiten eine der Figuren in einem zusammenhängenden Text in deinem Heft.**

4 a **Prüfe, ob es sich bei Hebels „Der kluge Richter" um eine Kalendergeschichte handelt. Kreuze an.**

b **Korrigiere in deinem Heft die Sätze, die du als nicht zutreffend angekreuzt hast, so, dass sie passen.**

Die Kalendergeschichte „Der kluge Richter" …	richtig	falsch
A … ist eine kurze Geschichte, die unterhält.	☐	☐
B … enthält merkwürdige oder lustige Geschehnisse.	☐	☐
C … handelt von sehr berühmten Menschen.	☐	☐
D … hat keine überraschende Wendung.	☐	☐
E … beinhaltet eine Lehre.	☐	☐
F … regt den Leser zum Nachdenken an.	☐	☐

Die Geschichte Schritt für Schritt – Ein Flussdiagramm

1 ●○○ **Veranschauliche den Handlungsverlauf der Kalendergeschichte „Der kluge Richter" (▶ S. 29) mit Hilfe eines Flussdiagramms. Ergänze die fehlenden Angaben.**

Ein reicher Mann verliert ...

↓

Er verspricht ...

↓

Ein ehrlicher Finder ...

↓

Der reiche Mann überlegt, wie er den ...

↓

Er behauptet, dass ursprünglich ...

↓

Der reiche Mann unterstellt dem Finder, ...

↓

Der ehrliche Finder ist besorgt um ...

↓

Der Fall kommt vor ...

↓

Der Richter lässt sich von beiden versichern, dass sie ...

↓

Der Urteilsspruch lautet: Der Finder ...

↓

Der reiche Mann soll warten, bis ...

2 ●○○ **Formuliere für die drei Textabschnitte je eine Zwischenüberschrift. Deine Zwischenüberschrift soll aussagen, worum es in dem Abschnitt hauptsächlich geht.**

Abschnitt 1: ______

Abschnitt 2: ______

Abschnitt 3: ______

3 **Möchtest du dich noch ausführlicher mit Hebels Kalendergeschichte beschäftigen und sie besser verstehen? Dann bearbeite die folgende Seite.**

Der Sinn der Geschichte – Die Pointe und die Lehre untersuchen

1 ●●● **Lies noch einmal die Kalendergeschichte „Der kluge Richter" (▶ S. 29).**

a **In welchem Textabschnitt wendet sich die Geschichte überraschend?**

Notiere Abschnitt und die genauen Zeilen: ____________________

b **Worin besteht die überraschende Wendung (Pointe) in der Kalendergeschichte? Kreuze an.**

- ☐ A Durch das Urteil darf der ehrliche Finder das Geld des betrügerischen Reichen behalten.
- ☐ B Der reiche Mann hätte nicht gedacht, dass der ehrliche Finder deswegen vor Gericht geht.
- ☐ C Es muss noch eine weitere verlorene Geldsumme geben, die genau 800 Taler umfasst.
- ☐ D Das Geld wird zwischen dem Reichen und dem Finder geteilt, sodass beide davon etwas haben.

2 ●●● **Suche im Text den folgenden Satz:**

„Ehrlich währt am längsten, und Undank schlägt seinen eigenen Herrn."

a **Notiere die Zeilenangabe:** ____________________

b **Formuliere mit eigenen Worten, wie du diesen Satz verstehst. Was kann passieren, wenn man unehrlich ist?**
Tipp: Beachte das Ende der Geschichte.

____

____

____

____

c **Prüfe, ob dein Verständnis des Satzes mit einer der folgenden Aussagen übereinstimmt. Kreuze an.**

Aus der Geschichte kann man lernen, dass …

- ☐ … Ehrlichkeit und Aufrichtigkeit im Leben siegen.
- ☐ … man sich nicht von unfairen Menschen einschüchtern lassen soll.
- ☐ … Gerichte korrekte Urteile fällen.
- ☐ … Reichtum wichtiger ist als Ehrlichkeit.

d **Vergleiche die Zeilenangabe der „Lehre" (▶ Aufgabe 2 a) mit der Zeilenangabe der „Pointe" (▶ Aufgabe 1).**
Was fällt dir auf? Erläutere den Zusammenhang:

Sowohl die Lehre als auch die ____________________ *stehen im* ____________________

Denn erst, indem der Richter ____________________

____

3 ●●● **Auf welche Situationen aus deinem Leben kannst du die Lehre der Kalendergeschichte anwenden?**
Denke z. B. an Schule, zu Hause, Freundeskreis, Medien etc. Halte dein Beispiel in Stichworten im Heft fest.
Tipp: Sprich über deine Erkenntnis mit einem Freund oder jemandem aus deiner Familie.

Eine Inhaltsangabe schreiben – Eine Lehre für das Leben

Information **Inhalte zusammenfassen – Die Inhaltsangabe**

Mit einer Inhaltsangabe fasst man den Inhalt eines Textes **knapp und sachlich** zusammen.
- In der **Einleitung** werden die Textsorte (z. B. Kalendergeschichte, Fabel), der Titel, der Name des Autors/der Autorin und das Thema genannt.
- Im **Hauptteil** werden die **wichtigsten Ereignisse** in der **richtigen Abfolge** kurz dargestellt.
- Im **Schlussteil** wird die Textabsicht oder **Lehre** der Geschichte formuliert. Inhaltsangaben formuliert man **sachlich** und möglichst **mit eigenen Worten.**
- Man vermeidet ausschmückende oder **wertende Ausdrücke.**
- Inhaltsangaben formuliert man im **Präsens.**
- **Äußerungen von Figuren** sollte man in der **indirekten Rede** wiedergeben. Die **indirekte Rede** steht **ohne Anführungszeichen,** z. B.: *Er sagte, das* ***sei*** *eine merkwürdige Geschichte.*

Johann Peter Hebel

Der Star von Segringen *(1805; Text modernisiert)*

1 a **Betrachte die Abbildung und lies nur den Titel der folgenden Kalendergeschichte. Überlege, um welche Hauptfigur es in der Geschichte geht.**
b **Lies nur die markierten Wörter. Stelle mit ihrer Hilfe Vermutungen über die Handlung der Geschichte an.**

Der Friseur im Ort Segringen besaß als Haustier einen Star, dem sein Lehrling Unterricht im Sprechen gab. Der Star lernte nicht nur alle Wörter, die ihm sein Lehrer beibrachte, sondern er ahmte zuletzt auch selbst nach, was er hörte, zum Beispiel: „Ich bin der Friseur von Segringen."
Der Friseur wiederholte häufig Ausdrücke, wie z. B.: „Soso, lala" oder: „par compagnie", (das heißt so viel wie: „in Gesellschaft mit anderen") oder „Du Tollpatsch!" Alle diese Ausdrücke lernte nach und nach der Star. Da nun täglich viele Leute im Haus waren, gab's manchmal viel zu lachen, wenn die Gäste miteinander ein Gespräch führten. Dann warf der Star eins von seinen Wörtern ein, als wenn er sie verstehen würde. Manchmal rief ihn der Lehrling zum Beispiel: „Hansel, was machst du?" Auf seine Frage antwortete der Star: „Du Tollpatsch!", und alle Leute in der Nachbarschaft wussten von dem Tier zu erzählen. Eines Tages aber, als das Fenster offen und das Wetter schön war, da dachte der Star: „Ich hab jetzt schon so viel gelernt, dass ich die Welt erkunden kann", und flog zum Fenster hinaus. Weg war er.
Sein erster Flug ging ins Feld. Dort mischte er sich unter eine Gesellschaft anderer Vögel, und als sie davonflogen, flog er mit ihnen. Aber sie flogen unglücklicherweise alle miteinander in ein Fangnetz.
Als der Vogelfänger kam und sah, was er für einen großen Fang gemacht hatte, nahm er einen Vogel nach dem anderen behutsam heraus. Dann drehte er ihnen den Hals um und warf sie auf den Boden. Als er aber die mörderischen Finger wieder nach einem Gefangenen ausstreckte, da schrie dieser Vogel: „Ich bin der Friseur von Segringen", als wenn er wüsste, dass ihn dies retten konnte. Der Vogelfänger erschrak zunächst und dachte, dass es nicht mit rechten Dingen zuginge. Als er sich aber erholt hatte, konnte er sich vor Lachen kaum halten. Er sagte: „Ach Hansel, hier hätte ich dich nicht gesucht. Wie kommst du in mein Fangnetz?"
Da antwortete der Hansel: „Par compagnie."
Schließlich brachte der Vogelfänger den Star seinem Herrn wieder und bekam eine gute Belohnung.
Merke: So etwas passiert einem Vogel selten. Aber schon mancher junge Mensch, der auch lieber ein Abenteuer erleben wollte, als daheimzusitzen, ist ebenfalls „par compagnie" in eine Falle geraten.

2 **Welche der folgenden Aussagen fasst die Kalendergeschichte am besten zusammen? Kreuze an.**

- [ ] A Die Kalendergeschichte beschreibt das Schicksal eines komischen Vogels aus dem Ort Segringen.
- [ ] B Die Kalendergeschichte beschreibt die glückliche Rettung eines sprechenden Vogels aus dem Ort Segringen.
- [ ] C Die Kalendergeschichte beschreibt die sprachlichen Lehrmethoden eines Friseurs aus dem Ort Segringen.

Einleitung, Hauptteil, Schluss – Geschichten zusammenfassen

Eine Einleitung formulieren

1 Beginne die Inhaltsangabe stets mit einer kurzen Einleitung, die allgemeine Angaben zum Text enthält. Vervollständige die folgende Einleitung zu Hebels „Der Star von Segringen“ (▶ S. 33).

Die Kalendergeschichte „ Der Star von Segringen (Titel) *“ von* Johann Peter Hebel (Autor) *stammt aus dem Jahre* 1805 (Erscheinungs-Jahr) *und hat das glückliche Schicksal eines* Vogels (Inhalt/Hauptfigur) *zum Inhalt.*

Den Hauptteil verfassen

2 Im Hauptteil einer Inhaltsangabe werden die wichtigsten Ereignisse in der vorgegebenen Reihenfolge zusammengefasst. Setze den folgenden Hauptteil fort. Nutze die Verknüpfungswörter aus der Randspalte.

Der Friseur von Segringen besitzt einen zahmen Star, dem der Lehrjunge Unterricht im Sprechen gibt. Der Vogel ist sehr schlau und lernt viele Wörter und Ausdrücke, die er immer wieder aufsagt. Eines … Tages flog der Star aus dem Fenster hineus. Dann kam ein Vogefänger und fing die Vögel auf und brang sie wieder zurück zum heer.

Verknüpfungswörter
Eines Tages
Dann
Nachdem
Kurz darauf
In dem Augenblick, als
Schließlich

Den Schlussteil schreiben

3 In den Schlussteil der Inhaltsangabe zu einer Kalendergeschichte gehört die Lehre. Lies das folgende Zitat, um einen geeigneten Schluss für die Inhaltsangabe zu formulieren.

Z. 43 ff.: „Aber schon mancher junge Mensch, der auch lieber ein Abenteuer erleben wollte, als daheimzusitzen, ist ebenfalls ‚par compagnie‘ in eine Falle geraten.“

Die Kalendergeschichte soll junge Leute davor warnen, …

Die indirekte Rede verwenden – Geschichten zusammenfassen

Checkliste

Eine Inhaltsangabe zu einer Kalendergeschichte schreiben

- Ist die **Einleitung vollständig**: Textsorte, Titel, Name des Autors/der Autorin, Thema?
- Sind im **Hauptteil** die **wichtigsten Handlungsschritte** in der richtigen **Reihenfolge** wiedergegeben?
- Steht im **Schlussteil** die **Lehre** der Geschichte? Wurde sie **mit eigenen Worten** ausgedrückt?
- Ist die Inhaltsangabe **sachlich** formuliert?
- Ist die Inhaltsangabe im **Präsens** verfasst?
- Wurde die direkte Rede aus der Geschichte in die **indirekte Rede** umgewandelt?

1 ●●● **Wandle die folgenden Zitate aus der Kalendergeschichte in die indirekte Rede um.**
Tipp: Das Verb steht in der indirekten Rede normalerweise im Konjunktiv I (Möglichkeitsform: *sei*) und nicht im Indikativ (Wirklichkeitsform: *ist*).

Zitate	indirekte Rede
Der Lehrling fragte: „Hansel, was machst du?“ (Z. 15–16)	
Auf seine Frage antwortete der Star: „Du Tollpatsch.“ (Z. 16–17)	*Auf seine Frage antwortet der Star, dass dieser ein …*
... da dachte der Star: „Ich hab jetzt schon so viel gelernt, dass ich die Welt erkunden kann.“ (Z. 20–22)	
... da schrie dieser Vogel: „Ich bin der Friseur von Segringen.“ (Z. 32–33)	

2 ●●● **Schreibe eine Inhaltsangabe zu dieser Kalendergeschichte in dein Heft.
Verwende mindestens zwei Sätze in der indirekten Rede.**

3 ●●● **Prüfe zum Schluss deine Inhaltsangabe mit der Checkliste.
Überarbeite deine Inhaltsangabe gegebenenfalls.**

Eine Ballade gestaltend vortragen – Heines „Lorelei“

1 Balladen eignen sich besonders gut zum Vortragen. Dies muss man mehrfach üben. Lies die Ballade „Die Lorelei“ so oft durch, bis du die Handlung genau vor Augen hast.

2 Als Lesehilfe für den Vortrag wurde die erste Strophe bereits mit Zeichen versehen. Nutze sie für deinen wirkungsvollen Vortrag. Ergänze die Zeichen für die restlichen Strophen.

= Betonung wichtiger Wörter	↗ = Stimme heben, lauter werden
I = kurze Pause	↘ = Stimme senken, leiser werden
II = längere Pause	___ = beschleunigen
	___ = langsam und regelmäßig sprechen

3 Notiere in der Spalte rechts neben der Ballade, in welcher Stimmung du die jeweiligen Verse vortragen möchtest, z. B.: *traurig, verzweifelt, bedrohlich, …*

Heinrich Heine

Die Lorelei *(1824)*

Ich weiß nicht, was soll es bedeuten, I — fragend, nachdenklich
Dass ich so traurig bin; ↘ II — unglücklich
Ein Märchen aus alten Zeiten, ↗
Das kommt mir nicht aus dem Sinn.

Die Luft ist kühl, und es dunkelt,
Und ruhig fließt der Rhein;
Der Gipfel des Berges funkelt
Im Abendsonnenschein.

Die schönste Jungfrau sitzet
Dort oben wunderbar,
Ihr goldnes Geschmeide blitzet,
Sie kämmt ihr goldnes Haar;

Sie kämmt es mit goldenem Kamme
Und singt ein Lied dabei;
Das hat eine wundersame,
Gewaltige Melodei.

Den Schiffer im kleinen Schiffe
Ergreift es mit wildem Weh;
Er schaut nicht die Felsenriffe,
Er schaut nur hinauf in die Höh’.

Ich glaube, die Wellen verschlingen
Am Ende Schiffer und Kahn;
Und das hat mit ihrem Singen
Die Lorelei getan.

4 Probe deinen Gedichtvortrag vor einer Freundin, einem Freund oder vor deinen Eltern.
Tipp: Vielleicht kannst du dich auch aufnehmen, während du den Gedichtvortrag übst.

Das kann ich schon! – Wortarten, Zeitformen, Sätze

1 **a** **Schon einmal etwas von „Blobbing" gehört? Lies den Text, in dem die markierten Nomen durch *Pronomen* ersetzt werden können. Streiche die *Pronomen* durch, die nicht passen.**

PUNKTE

Blobbing – Professionelles Wasserplatschen

Wer gern aus der Höhe ins Wasser springt, hat vielleicht schon vom „Blobbing" gehört, einer neuen Sportart. Wassersportler begegnen der Sportart (*ihr/sie/ihnen*) sehr aufgeschlossen und haben die Sportart (*ihn/es/sie*) zu ihrer neuen Lieblingsfreizeitbeschäftigung auserkoren. Beim „Blobbing" wird gesprungen. Deshalb müssen die Teilnehmer bestimmte Sicherheitsvorkehrungen beachten. Die Teilnehmer (*Ihnen/Sie/Ihr*) müssen Helm und Schwimmweste tragen. Zudem ist es den Teilnehmern (*ihnen/sie/ihm*) nur erlaubt, in tiefes Wasser zu springen.

b **Personalpronomen (grün), Possessivpronomen (gelb) oder Demonstrativpronomen (blau)? Umrahme in den Aussagen alle Pronomen in der angegebenen Farbe.**

PUNKTE

Blobbing? – Für mich die Entdeckung dieses Sommers!

Blobbing? – Das ist unsere neue Lieblingssportart!

2 **a** **Betrachte das Bild und ergänze in den Lücken die nachstehenden Präpositionen:**
~~für~~ ~~mit~~ in durch in auf von auf auf
Setze auch die in Klammern angegebenen Artikel im richtigen Kasus (Fall) ein.

PUNKTE

b **Bestimme den Kasus (Fall) des Nomens.**
Notiere in Klammern: Nominativ = N, Genitiv = G, Dativ = D, Akkusativ = A.
Tipp: Nicht jeder Kasus (Fall) kommt im Text vor.

PUNKTE

Für das (*das*) „Blobbing" (A) füllt man einen Gummischlauch mit Luft (__). Dieser schwimmt ______ ______ (*das*) Wasser (__). ______ ______ (*das*) Schlauchende (__) sitzt der „Blobber". Ein „Jumper" springt ______ ______ (*ein*) Turm (__) ______ ______ (*der*) Schlauch (__). Dadurch wird der „Blobber" ______ ______ (*die*) Höhe (__) und dann ______ ______ (*das*) Wasser (__) geschleudert. Ziel: möglichst hoch und akrobatisch ______ ______ (*die*) Luft (__) zu fliegen.

3 **Welches der drei genannten Adjektive passt jeweils? Ergänze das richtige mit der passenden Endung.**

PUNKTE

Für das „Blobbing“ braucht man einen stabilen (*stabil, schwer, eckig*) Gummischlauch, einen ______ (*eng, alt, hoch*) Sprungturm, ______ (*flach, tief, dunkel*) Wasser und natürlich ______ (*schön, schwer, sportlich*) Teilnehmer. Was man sonst noch benötigt? Einen ______ (*groß, kalt, sonnig*) Tag, ______ (*leise, aufmerksam, schnell*) Zuschauer und ______ (*nett, gerecht, neu*) Juryentscheidungen. Danach hat man sich wirklich eine ______ (*lang, gut, jung*) Pause und ein ______ (*rund, bunt, lecker*) Eis verdient.

4 **a** **Präsens (gelb), Präteritum (blau), Plusquamperfekt (braun) oder Futur I (grün)? Unterstreiche die folgenden vier Beispiele in der angegebenen Farbe.**

PUNKTE

Ich sprang. | Ich werde springen. | Ich war gesprungen. | Ich springe.

b **Kreuze an: Beim Verb „springen“ handelt es sich um ein** ☐ **starkes Verb** ☐ **schwaches Verb.**

PUNKTE

c **Ergänze im Text die in Klammern gesetzten Verben im Präsens, Plusquamperfekt, Präteritum oder Futur I.**
Tipp: **Bei einem Verb musst du zwei Lücken ergänzen.**

PUNKTE

In zwei Wochen ______ (*stattfinden*) wieder der alljährliche „Blobbing Battle“ am Stadtparksee ______. Die Veranstalter ______ (*hoffen*) auf gutes Wetter und zahlreiche Zuschauer. Im letzten Jahr ______ (*gewinnen*) ein Team aus München, das die Rekordhöhe von 17 Metern ______ (*erreichen*). Nachdem die Jury einen der Teilnehmer zunächst wegen eines Formfehlers ______ (*ausgeschlossen*), ______ (*erkennen*) sie die Leistung schließlich doch an. Ob jemand den Rekord in diesem Jahr ______ (*brechen*)?

d **Bestimme alle Satzglieder des ersten Satzes: Unterstreiche sie in unterschiedlichen Farben, z. B.: Subjekt (blau), Prädikat (grün), adverbiale Bestimmung des Ortes (braun)/der Zeit (orange).**

PUNKTE

5 **Prüfe deine Lösungen und die Punktzahl mit Hilfe des Lösungsheftes (▶ S. 11).**

GESAMT

Wortarten unterscheiden – Lebensraum Meer

Nomen und Adjektive verwenden

Information **Nomen (Hauptwörter) und Artikel**

- Mit Nomen werden **Dinge, Lebewesen, Gedanken und Ideen** bezeichnet. Man **schreibt sie groß**.
- Nomen werden häufig von **bestimmten Artikeln** (*der, die, das*) oder **unbestimmten Artikeln** (*ein, eine, ein*) begleitet. Der Artikel richtet sich nach dem **grammatischen Geschlecht** (nach dem Genus), z. B.: Maskulinum: *der/ein Ozean*, Femininum: *die/eine Welle*, Neutrum: *das/ein Meerestier*.
- Nomen stehen entweder in der **Einzahl** (Singular) oder in der **Mehrzahl** (Plural), z. B.: *der/ein Delfin → die Delfine* *die/eine Qualle → die Quallen* *das/ein Walross → die Walrosse*.

1 **Nomen zum Thema „Meer" gesucht!**
Ergänze im Kreuzworträtsel die gesuchten Nomen in Großbuchstaben.

senkrecht: 1) Brille, die man zum Tauchen benötigt, 4) heftiger, starker Wind, 6) große Robbe, 7) Fortbewegungsmittel auf dem Wasser, 9) Wassermasse, die sich von der Wasseroberfläche hervorhebt, 10) Wassertiere, die mit Kiemen atmen, 13) Wasservogel, meist mit weißen Federn, 14) Masse, die am Meer liegt und aus sehr kleinen Steinen besteht, 15) frischer Wind, 16) großer Raubfisch mit sehr scharfen Zähnen, 17) meist rot-weißer Turm, der Schiffen Orientierung bietet

waagerecht: 2) kleiner, halbrunder Gegenstand, den man oft im Sand findet, 3) Land, umgeben von Wasser, 5) Seemann auf einem Schiff, 8) durchsichtiges, glockenförmiges Meerestier, oft mit langen Fangarmen, 11) stacheliges Meerestier, 12) Weltmeer, 18) Gegenteil von Flut

		1↓			7↓					15↓				13↓	
		T			S	9↓	18→	E		B				M	
		A			c	W				r				Ö	
2→		U			h	e				I		10↓		E	
		C			i	L				s		F		W	17↓
		H			F	l		11→		e		I		e	L
		E			f	e						S			E
		R							6↓			C			U
		B										h			C
		R		4↓		8→	Q	u	a	l	l	e			h
	3→	I										14↓			t
		L										S			t
		L			16↓			12→	O	Z	e	a	n		u
		E			H							n			r
			5→	M	a							d			m
					i										

Information Adjektive (Eigenschaftswörter) als Begleiter von Nomen

- Adjektive dienen dazu, Personen, Dinge usw. genauer zu beschreiben, z. B.: *die **kleine** Qualle*.
- Als Begleiter des Nomens trägt das Adjektiv nach bestimmtem Artikel die Endung ***-e*** oder ***-en***. **Nomen** treten in einem von **vier Kasus (Fällen)** auf:

– Nominativ **(Wer oder was?)**:	*das tief**e** Meer*	*die groß**e** Insel*	*der klein**e** Fisch*
– Genitiv **(Wessen?)**:	*des tief**en** Meeres*	*der groß**en** Insel*	*des klein**en** Fischs*
– Dativ **(Wem?)**:	*dem tief**en** Meer*	*der groß**en** Insel*	*dem klein**en** Fisch*
– Akkusativ **(Wen oder was?)**:	*das tief**e** Meer*	*die groß**e** Insel*	*den klein**en** Fisch*

2 **Welches Adjektiv passt?**
Verbinde mindestens 10 Nomen aus dem Kreuzworträtsel (▶ S. 39) mit einem passenden Adjektiv aus dem folgenden Wortspeicher. Verwende jeweils einen bestimmten Artikel wie im Beispiel.
Tipp: Du kannst die Adjektive mehrfach verwenden.

Wortspeicher

durchsichtig klein weiß stark giftig stachelig groß hoch alt schnell
gefährlich angriffslustig jung schwer bunt gelb weich

die durchsichtige Taucherbrille, … ______________________

____

____

____

3 **Wale haben sich bestens an ihren Lebensraum im Wasser angepasst.**

a **Welches Adjektiv in Klammern veranschaulicht sinnvoll das unterstrichene Nomen? Setze das richtige Adjektiv ein. Streiche die Adjektive, die nicht passen.**

Wale – Wasser ist ihr Element

Wale besitzen eine *dicke* Hautschicht (*dick, ~~schwer~~, ~~rund~~*), um die Körpertemperatur zu halten. Mit Hilfe ihres ______________ Körpers (*breit, stromlinienförmig, jung*) verringern sie den Wasserwiderstand.

Ihre ______________ Hautrillen (*laut, schwer, fein*) verhindern, dass größere Wasserwirbel entstehen.

Um Gewicht zu sparen, besitzt der Wal ______________ Knochen (*dick, schwer, leicht*).

b **Beschreibe ein anderes Tier, das sich gut an das Leben im Wasser angepasst hat. Nutze treffende Adjektive. Schreibe in dein Heft, z. B.:**
Mit Hilfe ihrer breiten Flossen können Schildkröten …
Die schuppige Haut des Hais …

Nomen und Präpositionen verwenden

Information **Präposition**

- **Präpositionen** (Verhältniswörter) sind z. B.: *in, auf, vor, durch, mit, an, aus.* Sie bezeichnen genauer

	den Ort	die Zeit	den Grund, Zweck	die Art und Weise
Frage	Wo? Wohin? Woher?	Wann? Wie lange? Seit wann?	Warum? Wozu? Warum nicht?	Wie?
Beispiel	***aus** dem Meer* ***auf** die Insel* ***in** die Luft*	***vor** vielen Jahren* ***seit** gestern* ***um** 8:00 Uhr*	***wegen** des Seebebens* ***infolge** des Sturms* ***aus** diesem Grund*	***durch** Wellenkraft* ***mit** diesem Boot* ***ohne** ein Ruder*

- Manche Präpositionen können in unterschiedlicher Weise verwendet werden, z. B.: *__in__ der Erdatmosphäre (Ort), __in__ diesem Jahrhundert (Zeit), __in__ kleinen Häppchen (Art und Weise).*
- Präpositionen können mit dem folgenden Artikel verschmelzen, z. B.: *an dem → am; bei dem → beim; in dem → im; auf das → aufs.*

1 **Achtung Fehler! Bei diesen Aussagen stimmt etwas nicht!**

a **Unterstreiche in den Aussagen alle Präpositionen.**

b **Welche Präposition aus dem Wortspeicher passt jeweils besser? Streiche durch und schreibe darüber.**

Wortspeicher

in vor ohne mit von wegen vor seit

Siehst du den großen Fisch ~~von~~ *mit* dem riesigen Maul?

Hinter dem Fass sitzt ein Seeigel.

Nach dem Bullauge schwimmt ein Hai.

Siehst du die merkwürdigen Flossen seit dem schwarzen Fisch?

Mit 9:00 Uhr kann man die Fütterung der Fische beobachten.

Aus ihrer guten Tarnung kann ich nicht alle Fische finden.

Scheinbar auf Anstrengung schwimmt dieser Hai an dem Becken.

2 **Was könntest du in einem Aquarium entdecken? Notiere Sätze mit passenden Präpositionen in dein Heft, z. B.:**

<u>An</u> der Wasseroberfläche schwimmt ein Schwarm Fische. Der Hai <u>mit</u> den ...

Pronomen verwenden

Information **Personalpronomen, Possessivpronomen, Demonstrativpronomen**

- **Pronomen** (Fürwörter) stehen stellvertretend für Nomen oder begleiten Nomen.
- **Personalpronomen** sind: *ich, du, er/sie/es, wir, ihr, sie.* Sie treten in verschiedenen Kasus (Fällen) auf, z. B.: *ich* (Nominativ), *mir* (Dativ), *mich* (Akkusativ).
- **Possessivpronomen** sind: *mein, dein, sein/ihr, unser, euer, ihr* usw. Sie zeigen den Besitz an. Oft begleiten sie Nomen, z. B.: *unsere Wasserversorgung, ihr Fischteich.*
- **Demonstrativpronomen** sind: *dieser, diese, dieses; jener, jene, jenes; solcher, solche, solches* usw. Sie weisen auf etwas hin.

1 a **Durch welche Pronomen kannst du die markierten Nomen (und ihre Begleitwörter) ersetzen? Wähle aus dem Wortspeicher aus. Schreibe das jeweils passende Pronomen wie im Beispiel darüber.**
b **Kennzeichne mit Hilfe eines Pfeils, auf welches Nomen im Text sich die Pronomen jeweils beziehen.**
Tipp: Nicht alle Pronomen aus dem Wortspeicher können eingesetzt werden.

Wortspeicher

es ihnen es diesem sie sie es dieser sie diesen ihm sie ihr ihm

Wie entsteht Regen?

Woher kommt eigentlich das Wasser, das als Niederschlag auf die Erde fällt? Man hat festgestellt, dass *es* Wasser aus vielen kleinen, sich bewegenden Wassertropfen besteht. Die Sonne erwärmt die Wassertropfen und trennt die Wassertropfen voneinander. Danach steigen die Wassertropfen als Dampf in den Himmel. Da das Meer besonders viel Wasser enthält, steigt von dem Meer auch besonders viel auf. Das Wasser verdunstet und gelangt in kühlere Luftschichten. In diesen kühleren Luftschichten entstehen Wolken, indem die Tropfen zusammengedrückt werden. Bevor es regnet, werden die Wolken immer dichter und dunkler. Wenn sich in den Wolken zu viele Wassertropfen angesammelt haben, fällt Regen, Schnee oder Hagel auf die Erde. Der Niederschlag wird zum Beispiel von den Pflanzen aufgenommen. Der Niederschlag wird dann zu Grundwasser, woraus z. B. Trinkwasser hergestellt wird. Das Wasser, das sich in den Gewässern sammelt, fließt zurück in unser Meer. Und in dem Meer beginnt der Wasserkreislauf erneut.

2 **In welchem Kasus (Fall) stehen jeweils die markierten Nomen und die Pronomen? Unterstreiche in der angegebenen Farbe: Nominativ (blau), Dativ (grün), Akkusativ (gelb).**

3 **Ordne die von dir eingesetzten Pronomen in einer Liste im Heft wie folgt ein:**

Personalpronomen: *es, ...*

Demonstrativpronomen: ...

4 **a** Unterstreiche das Nomen (mit zugehörigem Artikel), das sich jeweils im Satz B wiederholt.
b Ersetze das unterstrichene Nomen durch ein passendes Personalpronomen aus dem Wortspeicher. Schreibe es über das Nomen, das du ersetzt.
Tipp: Nicht alle Personalpronomen aus dem Wortspeicher können eingesetzt werden.

Wortspeicher
ihn   es   sie   ihnen   ihm   es   sie   ihr

A Wasserdampf bildet Wolken.
B Wolken bestehen aus kondensiertem Wasser.

A In einem See sammelt sich Wasser.
B Aus dem See steigt ebenfalls Wasserdampf auf.

A Die Wettersysteme tragen die Wolken übers Land.
B Regen fällt aus den Wolken auf die Erde.

A In der Höhe gefriert das Wasser.
B Das Wasser fällt als Schnee.

5 Drücke aus, was wozu „gehört". Nutze die Possessivpronomen im Wortspeicher und ergänze die Lücken.

Wortspeicher
ihre   seinen   seinen   unser   ihre   ihrem   seinen

Wolken ändern ______________ Position.

Wir kümmern uns um ______________ Trinkwasser.

Wasser sucht sich ______________ Weg.

Salz- und Süßwasser unterscheiden sich in ______________ Salzgehalt.

Pflanzen suchen ______________ Wasserquellen.

Ein See verändert ______________ Wasserspiegel.

Das Wasser beginnt ______________ Kreislauf erneut.

6 Welches Demonstrativpronomen passt jeweils zum markierten Wort im Satz davor? Umrahme es.
Tipp: Nutzt man *dieser* und *jener* gemeinsam, bezieht sich *dieser* auf das zuletzt genannte Wort.

Was Wasser kann

Wasser kann flüssig, fest oder gasförmig sein und damit einen so genannten Aggregatzustand einnehmen. *Diese/Dieser/Dieses* kann sich je nach Temperatur immer wieder verändern. Gefriert Wasser, entsteht Eis, wird es stark erhitzt, wird es zu Dampf. Während *jenes/jener/jenem* also Temperaturen unter null Grad benötigt, braucht *diesem/dieser/dieses* über 100 Grad, um überhaupt gasförmig sein zu können. Stößt Dampf wiederum auf eine kalte Fläche, entsteht Nebel. *Dieser/Diesem/Dieses* setzt sich aus vielen kleinen Wassertröpfchen zusammen. Wenn Eis erhitzt wird, schmilzt es und wird ebenfalls wieder flüssig. Dass Wasser ein solcher Verwandlungskünstler sein kann, hängt mit den Wassermolekülen zusammen, aus denen es besteht. *Dieser/Diese/Dieses* ändern je nach Aggregatzustand ihre Beweglichkeit: Sind sie in flüssiger Form noch aktiv, werden sie bei Abkühlung immer ruhiger und werden schließlich fest.

Adverbien verwenden

Information **Adverbien (Umstandswörter)**

- **Adverbien** kennzeichnen die **Umstände des Geschehens** näher, z. B.:

	den Ort	die Zeit	den Grund, Zweck	die Art und Weise
Frage	Wo? Wohin? Woher?	Wann? Wie lange? Seit wann? Wie oft?	Warum? Weshalb? Wozu?	Wie? Auf welche Weise?
Beispiel	*Die Besucher gingen nach* ***oben.*** ***Dort*** *hatten sie den besten Ausblick.* Weitere: *überall, unten, da, dahin, oberhalb, dazwischen, bergauf, links, unterhalb, ...*	***Nachts*** *bleibt der Zoo geschlossen.* ***Bisher*** *hatte er* ***immer*** *geöffnet.* Weitere: *jetzt, morgen, abends, nie, neulich, nun, noch, ...*	*Ich habe* ***deswegen*** *keine Zeit. Wir könnten* ***sonst*** *etwas anderes machen.* Weitere: daher, deshalb, ...	*Die Tiergehege sind* ***größtenteils*** *fertiggestellt.* ***Beinahe*** *wurde die Zeit knapp.* Weitere: *so, miteinander, sehr, dadurch, vielleicht, allein, ...*

- **Adverbien** sind **nicht veränderbar**, d. h. die meisten lassen sich **nicht steigern**, z. B.:
morgen = nicht steigerbar = Adverb ⟷ *schnell, schneller, am schnellsten* = steigerbar = Adjektiv
(Ausnahme: *oft, öfter*).

1 **Ergänze in dem Text passende Adverbien aus der Information. Beantworte dazu die Fragen in Klammern.**

Ferien auf dem Wasser

Ein russischer Architekt hat das Hotel der Zukunft entworfen: „The Ark" („Die Arche"). Es ist ______________ nicht (*Wann?*) gebaut worden. ____________ (*Warum?*) sucht der Architekt nach Geldgebern. Bei dem Gebäude sollen zwei halbrunde Schalen ______________ (*Wie?*) verbunden werden. Während eine der Schalen ____________________ (*Wo?*) zu sehen ist, schwimmt die andere ______________________ (*Wo?*) im Wasser. Geplant ist die Nutzung von Wind- und Sonnenenergie. __________________ (*Wie?*) soll die Umwelt geschützt werden.

2 **a Welche der folgenden Wörter sind Adverbien? Führe die Steigerungsprobe durch. Umrahme alle Adverbien.**
b Ort, Zeit, Grund/Zweck oder Art und Weise? Schreibe im Heft die Adverbien nach Gruppen sortiert auf.

morgen schnell damals dort darum lustig hoch besonders umsonst nachmittags hell mehrmals herunter hierzu manchmal tagsüber vorne immer hierfür miteinander gut

Ort	Zeit	Grund, Zweck	Art und Weise

Verben verwenden

Information **Das Verb (das Tätigkeitswort; Plural: die Verben)**

- Mit Verben gibt man an, **was jemand tut oder was geschieht,** z. B.:
  *Eine Stadt auf dem Meer **entsteht**. Die Gebäude **schwimmen** auf dem Wasser. Bewohner **nutzen** das Freizeitprogramm. Besucher **machen** Fotos. Fernsehsender **berichten** über das Bauvorhaben.*
- Oft verändern Verben im Satz ihre Form. Sie richten sich nach dem Wort, auf das sie sich beziehen. Man nennt diese Form **Personalform,** z. B.: ***Die Gebäude** schwimm**en**. **Das Gebäude** schwimm**t**.*
- Die **Veränderung** der Verben im Satz nennt man **Konjugation** oder **Beugung.**
  Achte auf die **Personalendungen,** z. B.:

	Singular (Einzahl)	Plural (Mehrzahl)
1. Person	*ich schwimm**e***	*wir schwimm**en***
2. Person	*du schwimm**st***	*ihr schwimm**t***
3. Person	*er/sie/es schwimm**t***	*sie schwimm**en***

1 **Welches Verb in Klammern passt am besten? Wähle aus und ergänze die passende Personalform im Präsens.**

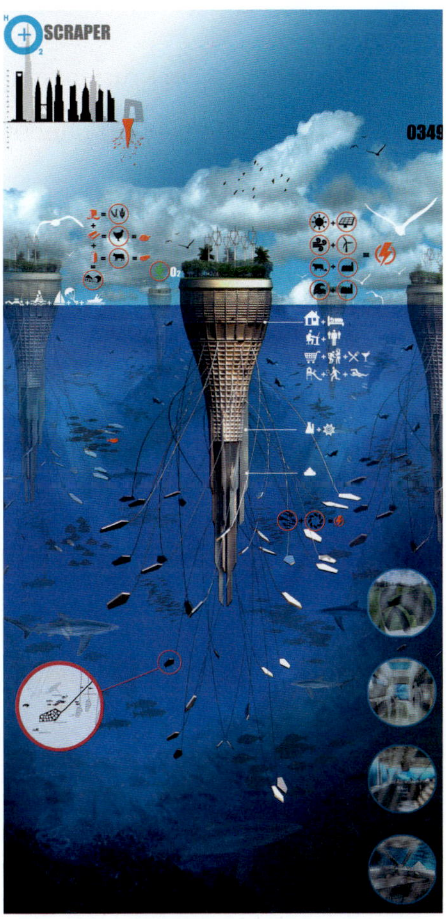

Ein Haus auf dem Wasser

Der „Water Scraper“ (auf Deutsch: „Wasserkratzer“) ist (*sein, ~~haben~~, ~~halten~~*) eine Idee eines Architekten aus Malaysia. Wenn es eines Tages weniger Platz an Land ______ (*haben, geben, nehmen*), ______ (*bauen, malen, entwerfen*) man dieses Haus vielleicht sogar. Tentakel ______ (*hängen, sorgen, verbinden*) für einen guten Stand im Wasser. Diese „Fangarme“ ______ (*verlieren, suchen, gewinnen*) aus der Meeresströmung Energie zur Stromversorgung. Auf dem Dach ______ (*wachsen, gehen, bleiben*) ein Wald und ein Garten. Dort ______ (*essen, ernten, trinken*) die Einwohner Obst und Gemüse. Die Menschen ______ (*schwimmen, wohnen, tauchen*) unter der Wasseroberfläche.

2 **a** **Stell dir vor, den „Water Scraper“ würde es bereits geben. Was könntest du alles unternehmen? Verfasse in deinem Heft einen möglichen Tagesablauf. Schreibe im Präsens.**

b **Unterstreiche in deinem Text alle Verben, z. B.:**

Nach dem Frühstück fahre ich mit dem Fahrstuhl die 33 Stockwerke nach oben. Dort gehe ich zur Tauchstation und mache einen kurzen Tauchausflug. Unter Wasser …

Teste dich! – Wortarten

1 **Veranschauliche die Nomen. Ergänze passende Adjektive aus dem Wortspeicher in der richtigen Form.**
Tipp: Nicht alle Adjektive aus dem Wortspeicher kannst du einsetzen.

Wortspeicher

alt lustig langweilig groß gefährlich mutig lang beachtlich schwer

++ Ein ____________________ Abenteuer: Frau taucht mit Haien. ++ Eine ____________________ Reise: Großvater segelt um die Welt. ++ Eine ________________ Idee: Trainer bringt Delfinen das Lachen bei. ++ Ein ___________ Plan: Schüler will allein über den Atlantik paddeln. ++ Eine ___________ Überraschung: Forscher findet Wasser auf dem Mars. ++ Eine ___________ Leistung: Mann bricht Schwimmrekord. ++

2 **Achtung Fehler: Im folgenden Text stimmen die Präpositionen nicht!**
a Umrahme alle Präpositionen im Text.
b Streiche die falschen Präpositionen durch. Schreibe jeweils die richtige darüber.

Zehn Jahre lang haben Wissenschaftler unter der ganzen Welt mit unseren Weltmeeren Fische, Krustentiere, Weichtiere und Meeressäuger gezählt. Die Forscher haben einen Katalog bei insgesamt 250 000 Bewohnern der Ozeane vorgelegt. Sie vermuten, dass es noch unzählige unbekannte Arten neben den Ozeanen gibt.

3 **a Ersetze die markierten Wörter jeweils durch ein Pronomen aus dem Wortspeicher. Schreibe es darüber.**
Tipp: Drei Pronomen passen nicht.

Wortspeicher

unsere euren es diesem ihr sie

	Pers.	Poss.	Dem.
Wasser enthält zwei Zutaten. Wasser besteht aus Wasser- und Sauerstoff.	☐	☐	☐
Wasser ist ein wichtiger Grundstoff. Aus dem Grundstoff entsteht Leben.	☐	☐	☐
Mit Wasser können wir Strom erzeugen. Damit schützen wir die Umwelt.	☐	☐	☐

b Personalpronomen (Pers.), Possessivpronomen (Poss.) oder Demonstrativpronomen (Dem.)? Kreuze an.

4 **Zähle die Punkte, die du erreicht hast, mit Hilfe des Lösungsheftes zusammen (▶ S. 13–14).**

☺ 20–16 Punkte	😐 15–9 Punkte	☹ 8–0 Punkte
Gut gemacht!	Gar nicht schlecht! Wo hattest du Schwierigkeiten? Wiederhole die passenden Übungen auf S. 39–45.	Du solltest noch einmal üben! Arbeite die S. 39–45 erneut durch.

Das Tempus des Verbs – Wasserhelden

Gegenwärtiges und Zukünftiges ausdrücken

Information **Das Präsens (die Gegenwartsform) und das Futur I (die Zukunftsform)**

- Das **Präsens** wird meist verwendet, wenn man sagen will, dass etwas **jetzt geschieht**, z. B.: *Der Schwimmer **springt** gerade ins Wasser.*
- Das Präsens wird auch gebraucht, um **Gewohnheiten** und **Dauerzustände** zu beschreiben, z. B.: *Der Ärmelkanal **liegt** zwischen Frankreich und Großbritannien. Extremsportler **trainieren** viel.*
- Mit dem **Futur I** drückt man Zukünftiges aus. Das Futur I bildet man aus der Personalform von ***werden*** + **Infinitiv** (Grundform): *wird* *durchqueren*, z. B.: *Der Schwimmer **wird** den Ärmelkanal **durchqueren**.*

1 **a** **Surfen ist nur etwas für Menschen? Ergänze in der folgenden Radiomeldung die fehlenden Verben in der passenden Personalform im Präsens:** ~~*scheinen*~~ *kämpfen* *stehen* *stattfinden* *bellen* *bemühen* *wehen* *jubeln* *geben*

b **Ein Satz sagt etwas über zukünftige Ereignisse aus, obwohl er im Präsens steht. Unterstreiche ihn.**

„Die Sonne scheint, keine Wolke steht am Himmel. Nur ein leichter Wind __________. Zahlreiche Zuschauer __________ lautstark und warten auf den Startschuss und auf die vierbeinigen Sportler. Diese __________ aufgeregt. Zum dritten Mal __________ 40 Hunde beim ‚Surf City Surf Dog'-Wettkampf um den Sieg auf dem Surfbrett. Hierbei sitzen oder __________ die Vierbeiner auf ihren Brettern und __________ sich auf dem Brett um eine gute Figur. Extrapunkte __________ es nämlich für das Rückwärtssurfen oder das Wiederfinden des Gleichgewichts. Der Wettbewerb ist so beliebt, dass er auch nächstes Jahr wieder __________."

Information **Besonderheiten von Präsens und Futur I**

Mit dem **Futur** kann man auch eine **Vermutung** ausdrücken: *Hoffentlich **wird** er es **schaffen!***

- Auch das **Präsens** kann verwendet werden, um **Zukünftiges** ausdrücken. Dazu verwendet man zusätzliche Zeitangaben wie *morgen* oder *nächstes Jahr*, z. B.: ***Morgen** beginnt der Wettkampf.*

2 **a** **Unterstreiche in der folgenden Frage das Futur I.**

Was wird denn am kommenden Wochenende beim „Surf City Surf Dog"-Wettbewerb alles passieren?

b **Wie könntest du auf die Frage antworten? Verwende das Futur I mit der jeweils richtigen Personalform, z. B.:**
Am Samstag wird man die Gäste auf einer Eröffnungsfeier begrüßen. Anschließend …

c **Prüfe, ob du jeweils das Futur I verwendet hast. Unterstreiche es in deinen Antworten.**

Das Perfekt verwenden

Information | **Das Perfekt (die vollendete Vergangenheit) mit dem Partizip II bilden**

- Das Perfekt ist eine Zeitform der Vergangenheit. Man verwendet es in der Regel, wenn man **mündlich** erzählt, z. B.: *„Im letzten Jahr **habe** ich die Goldmedaille **gewonnen**."*
- Verben im Perfekt bestehen aus **zwei Teilen:**

Präsensform von ***sein*** oder	***haben***	+ Partizip II
– *Wir* ***sind*** *zum Wettkampfort*		***gefahren.***
– *Wir*	***haben*** *ausreichend*	***geübt.***

Das **Partizip II** beginnt **meist** mit der **Vorsilbe *ge-***, z. B.: ***ge**schwommen, **ge**laufen, **ge**taucht, **ge**wonnen, ...*

1 a **Hier stimmt die Zeitform nicht! Unterstreiche in jeder Radiomeldung das falsch verwendete Verb.**
b **Berichtige die Sätze im Perfekt.**

„Vor einigen Minuten kehren die Surfer aus dem Wasser zurück."

„Seit gestern beginnen die Surfer mit dem Training."

„____"

„____"

2 **Bilde zu den folgenden Infinitiven (Grundformen) in Klammern die passende Form im Perfekt.**

__________ du heute Morgen den Ritt auf der Riesenwelle beobachtet (*beobachten*)? Wir haben__________ leider den Flieger verpasst__________ (*verpassen*) und sind__________ zu spät gekommen__________ (*kommen*). Was ist passiert?
Einer der Surfer ist__________ tatsächlich auf einer 30 Meter hohen Welle geritten__________ (*reiten*). Dafür sein__________ ihn ein Boot weit hinaus auf das Meer gezogen__________ (*ziehen*). Dort hatte__________ er auf die Riesenwelle gewartet__________ (*warten*), die sich dann wie eine Wand vor ihm aufgebaut__________ (*aufbauen*). Blitzschnell hat__________ der Surfer reagiert__________ (*reagieren*): Er ist__________ an der Wasserwand __________ (*entlangfahren*) und dann hat__________ sich die Welle überschlagt__________ (*überschlagen*). Der Surfer hat__________ aber unbeschadet wieder aufgetaucht__________ (*auftauchen*) und wir sind__________ alle lautstark jubelt__________ (*jubeln*).

Das Präteritum verwenden

Information **Das Präteritum (die einfache Vergangenheitsform)**

- Das **Präteritum** beschreibt vergangene **Vorgänge, Handlungen und Zustände.**
- Wenn man über Vergangenes **schriftlich erzählt,** dann wird in der Regel das Präteritum verwendet, z. B.:
  *Schon vor über 1000 Jahren **ritten** die Menschen auf Riesenwellen.*
- Das **Präteritum** wird mit **starken oder schwachen Verben gebildet:**
  – **Schwache Verben** verändern im Präteritum nur die Endung, sie verändern sich schwach, z. B.:
  *sie bau**en** → sie bau**ten*** *sie verehr**en** → sie verehr**ten***
  – **Starke Verben** verändern ihren **Stammvokal.** Sie verändern sich stark, z. B.:
  *sie r**ei**ten → sie r**i**tten* *sie schw**i**mmen → sie schw**a**mmen*
  Die **starken Verben** musst du dir **merken.**

1 **Verben im Präteritum gesucht! Wähle passende Verben aus dem Wortspeicher aus und ergänze die Lücken.**
Tipp: Umrahme in jedem Satz das Subjekt: Wer „tut" etwas? Dann musst du dazu die Personalform bilden.

Wortspeicher
stellen kommen verwenden ehren nutzen
bauen sein reiten reservieren erfinden stürzen treffen geben

Surfen – ein uralter Wassersport

Schon vor Hunderten Jahren *stellten* sich die Polynesier auf Hawaii auf einfache Holzbretter und ________ diese als Fortbewegungsmittel auf dem Wasser. An besonders beliebten Surfstellen ________ sie Tempel an die Küste. Damit ________ sie den Gott der Wellen, bevor sie sich in die Fluten ________. Selbst die Könige ________ damals Surfbretter. Besonders eindrucksvolle Wellen ________ sie für sich. Etwa 1000 nach Christus *kamen* die ersten Polynesier nach Hawaii. Schon damals ________ ________ es hier Riesenwellen; hier ________ sie zum ersten Mal auf eine Küste. Die Wellen ________ bis zu zwanzig Meter hoch. Darauf ________ ________ die Polynesier auf ihren Brettern. Damit ________ sie das Wellenreiten.

2 **Sind die Verben im Text zu Aufgabe 1 stark oder schwach?**

a **Vergleiche die Infinitive im Wortspeicher mit der jeweiligen Personalform im Text:**
- **Markiere Vokale, die sich nicht ändern, grün – oder unterstreiche sie.**
- **Markiere Vokale, die sich ändern, blau – oder umkreise sie.**

b **Wähle aus dem Wortspeicher drei schwache und drei starke Verben.**
Formuliere in deinem Heft mit Hilfe jedes Verbs einen Beispielsatz im Präteritum.

Abenteuer auf dem Wasser (Teil 1) – Das Präteritum verwenden

1 Welche schwachen Verben passen jeweils zu den folgenden Sätzen?

●○○ **a** Ergänze die gesuchten Personalformen im Präteritum.

Am Strand **S** chauten eine Menschenmenge auf das Meer.

Die Surfer **W** arteten lange auf die Riesenwelle.

Sie beob **A** chteten jede Veränderung auf dem Wasser.

Ein Surfer zeigt **E** mit dem Finger auf eine große Welle.

Alle **R** eNnen plötzlich durcheinander.

Die Surfer **S** tUEraten sich mit ihren Brettern ins Wasser.

Nur einer _ _ _ _ _ _ _ _ _ es: den Ritt auf der Riesenwelle.

b Wenn du die fett gedruckten Buchstaben richtig ordnest, erhältst du ein Lösungswort. Notiere es.

Lösungswort: ______________________

2 ●○○ **a** Unterscheide die auf dem Fließband stehenden Verben: schwach oder stark? Kennzeichne starke und schwache Verben in jeweils unterschiedlichen Farben.

b Wähle vom Fließband 3 starke Verben aus. Übertrage sie auf die Schreibzeilen 1 bis 3 im Tabellenkopf.

c Ergänze alle fehlenden Personalformen, z. B.: helfen: *ich half, du halfst, er/sie/es half, wir halfen, ihr halft, …*

	1 ______	2 ______	3 ______
ich			
du			
er/sie/es			
wir			
ihr			
sie			

Abenteuer auf dem Wasser (Teil 2) – Das Präteritum verwenden

1 ●●●

a **Ein Junge erzählt von einer ungewöhnlichen Rettungsaktion. Unterstreiche alle Verben.**

b **Notiere, in welcher Zeitform sie stehen:** ______________________________

„... und dann habe ich von zu Hause ein Surfbrett geholt. Damit bin ich vorsichtig auf das Eis gelaufen. An der Wasserstelle habe ich mich auf das Surfbrett gesetzt und den Hund aus dem Wasser geholt. Leider haben wir beide es nicht von alleine wieder auf das Eis geschafft. Deswegen habe ich um Hilfe gerufen. Ein Jogger hat uns gesehen und die Feuerwehr gerufen. Die ist dann gekommen und hat uns vom Eis geholt."

c **Schreibe mit Hilfe der Erzählung des Jungen die folgende Zeitungsmeldung weiter. Setze hierfür die von dir im Text unterstrichenen Verben ins Präteritum.**

Rettungsaktion auf dem Eis

Auf einem zugefrorenen See kam es gestern zu einer ungewöhnlichen Rettungsaktion.

Nachdem ein Hund auf das Eis gelaufen und eingebrochen war, holte ein Junge ...

____

____

____

____

____

____

2 ●●●

Verfasse in deinem Heft zu einer der folgenden Schlagzeilen eine passende Zeitungsmeldung. Schreibe im Präteritum.

Tipp: Verwende für Handlungen, die vor dem vergangenen Ereignis passierten, das Plusquamperfekt (▶ S. 52).

Oma gewann Surfwettbewerb

Nach drei Jahren – verschollener Surfer kehrte heim

13-Jähriger floh auf Surfbrett

Delfine retteten Surfer

Das Plusquamperfekt verwenden

Information **Das Plusquamperfekt (Vorvergangenheit, dritte Vergangenheitsform)**

- Geschah etwas noch **vor einem vergangenen Ereignis im Präteritum**, wird das **Plusquamperfekt** verwendet, z. B.:

Vergangenes (Präteritum)	Vorzeitiges (Plusquamperfekt)
Bevor ich an dem Wettbewerb teilnahm,	***hatte** ich dafür regelmäßig viel **geübt**.*

- Das Plusquamperfekt wird so gebildet: Personalform von *haben* oder *sein* im Präteritum + Partizip II.

1 a **Welches Ereignis fand zuerst statt? Unterstreiche in A bis F den Satz, der das frühere Ereignis ausdrückt.**
b **Prüfe das Verb in deinen unterstrichenen Sätzen.**
Notiere in Klammern, ob es im Plusquamperfekt mit einer Vergangenheitsform von *haben* oder *sein* gebildet wird.
c **Verknüpfe in A bis F die jeweils beiden Sätze.**
Verwende für die Vorvergangenheit das Plusquamperfekt und die Verknüpfungswörter *bevor* oder *nachdem*.

A Immer mehr Menschen beherrschten das Wellenreiten. Sie lernten es von den Hawaiianern. *(hatten)*

Jmmer mehr Menschen beherrschten das Wellenreiten, nachdem …

____

B Erste Surfwettkämpfe entstanden. Surfer traten privat gegeneinander an. (______________)

____

C 1959 lief in den Kinos der Surf-Film „Gidget". Die Surfbegeisterung stieg Anfang der 1960er Jahre.

(______________) ______________________________

____

D Immer aufwendigere Sprünge waren möglich. Man entwickelte technisch verbesserte Surfbretter.

(______________) ______________________________

____

E Der zwanzigjährige Amerikaner Kelly Slater gewann 1992 als jüngster Surfer die Weltmeisterschaft. Er wurde weltberühmt. (______________) ______________________________

____

F Sie trainierte in ihrer Kindheit und Jugend. 2011 wurde die Hawaiianerin Carissa Moore mit 18 die erste Surf-Weltmeisterin. (______________) ______________________________

____

2 **Notiere in deinem Heft Übungssätze zum Thema „Surfen". Verwende das Plusquamperfekt, z. B.:**
Nachdem die Surferin ihr Können gezeigt hatte, jubelten …

Teste dich! – Das Tempus

1 **a Präsens, Perfekt, Präteritum, Plusquamperfekt oder Futur I? Markiere die Wörter wie angegeben.** PUNKTE

er ist geschwommen	du schriebst	wir hatten geübt	ich werde verreisen	ihr fragt	sie hat gelacht
es regnet	ich war gelaufen	wir aßen	sie haben gekauft	wir werden feiern	ich lese

b Präsens, Präteritum oder Plusquamperfekt?
Ergänze die Verben in Klammern in der passenden Tempus- und Personalform. PUNKTE

Anfang des 20. Jahrhunderts ________________ (*kommen*) der Amerikaner A. H. Ford nach Hawaii. Nachdem er dort das Surfen ________________ (*lernen*), ________________ (*gründen*) er 1908 den ersten Surfclub. Dieser ________________ (*bestehen*) sieben Jahre später aus 1200 Mitgliedern. Heute ________________ (*gehören*) Surfen zu den beliebten Wassersportarten. In vielen Ländern ________________ (*geben*) es heutzutage Wettkämpfe, bei denen Surfer gegeneinander ________________ (*antreten*).

2 **a Unterstreiche in jedem Satzgefüge A bis D das Verb, das im Plusquamperfekt steht.** PUNKTE

b Wird das Plusquamperfekt inhaltlich jeweils richtig oder falsch verwendet? Kreuze an. PUNKTE

c Berichtige den Satz/die Sätze, in dem/in denen das Plusquamperfekt falsch gebraucht wird. PUNKTE

	richtig	falsch
A Der US-Amerikaner Garrett McNamara geriet 2013 in die Schlagzeilen, nachdem er einen neuen Weltrekord im Surfen aufgestellt hatte.	☐	☐
B Nachdem er Begeisterungsstürme ausgelöst hatte, surfte er auf einer Riesenwelle.	☐	☐
C McNamara erreichte sicher das Ufer, nachdem ihn zahlreiche Reporter befragt hatten.	☐	☐
D Nachdem Fernsehsender über den Surfer berichtet hatten, wurde er weltweit bekannt.	☐	☐

____

____

____

3 **Zähle die Punkte, die du erreicht hast, mit Hilfe des Lösungsheftes zusammen (▶ S. 15–16).** GESAMT

☺ 29–22 Punkte	😐 21–15 Punkte	☹ 14–0 Punkte
Gut gemacht!	Gar nicht schlecht! Wo hattest du Schwierigkeiten? Wiederhole die passenden Übungen auf S. 47–52.	Du solltest noch einmal üben! Arbeite die S. 47–52 erneut durch.

Aktiv und Passiv – Wassersport

Aktiv- und Passivsätze unterscheiden und verwenden

Information Aktiv und Passiv der Verben

- **Das Aktiv und das Passiv** drücken eine unterschiedliche Sicht auf ein Geschehen aus:
  - Das **Aktiv betont denjenigen, der** etwas tut oder **handelt,** z. B.: *Der Spieler* ***wirft*** *den Ball.*
  - Das **Passiv betont, mit wem oder was** etwas geschieht, z. B.: *Der Ball* ***wird geworfen****.*
- **Das Passiv wird gebildet aus der Personalform des Hilfsverbs *werden* + Partizip II:**

	Aktiv	Passiv
Präsens	*Der Spieler* ***trifft*** *das Tor.*	*Das Tor* ***wird getroffen.***
Präteritum	*Der Spieler* ***traf*** *das Tor.*	*Das Tor* ***wurde getroffen.***

1 Wie spielt man „Kanupolo“?

a **Ordne den Bildern Sätze aus dem Wortspeicher zu. Schreibe die Sätze jeweils unter das Bild.**

Wortspeicher

Die Tore werden gezählt. Kanupolo wird auf einem rechteckigen Spielfeld auf dem Wasser gespielt. Die Spieler benutzen dabei die Hände oder ihre Paddel. Es werden zweimal zehn Minuten gespielt. Zwei Teams mit je fünf Spielern in Einerkajaks spielen gegeneinander. Ein Ball muss in das gegnerische Tor geworfen werden.

b **Prüfe die Sätze: Unterstreiche alle Sätze im Passiv.**

Information **Mit dem Passiv den Handelnden verschweigen**

Mit dem Passiv kann man den Handelnden (den „Täter") verschweigen.
So wird ausschließlich betont, mit wem oder mit was etwas geschieht.
Dabei wird das **Objekt** im Aktivsatz zum **Subjekt** im Passivsatz, z. B.:
Aktiv (mit „Täter"): ***Der Sportler** befestigt **das Segel.*** (Objekt im Aktivsatz)

Passiv (ohne „Täter"): ***Das Segel** wird befestigt.* (Subjekt im Passivsatz)
Mit *von* ... oder *durch* ... kann man im Passivsatz den „Täter" ergänzen, z. B.:
Passiv (mit „Täter"): ***Das Segel** wird **vom Sportler** befestigt.*

2 **Ein Handstand unter Wasser? Nichts einfacher als das!**

a **Unterstreiche in den folgenden Notizen zu einer Vorgangsbeschreibung alle Verben.**
b **Bilde zu jedem Verb das Partizip II. Notiere es jeweils hinter der Notiz in Klammern.**
c **Umrahme das Objekt (Wen oder was ...?).**

1. die Luft anhalten (*angehalten*)
2. den Körper vorbeugen (________________)
3. die Hände unter Wasser auf dem Boden abstützen (________________)
4. den Körper in die Gerade schwingen (________________)
5. den Rücken durchdrücken (________________)
6. die Füße strecken (________________)

3 **Schreibe die Sätze aus Aufgabe 2 im Passiv auf. Mache dabei in jedem Satz das Objekt zum Subjekt.**

1. Die Luft wird angehalten. 2. Der Körper wird ...

4 **Füge in die ersten drei Sätze jeweils „der Schwimmer" in der richtigen Form ein. Schreibe die Sätze neu auf.**

1. Die Luft wird von dem Schwimmer angehalten. 2. ...

5 **Wie geht das? Beschreibe in deinem Heft für eine der folgenden Wasserfiguren, was getan werden muss. Formuliere deine Sätze im Passiv, z. B.:**
Für eine Rückwärtsrolle unter Wasser wird zunächst die Luft angehalten. Danach ...

eine Rückwärtsrolle unter Wasser

ein Kopfsprung vom 3-Meter-Brett

eine Drehung um die eigene Achse beim Sprung vom 10-Meter-Brett

Im Wasser (Teil 1) – Aktiv und Passiv anwenden

1 ●○○

a Notiere zu den vier Bildern links, wer hier was tut. Schreibe deine Sätze im Aktiv auf.
b Beschreibe zu den Bildern rechts, was hier (mit wem oder was) getan wird.
Formuliere deine Sätze im Passiv. Nutze den Wortspeicher.

Wortspeicher

werfen – geworfen   ziehen – gezogen   eintauchen – eingetaucht   umhängen – umgehängt

Das Boot zieht den Wasserskifahrer.

Der Wasserskifahrer wird (vom Boot) gezogen.

Der Jurypräsident …

Die Medaillen …

Der Spieler …

Der Ball …

Der Ruderer …

Das Ruder …

2 ●○○

Schreibe deine Passivsätze aus Aufgabe 1 in die Vergangenheit um.
Ergänze die folgenden Satzanfänge.

Gestern wurde der Wasserskifahrer gezogen.

Vor einer Stunde wurden …

Gerade eben …

Vor einigen Sekunden …

Im Wasser (Teil 2) – Aktiv und Passiv anwenden

1 ●●●

a Umrahme in den folgenden Radiomeldungen A/B alle Verbformen im Aktiv.
b Unterstreiche alle Verbformen im Passiv.

A 100 Meter Freistil werden in 52,85 Sekunden geschwommen. ☐
B Britta Steffen schwimmt 100 Meter Freistil in 52,85 Sekunden. ☐

A Der Ärmelkanal wird in 11 Stunden und 40 Minuten durchschwommen. ☐
B Margit Bohnhoff durchschwimmt den Ärmelkanal in 11 Stunden und 40 Minuten. ☐

A Garrett McNamara reitet 30-Meter-Welle. ☐
B 30-Meter-Welle wird geritten. ☐

c Kreuze jeweils den Satz an, der deiner Meinung nach sinnvoller ist.
d Schreibe eine kurze Begründung für deine Wahl in dein Heft.

2 ●●●

a Lies die Meldungen aus dem Nachrichtenticker.
Welche könnten auch durch einen Passivsatz wiedergegeben werden? Kreuze diese Meldungen an.
Tipp: Überlege, wann auf den Handelnden verzichtet werden kann und eher die „Tat" im Vordergrund steht.
b Formuliere die von dir angekreuzten Sätze im Passiv.

+++ Unbekannte malen ein Graffito auf den Bus der Nationalmannschaft +++ Beim olympischen Wettkampf gewinnt die jüngste Teilnehmerin beim 100 Meter Freistil +++ Zuschauer bejubeln die Sieger beim Wasserhandball +++ Jemand sorgt für das leibliche Wohl der Athleten +++ Unbekannte stehlen die Medaille des Schwimmweltmeisters +++ Michael Phelps (USA) schwimmt 200 Meter Freistil in 1,43 Minuten +++ Touristen filmen berühmten Surfstar an der Küste Hawaiis +++ Eine Menschenmenge bedrängt Schwimmweltmeisterin am Flughafen +++

+++ Graffito wird auf den Bus der Nationalmannschaft gemalt +++

Teste dich! – Aktiv und Passiv

1 a Umrahme in der Zeitungsmeldung alle Aktivsätze und unterstreiche alle Passivsätze.

PUNKTE

Milliardär Branson mit dem Kitesurf über den Ärmelkanal

Der Brite Richard Branson (61) hat den Ärmelkanal mit einem Kitesurf erfolgreich überquert. Für die 48 Kilometer benötigte er knapp drei Stunden und war damit der älteste Kitesurfer, der jemals den Kanal überquerte. Beim Kitesurfen wird der Sportler auf einem kleinen Surfbrett von einem Lenkdrachen über das Wasser gezogen. Bereits 2004 hatte Branson sich in das Rekordbuch des Ärmelkanals eingetragen. Mit einem Amphibienfahrzeug überquerte er die 35 Kilometer lange Strecke von Dover nach Calais in einer Stunde und 40 Minuten. Der frühere Rekord lag bei rund sechs Stunden. Er wurde von zwei Franzosen gehalten.

b Ein Passivsatz steht in der Vergangenheit. Kreuze ihn an.

PUNKTE

2 Schreibe die vier folgenden Aktivsätze in Passivsätze um.

PUNKTE

Ein Team transportiert die Ausrüstung von R. Branson. Viele Zuschauer beobachten den Start. Fernsehreporter filmen die Überfahrt. Branson erreicht nach etwa drei Stunden das Ziel.

____

____

____

____

3 a Umrahme im folgenden Passivsatz die Handelnden.

PUNKTE

b Schreibe den Satz in einen Aktivsatz um.

PUNKTE

Der Erfolg wird von Branson und seinem Team gefeiert.

____

4 Zähle die Punkte, die du erreicht hast, mit Hilfe des Lösungsheftes zusammen (▶ S. 17).

GESAMT

☺ 14–11 Punkte	☺ 10–7 Punkte	☹ 6–0 Punkte
Gut gemacht!	Gar nicht schlecht! Wo hattest du Schwierigkeiten? Wiederhole die passenden Übungen auf S. 54–57.	Du solltest noch einmal üben! Arbeite die S. 54–57 erneut durch.

Sätze und Satzglieder – Luftige Erfindungen

Satzglieder bestimmen und verwenden

Information **Subjekt – Prädikat – Objekt**

■ Das **Prädikat** wird aus einem Verb gebildet. Ein Prädikat kann aus einem oder mehreren Teilen bestehen.	*Die Spinne **folgt** der Fliege.*	*Das Insekt **gibt** die Jagd **auf**.*
■ Vom Prädikat aus kann man das Subjekt erfragen. Das Subjekt steht immer im **Nominativ** ***(Wer oder was?)***.	*Wer oder was folgt?* ***die Spinne***	*Wer oder was gibt die Jagd auf?* ***das Insekt***
■ Mit Hilfe des Prädikats kann man auch nach **Objekten** fragen, falls es Objekte im Satz gibt. Objekte stehen meist im **Dativ** ***(Wem?)*** oder im **Akkusativ** ***(Wen oder was?)***.	*Wem folgt die Spinne?* ***der Fliege*** (Dativobjekt)	*Wen oder was gibt das Insekt auf?* ***die Jagd*** (Akkusativobjekt)

■ Die **Umstellprobe** zeigt, dass ein Satzglied immer eine Einheit bleibt, z. B.:
Die Spinne läuft langsam über das Wasser. *Langsam läuft die Spinne über das Wasser.*

1 **a** **Unterstreiche im folgenden Satz das Subjekt.**
b **Welches Tier könnte gemeint sein? Kreuze an.**

A Sie kann mit Hilfe einer besonderen Technik unter Wasser jagen: ☐ der Hai ☐ die Spinne ☐ die Wespe.

c **Schreibe den Satz in einer anderen Satzgliedstellung auf. Der Sinn soll sich nicht ändern.**

B ____

____

d **Markiere in beiden Sätzen A/B die Satzglieder in unterschiedlichen Farben.**
e **Kreuze die richtige Antwort an: Die beiden Sätze enthalten ein** ☐ **einteiliges** ☐ **zweiteiliges Prädikat.**

2 **a** **Akkusativ- oder Dativobjekt? Ergänze die Objekte im richtigen Fall.**
b **Umrahme Akkusativobjekte und unterstreiche Dativobjekte.**
Tipp: **Erfrage die Objekte mit „Wen oder was?" oder mit „Wem?".**

Unterwasserjagd mit Luftpolster

Die Wasserjagdspinne nutzt ________ ______________ (*die Luft*) auf besonders clevere Weise. Sie kann ________ ______________ (*ein Luftpolster*) bilden, sobald sie ins Wasser eintaucht. Das hilft ________ ______________ (*die Spinne*) beim Atmen und senkt ________ ______________ (*der Reibungswiderstand*). Mit Hilfe des Luftpolsters gelingt es ________ ______________ (*die Spinne*) zudem, trocken zu bleiben. Dieses Prinzip könnte ________ ______________ (*die Schifffahrt*) helfen: Eine entsprechende Beschichtung könnte ________ ______________ (*der Reibungswiderstand*) senken.

Sätze verknüpfen

Information

Satzreihe		Satzgefüge	
Hauptsatz *Einige Frösche können fliegen,*	**Hauptsatz** *(denn) sie besitzen Flughäute.*	**Hauptsatz** *Einige Frösche können fliegen,* Im Nebensatz steht die Personalform des Verbs am Satzende.	**Nebensatz** *weil sie Flughäute besitzen*
Mit bestimmten Verknüpfungswörtern (Konjunktionen) kann man Hauptsätze verbinden, z. B.: *denn, sondern, und, oder, aber.* **Tipp:** Vor *und* bzw. *oder* muss kein Komma zwischen den Hauptsätzen stehen.		**Mit bestimmten Verknüpfungswörtern** (Konjunktionen) kann man Haupt- und Nebensatz verbinden, z. B.: *weil, da, während, wenn, als, obwohl, damit, sobald, dass, indem, ...*	

1 **Betrachte das Bild. Warum können einige Fische fliegen? Drei mögliche Erklärungen stehen zur Auswahl.**

a **Verknüpfe den Hauptsatz links jeweils mit den Hauptsätzen rechts. Verwende das Verknüpfungswort *denn* und setze jeweils das Komma.**

b **Warum können sie fliegen? Kreuze die beiden richtigen Erklärungen an.**

Einige Fische können fliegen.

- Sie haben flügelartige Flossen.
- Sie springen meterhoch aus dem Wasser.
- Sie verstecken sich im Gefieder von Vögeln.

Einige Fische können fliegen, denn ... ☐

______________________________ ☐

______________________________ ☐

2 **a** **Überarbeite den folgenden Text im Heft. Verknüpfe mit Hilfe des Wortspeichers je zwei aufeinanderfolgende Sätze.**

Einige Tintenfische erinnern an Düsenjets. Sie gehen tatsächlich in die Luft. Blitzschnell schießen sie aus dem Meer empor. Sie pressen sämtliches Wasser aus ihren Körpern heraus. Bis zu zehn Meter weit lässt sie der Vortrieb „fliegen". Tintenfische haben keine Flügel. Sie plumpsen deshalb wieder ins Wasser zurück. Sie haben kein Wasser mehr im „Tank".

Wortspeicher

~~weil~~ obwohl wenn indem

Einige Tintenfische erinnern an Düsenjets, weil ...

b **Kreuze an: Mein überarbeiteter Text besteht aus** ☐ **Satzreihen** ☐ **Satzgefügen.**

Subjektsätze und Objektsätze verwenden

Information **Subjektsätze und Objektsätze**

Subjektsätze und Objektsätze sind **Nebensätze** (Gliedsätze).

- Im Satz nehmen Subjektsätze die Rolle des Subjekts (Wer oder was ...?) ein, z. B.:
  - Satz mit „einfachem" Subjekt: ***Der Reisende*** *erlebt so manche Überraschung.*
  - Satz mit Subjektsatz: ***Wer reist,*** erlebt so manche Überraschung.

  Subjektsatz Ein Komma trennt den Subjektsatz ab.

- Im Satz nehmen Objektsätze die Rolle eines Objekts (Wen oder was ...?) ein, z. B.:
  - Satz mit „einfachem" Objekt: *Wir verstehen* ***das Funktionieren der Luftspiegelung.***
  - Satz mit Objektsatz: *Wir verstehen,* ***wie die die Luftspiegelung funktioniert.***

  Ein Komma trennt den Objektsatz ab.

1 **Luft ist unsichtbar – bemerken können wir sie trotzdem.**

a **Unterstreiche jeweils das Subjekt in den folgenden Sätzen zum Thema „Luft". Frage: Wer oder was ...?**

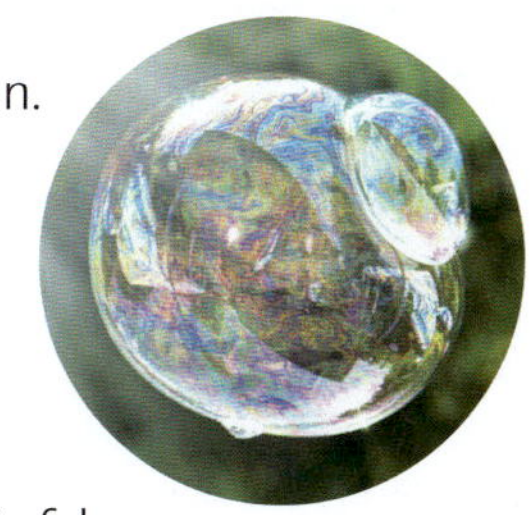

Der draußen Atmende kann kondensierten Wasserdampf in der Luft als weiße Wolke sehen.

Der Seifenblasen Herstellende kann Luft in Blasen „fangen".

Das draußen Dinge Aufwirbelnde ist Luft in Bewegung.

Das aus Schornsteinen mit der erwärmten Luft weiß Aufsteigende sind winzige Wassertröpfchen.

b **Sag es einfacher! Formuliere die vier Sätze zu Subjektsätzen um.**
Tipp: Bilde aus den von dir unterstrichenen Wörtern passende Verben. Setze die Kommas.

Wer draußen atmet, ...

Wer ...

Was draußen ...

Was ...

2 **Formuliere zu den folgenden Fragen sinnvolle Objektsätze.**

Gibt es Luft im Weltall? Wie atmen Fische? Gibt es Leben ohne Sauerstoff?

Ich würde gerne wissen, ob es Luft ...

, wie ...

Relativsätze verwenden

Information **Relativsätze**

Relativsätze sind Nebensätze. Sie werden durch ein **Relativpronomen eingeleitet,** das sich auf ein Wort im Hauptsatz bezieht. Sie werden **durch Komma** vom Hauptsatz abgetrennt, z. B.:

*Auf dem Tisch liegen die Gegenstände, **die** ich für das Experiment brauche.*

*Auf dem Tisch liegen die Gegenstände, mit **denen** ich das Experiment durchführen will.*

*Die Gegenstände, mit **denen** ich das Experiment durchführen will, liegen auf dem Tisch.*

Experiment: Was ist Luft?
- eine Glasschale, Durchmesser 30 cm - ein Wasserglas ohne Muster
- zusammengeknülltes Zeitungspapier

1 **Erläutere mit Hilfe der Bilder und der Notizen, wie das Experiment abläuft. Formuliere Relativsätze. Setze die Kommas.**

- Man benötigt eine Glasschale, die ...

- Man braucht ein Wasserglas, ...

- Man benötigt ...

2 **Ergänze in der folgenden Beschreibung des Experiments die fehlenden Relativpronomen und Kommas. Setze richtig ein: *der, die, das* oder *dem*?**
Tipp: Es fehlen 9 Kommas. Beachte in der Information den letzten Beispielsatz.

VORSICHT FEHLER!

Man drückt das Glas ____________ mit der Öffnung nach unten gehalten wird auf das Wasser. Dann taucht man das Glas in ____________ das Papier steckt ins Wasser. Das Glas ____________ mit Luft gefüllt ist bleibt leer. Und das Papier ____________ in dem Glas steckt bleibt trocken. Das Experiment beweist: Luft ist ein Element ____________ ein Volumen hat und Raum einnimmt.

Attribute verwenden

Information **Attribute (Beifügungen)**

- **Attribute beschreiben ein Bezugswort** (meist ein Nomen) **näher.**
- Sie sind Teil eines Satzglieds und bleiben bei der Umstellprobe **fest mit dem Bezugswort verbunden,** z. B.:
  Ein langer Strohhalm macht die Veränderung des Luftdrucks sichtbar.
  Die Veränderung des Luftdrucks macht ein langer Strohhalm sichtbar.
- Es gibt verschiedene Formen des Attributs, z. B.:
  – Adjektivattribut: *ein langer Strohhalm*
  – Präpositionalattribut: *die Flasche mit weiter Öffnung*
  – Genitivattribut: *der Erfolg des Experiments*

1 **Mit Luft das Wetter vorhersagen? Der folgende Versuch zeigt dir, wie das geht.**

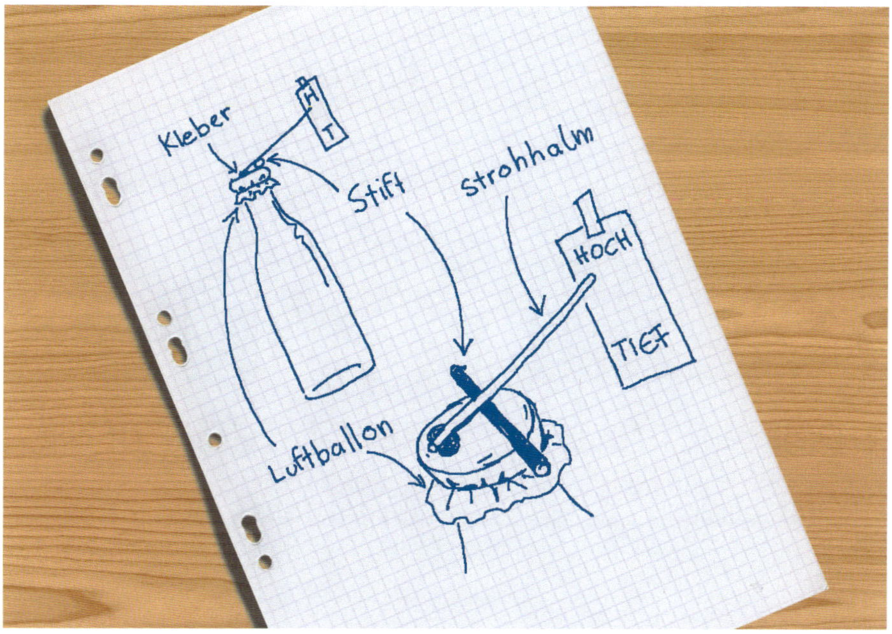

Das Barometer

Bei schönem Wetter wird der Luftdruck stärker. Dann presst er die Gummihaut auf der Flaschenöffnung nach innen und der Halm zeigt nach oben.
Bei schlechtem Wetter verringert sich der Druck und der Halm zeigt nach unten.

a **Zu dem Versuch wurden im Folgenden einige Notizen verfasst. Die Angaben könnten genauer sein. Ergänze die unterstrichenen Wörter auf dem Notizzettel durch nähere Angaben aus dem Wortspeicher. Schreibe im Heft die Sätze neu auf und setze, wenn nötig, Kommas.**

Wortspeicher

~~weite~~ des Strohhalms glatte mit einem Streichholz und einem Strohhalm des Zettels

– Die Flaschenöffnung wird mit einem Stück Luftballon verschlossen.
– Die Konstruktion wird hoch- und niedergedrückt.
– Der äußere und untere Rand wird mit „Hoch“ und „Tief“ beschriftet.
– Die Gummihaut wird nach unten gedrückt, wenn der Druck stärker wird.
– Die Position zeigt an, ob das Wetter besser oder schlechter wird.

Die weite Flaschenöffnung wird mit einem Stück Luftballon verschlossen. …

b Umrahme Adjektivattribute, umkreise Präpositionalattribute und unterstreiche Genitivattribute.

Im Labor (Teil 1) – Relativsätze ergänzen, Attribute bestimmen

1 **Beantworte: Wofür braucht man die unten abgebildeten Dinge?**

●○○ **a** **Ergänze mit Hilfe des Wortspeichers unter den Bildern einen passenden Relativsatz.**

b **Umrahme in jedem Relativsatz das Relativpronomen. Setze die Kommas.**

Wortspeicher

der Flüssigkeiten aufbewahrt   mit dem man die Temperatur misst   mit dem man Flüssigkeiten umfüllt
~~das Dinge vergrößert~~   mit dem man kleine Gegenstände greift   die Flüssigkeiten einsaugt

Das Mikroskop ist ein Gerät, [das] Dinge vergrößert.

Die Pinzette ist ein Werkzeug

Das Reagenzglas ist ein Behälter

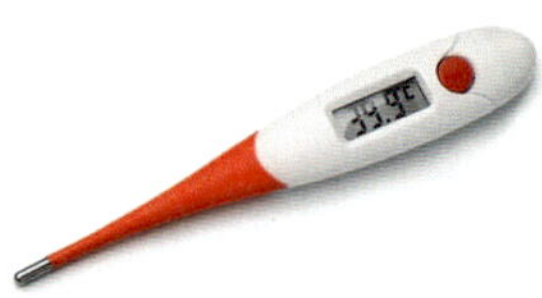

Das Thermometer ist ein Werkzeug

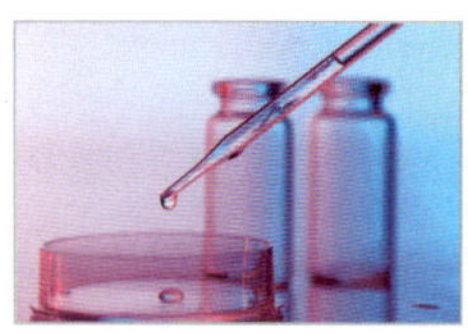

Die Pipette ist eine Glasröhre

Der Glaszylinder ist ein Gegenstand

2 **In jedem der folgenden Sätze A bis F befindet sich ein Attribut.**

●○○ **a** **Bestimme in jedem Satz die Satzglieder mit Hilfe der Umstellprobe. Unterstreiche jedes Satzglied.**

b **Umrahme in jedem Satz das Attribut.**

c **Bestimme jedes Attribut. Kreuze an: Adjektivattribut = Adj., Präpositionalattribut = Präp., Genitivattribut = Gen.**

	Adj.	Präp.	Gen.
A Das [teure] Mikroskop vergrößert besonders gut.	X		
B Die Arbeit mit der Pinzette erfordert Geschicklichkeit.			
C Die Größe des Reagenzglases ist genau richtig.			
D Das Thermometer an der Wand ist ungenau.			
E Die Öffnung der Pipette ist fein.			
F Der schmale Glaszylinder hilft beim Umfüllen.			

Im Labor (Teil 2) – Relativsätze bilden, Attribute einsetzen

1 ●●● **Verknüpfe die Hauptsätze in der Tabellenspalte links mit beiden Aussagen in der Spalte rechts. Füge diese Relativsätze mit passenden Relativpronomen an und setze jeweils das Komma davor.**

Wir erklären den Versuch.	durch ... Luft sichtbar wird.	... vorher immer wieder scheiterte.
Du stellst Fragen.	mit ... wir nicht gerechnet haben.	... wir jetzt beantworten können.
Wir fanden eine Lösung.	... uns überraschte.	über .... wir uns wunderten.

Wir erklären den Versuch, durch den Luft sichtbar wird.

Wir erklären den Versuch, ...

2 ●●● **Bilde aus den folgenden Sätzen ungewöhnliche Zeitungsmeldungen, indem du ein Genitivattribut ergänzt.**

Die Entdeckung sorgt für eine Sensation.

Das Verschwinden wirft Fragen auf.

Das Auftauchen sorgt für Chaos.

Die Lösung überrascht die Wissenschaft.

Die Entdeckung des neuen Planeten sorgt für eine Sensation.

3 ●●● **Sag es kürzer! Schreibe jeden Relativsatz in einen Hauptsatz mit einem Adjektivattribut um.**

A Der Professor, der alt ist, erklärt den Ablauf des Versuchs.

Der alte ...

B Das Publikum, das aufmerksam ist, beobachtet den Ablauf.

C Der Versuch, der kompliziert ist, glückt.

Adverbiale Bestimmungen verwenden

Information **Adverbiale Bestimmungen – Angaben zu näheren Umständen**

- **Genauere Umstände eines Geschehens** werden mit **adverbialen Bestimmungen** angegeben.

adverbiale Bestimmung	Fragen	Beispiel
der Zeit	Wann? Wie lange? Seit wann? ...	***Gerade*** *bewegt sich ein Ball*
des Ortes	Wo? Von wo? Wohin? ...	***im Luftstrom***
der Art und Weise	Wie? Woraus? Womit? ...	***langsam*** *um sich selbst und wird*
des Grundes	Warum? Warum nicht? ...	***auf Grund eines Zusammenspiels von ...***

- Wenn **nur ein Wort** die adverbiale Bestimmung bildet und dieses Wort **nicht veränderlich** ist, nennt man es **Adverb** (▶ S. 44), z. B.: *dort, gestern, anders.*

1 a **Welche „Luft"-Erfindung wird im Folgenden gesucht? Kreuze an.**

- ☐ der Kühlschrank
- ☐ der Ventilator
- ☐ die Klimaanlage

... kann auch an der Decke hängen.
... wurde wegen starker Hitze gebaut.
... kühlt Raumluft durch sich bewegende bzw. rotierende Metallblätter.
... wurde 1902 erfunden.

b **Markiere die adverbialen Bestimmungen, die in den Sätzen verwendet werden, in den folgenden Farben: adverbiale Bestimmung der Zeit (Gelb), des Ortes (Grün), der Art und Weise (Blau), des Grundes (Orange).**

c **Erfrage jede adverbiale Bestimmung: Notiere im Heft die passende Frage und nenne die Erfindung, die in Aufgabe 1 a gesucht wird:** *Wann wurde ...*

2 a **Können Bälle tanzen? Wenn du in der nachstehenden Beschreibung die fehlenden adverbialen Bestimmungen aus dem Wortspeicher ergänzt, weißt du, wie es funktioniert.**
Tipp: Zwei adverbiale Bestimmungen aus dem Wortspeicher lassen sich nicht sinnvoll einsetzen.

Wortspeicher
Wegen der Schwerkraft   auf den Boden   in der Luft   In den Windstrom   auf die Vorderseite
Nach einer Weile   sicher   Auf Grund des Windstroms

Man legt einen eingeschalteten Ventilator ______________________. Die Ventilatorenblätter zeigen nach oben. ______________________ hält man einen leichten Ball. ______________________ tanzt dieser ______________. Wie das funktioniert? ______________________ wird der Ball hochgeblasen. Der Luftdruck gleicht aus und drückt dagegen. So wird der Ball __________ in seiner Position gehalten.

b **Markiere die unterschiedlichen adverbialen Bestimmungen wie in Aufgabe 1 b farbig.**

Adverbialsätze verwenden – Temporalsätze

Information Temporalsätze – Adverbialsätze der Zeit

- Mit **Temporalsätzen** kann man die **zeitliche Reihenfolge verdeutlichen.**
  Man nutzt dazu **Verknüpfungswörter** (Konjunktionen) wie *während, bevor, nachdem, sooft, ...*

Temporalsatz	Beispiel	Erläuterung
Vorzeitigkeit	***Nachdem er alles geprüft hatte,*** *leitete er den Start ein.*	erstes Geschehen im Nebensatz folgendes Geschehen im Hauptsatz
Gleichzeitigkeit	***Während er die Stadt überflog,*** *beobachtete er die Landschaft.*	gleichzeitiges Geschehen im Neben- und Hauptsatz
Nachzeitigkeit	***Bevor er landete,*** *drehte er noch eine Runde.*	erstes Geschehen im Hauptsatz folgendes Geschehen im Nebensatz

1 Im Jahr 1783 stieg der Physiker Jacques Charles mit einem Heißluftballon in den Himmel.

a Formuliere zu diesem Ereignis Temporalsätze: Verknüpfe den Hauptsatz A jeweils mit den Sätzen 1 bis 3. Nutze die in den Bildern genannte Satzverknüpfung.
Tipp: Denke an das Komma zwischen Hauptsatz und Temporalsatz.

A Er flog mit einem Heißluftballon.

2 Er genoss die Aussicht.

1 Er hatte sich gut vorbereitet.

3 Die Zuschauer bejubelten ihn.

1 Er hatte sich gut vorbereitet, bevor ...

2

3 er mit dem Ballon geflogen war, ...

b Kennzeichne in den Sätzen 1 bis 3 die Verknüpfungswörter unterschiedlich:
Vorzeitigkeit, Gleichzeitigkeit , Nachzeitigkeit.

Adverbialsätze verwenden – Kausalsätze

Information **Kausalsätze – Adverbialsätze des Grundes**

- Mit **Kausalsätzen** kann man **Gründe und Ursachen einer Handlung oder eines Zustandes** angeben.
  Man nutzt dazu vor allem die **Verknüpfungswörter** (Konjunktionen) *da* und *weil*.
  Kausalsätze lassen sich durch adverbiale Bestimmungen des Grundes ersetzen – und umgekehrt.

Kausalsatz (Adverbialsatz des Grundes)	Fragen	adverbiale Bestimmung des Grundes
Viele Tiere kehren zu ihren Besitzern zurück, ***weil sie einen guten Orientierungssinn haben.***	Warum? Aus welchem Grund? Weshalb?	*Viele Tiere kehren* ***wegen ihres guten Orientierungssinns*** *zu ihren Besitzern zurück.*

1 **Eine Zeitung meldet folgende Schlagzeile:**

Katze Emily fliegt über den Atlantik

Finde einen möglichen Grund für den Flug der Katze. Verknüpfe die Schlagzeile mit einem Kausalsatz. Verwende die Konjunktion *da* oder *weil*. Setze das Komma zwischen Hauptsatz und Kausalsatz.

Katze Emily fliegt über den Atlantik …

2 **Möchtest du wissen, was hinter der Schlagzeile steckt?**
Verknüpfe mit *weil* zwei Sätze zu einem Satzgefüge mit einem Kausalsatz.
Tipp: Denke an das Komma zwischen Hauptsatz und Kausalsatz.

Emilys amerikanische Besitzer waren traurig. Ihre Katze war entlaufen.

Emilys amerikanische Besitzer waren traurig, weil …

Sie reiste mit dem Schiff nach Europa. Sie war beim Streunen in einen Schiffscontainer gelangt.

Emily landete in einer Stadt in Frankreich. Der Container wurde dorthin transportiert.

Ein Tierarzt konnte Emilys Besitzer anrufen. Er fand die Telefonnummer auf dem Katzenhalsband.

Emily flog umsonst nach Hause. Eine Fluggesellschaft spendierte das Ticket.

Adverbialsätze verwenden – Modalsätze

Information Modalsätze – Adverbialsätze der Art und Weise

- Mit **Modalsätzen** kann man angeben, **auf welche Art und Weise etwas geschieht.** Man nutzt dazu z. B. die **Verknüpfungswörter** (Konjunktionen) *indem, wobei* und *dadurch dass/ohne dass.* Modalsätze lassen sich durch adverbiale Bestimmungen der Art und Weise ersetzen – und umgekehrt.

Modalsatz (Adverbialsatz der Art und Weise)	Fragen	adverbiale Bestimmung der Art und Weise
Drachenflieger steigen empor, ***indem sie den warmen Aufwind nutzen.***	Wie? Mit welchen Mitteln? Unter welchen Begleitumständen?	*Drachenflieger steigen* ***durch Nutzung des warmen Aufwinds*** *empor.*
*Drachenflieger schweben****, ohne dass sie einen Motor brauchen.***		*Drachenflieger schweben* ***ohne den Gebrauch eines Motors.***

1 **Wie bewegen sich die Fahrzeuge fort? Erläutere dies unter den Bildern mit Hilfe von Modalsätzen. Verwende die Konjunktion *indem* und nutze den Wortspeicher.**
Tipp: Denke an das Komma zwischen Hauptsatz und Modalsatz.

Wortspeicher

Druckluft treibt den Motor an Luft wird unter den Schiffsboden geblasen Luft wird erhitzt

Der Heißluftballon fliegt, indem ______

Das Luftkissenboot gleitet … ______

Das Auto fährt … ______

VORSICHT FEHLER!

2 **Hier sind Modalsätze durcheinandergeraten. Außerdem fehlen alle Kommas.**
a Unterstreiche in jedem Satzgefüge den Modalsatz.
b Schreibe die Sätze so auf, dass sie wieder stimmen. Setze die Kommas.

Flugzeuge fliegen indem sie mit den Flügeln schlagen. Frisbeescheiben fliegen indem sie den Auftrieb nutzen. Vögel fliegen indem sie kräftig in die Luft geworfen werden. Menschen fliegen indem Luft erhitzt wird. Heißluftballons fliegen indem sie in ein Flugzeug steigen.

Der Traum vom Fliegen (Teil 1) – Adverbialsätze bilden

1 ●○○ **Mit Skiern fliegen? Der folgende Text erklärt, in welcher Reihenfolge ein Sportler dazu vorgehen muss.**

a Ergänze die fehlenden Verknüpfungswörter (Konjunktionen) aus dem Wortspeicher. Setze die Kommas.

Wortspeicher

wenn bevor sobald nachdem während

Ein gründliches Training ist nötig ____________ Sportler auf Skiern von riesigen Schanzen springen können. Für einen Absprung muss der Sportler in die Hocke gehen ____________ er die steile Anlaufspur hinabfährt. Er muss dann abspringen ____________ er den richtigen Punkt an der Kante des Schanzentisches erreicht hat. Die Landung muss eingeleitet werden ____________ der Sportler dem Hang nahe kommt. Für seinen Sprung erhält der Skispringer eine bestimmte Punktzahl ____________ Sprungweite, Haltung und Windfaktor bewertet worden sind.

b Kennzeichne die Verknüpfungswörter im Text unterschiedlich: Vorzeitigkeit, Gleichzeitigkeit, Nachzeitigkeit.

2 ●○○ **Starten – springen – landen! Wie geht das denn?**
Bilde mit *indem* aus den folgenden Hauptsätzen Satzgefüge mit je einem Modalsatz.
Tipp: Denke an das Komma zwischen Hauptsatz und Modalsatz.

Der Skispringer gewinnt nach dem Start an Tempo.	Er geht auf der Anlaufspur in die Hocke.
Der Sportler schwebt auf einem Luftpolster.	Er legt seinen Körper zwischen die geöffneten Ski.
Der Athlet landet sicher.	Er spreizt die Arme und macht einen Ausfallschritt.

Der Skispringer gewinnt nach dem Start an Tempo, indem ...

____

____

____

3 ●○○ **a Was gefällt Sportlern am Skispringen? Lies dazu die folgenden Aussagen.**

„Ich liebe den Nervenkitzel!“ „Ich möchte meine Angst überwinden!“ „Ich bin einfach gern in der Luft!“

b Formuliere die Aussagen um. Bilde Kausalsätze.
Verwende passende Verknüpfungswörter und setze die Kommas.

Ich mag Skispringen, weil ich ...

Mir gefällt Skispringen ...

Skifliegen liegt mir ...

Der Traum vom Fliegen (Teil 2) – Adverbialsätze bilden

1 ●●● **Schreibe einen zusammenhängenden Text zum Thema „Wie Segelflugzeuge starten".**
Verknüpfe immer zwei aufeinanderfolgende Sätze zu einem Satzgefüge mit Temporalsatz.
Verdeutliche die zeitliche Abfolge durch passende Verknüpfungswörter. Setze das Komma.

1. Der Wagen mit der Winde fährt an das Startbahnende. + 2. Das Seil wird aus der Winde herausgezogen.
3. Das Seil wird am Flugzeug befestigt. + 4. Der Wagen mit der Winde zieht das Seil an.
5. Das Flugzeug schwebt in der Luft. + 6. Das Seil hakt sich automatisch aus.
7. Das Flugzeug steigt immer höher. + 8. Warme Luftmassen werden erreicht.

Sobald der Wagen mit der Winde an das Startbahnende gefahren ist, …

2 ●●● **Formuliere um: Sag es mit einem Modalsatz.**

a Unterstreiche in jedem Satz die adverbialen Bestimmungen.

b Ersetze die adverbialen Bestimmungen durch einen Modalsatz.
Nutze passende Verknüpfungswörter. Setze jeweils das Komma.

Das Flugzeug hebt durch das schnelle Einziehen des Windenseils ab.

Das Flugzeug steigt durch die Nutzung warmer Luftschichten auf.

Das Flugzeug fliegt durch Umsetzung von Energie in Fluggeschwindigkeit.

c Formuliere das Folgende mit einem Kausalsatz.
Nutze ein passendes Verknüpfungswort. Setze das Komma.

Segelfliegen ist wegen des Erlebens absoluter Stille sehr beliebt.

Texte überarbeiten

1 Bereite deine Überarbeitung des folgenden Schülertextes vor.

a Es fehlen 3 Kommas. Markiere die 3 Textstellen. Begründe kurz die Kommasetzung in der rechten Randspalte.

b Die im Text unterstrichenen Sätze kannst du miteinander verknüpfen.
Notiere ein passendes Verknüpfungswort (Konjunktion) in der Randspalte.

Tipps:
- Einmal können Sätze zu einer Satzreihe oder zu einem Satzgefüge mit einem Kausalsatz verknüpft werden.
- Zweimal können Sätze zu einem Satzgefüge mit einem Relativsatz verknüpft werden.
- Einmal können Sätze zu einem Satzgefüge mit einem Modalsatz verknüpft werden.

VORSICHT FEHLER!

Wenn Schlangen fliegen

Schlangen werden zu den Kriechtieren gezählt weil sie in der Regel am Boden zu finden sind. Eine Schlangenart aber sticht hervor. Sie bewegt sich auf ungewöhnliche Weise fort. Die Schmuckbaumnatter aus Südostasien kann fliegen obwohl sie keine Flügel besitzt. Forscher haben nun untersucht wie sich die Schlangen in der Luft fortbewegen. Die Reptilien bewegen sich von Ast zu Ast. Sie machen ihren Körper platt und verdoppeln ihre Breite. Die Schlangen bewegen sich schnell hin und her. Die Schlangen nutzen den Auftrieb wie Flugzeuge. Durch die Anwendung dieser Technik fliegen die Schmuckbaumnattern bis zu 20 Meter weit. Ähnlich talentiert sind die Flughörnchen. Die Flughörnchen breiten zum Fliegen einfach ihre Hautfalten an den Beinen aus.

Komma: Satzgefüge mit Kausalsatz

Satzgefüge mit „weil" oder Satzreihe mit „denn" möglich

c Schreibe den Text mit Hilfe deiner Vorbereitung neu auf. Platz dazu findest du auf der nächsten Seite.
Tipp: Denke auch an die Kommasetzung.

Wenn Schlangen fliegen

Schlangen werden zu den Kriechtieren gezählt, weil sie in der Regel am Boden zu finden sind. Eine Schlangenart aber sticht hervor, ...

2 Prüfe die Verknüpfung von Satz 2 und 3.
Erkläre knapp, warum sich hierfür das Verknüpfungswort *denn* eignet.

3 a Kreuze die richtige Antwort an: Der Satz
„..., wie sich die Schlangen in der Luft fortbewegen“ ist ein ☐ Subjektsatz ☐ Relativsatz ☐ Objektsatz.
b Schreibe den Satz um. Notiere ihn als Satz mit einem einfachen Objekt.

4 a Unterstreiche im Satz *„Durch die Anwendung dieser Technik ...“* die adverbiale Bestimmung der Art und Weise.
b Formuliere die adverbiale Bestimmung zu einem Modalsatz um.

5 Vergleiche die Lösungen zu Aufgabe 3 und 4 mit deiner bisherigen Textüberarbeitung.
Kreuze jeweils die Formulierung an, die deiner Meinung nach besser passt.

Teste dich! – Adverbialsätze

1 a Welches Verknüpfungswort (Konjunktion) aus dem Wortspeicher passt jeweils in den folgenden Text? Ergänze die Lücken. Setze die fehlenden Kommas. PUNKTE

Wortspeicher
indem da während weil indem

Wie kann ein Flugzeug fliegen?

Das Flugzeug wird stark beschleunigt ____________ es über die Startbahn fährt. Die Luft wird durch die Tragflächen geteilt ____________ ein Teil der Luft über die Tragfläche, ein anderer Teil unter der Tragfläche entlangfließt. Dabei hat die Luft auf der oberen Seite einen längeren Weg ____________ die Tragfläche oben gewölbt ist. Das Flugzeug fliegt ______________ es diese beiden Luftströmungen nutzt. Es hebt schließlich ab ____________ die Luft an der Unterseite einen stärkeren Druck ausübt als die an der Oberseite.

b Bestimme wie folgt: Temporalsatz, Kausalsatz, Modalsatz. PUNKTE

2 a Verknüpfe die Hauptsätze zu einem Satzgefüge mit einem Temporalsatz. Wähle aus dem Wortspeicher. PUNKTE

Wortspeicher
als bevor nachdem

1903 sorgten die Brüder Wright für eine Sensation. Sie stiegen mit dem ersten Motorflugzeug in die Luft.

____

b Verknüpfe die beiden Hauptsätze zu einem Satzgefüge mit einem Kausalsatz. PUNKTE

Bis heute sind die Brüder Wright berühmt. Sie bauten das erste Motorflugzeug der Welt.

____

c Verknüpfe die beiden Hauptsätze zu einem Satzgefüge mit einem Modalsatz. PUNKTE

Der Propeller des ersten Motorflugzeugs drehte sich. Er wurde über eine Kette von einem Motor angetrieben.

____

3 Zähle die Punkte, die du erreicht hast, mit Hilfe des Lösungsheftes zusammen (▶ S. 20). GESAMT

☺ 13–10 Punkte	😐 9–7 Punkte	☹ 6–0 Punkte
Gut gemacht!	Gar nicht schlecht! Wo hattest du Schwierigkeiten? Wiederhole die passenden Übungen auf S. 66–73.	Du solltest noch einmal üben! Arbeite die S. 66–73 erneut durch.

Das kann ich schon! – Rechtschreibstrategien

1 **Prüfe, wie gut du deine Rechtschreibstrategien beherrschst. Ordne die folgenden Wörter in die Tabelle ein: Mit welcher Strategie kannst du die Schreibungen herausfinden?**

PUNKTE

die Zähne die Erdkugel der Zug die Wegbeschreibung der Schlüssel

das Pfund der Ballkünstler die Zäune der Zwerg die Winde die Gemäuer

gesund der Himmel die Gesundheitstage die Ernte aufräumen

2 **Trage das Strategiezeichen für die entsprechende Strategie ein.**

PUNKTE

Strategiezeichen	Steht für das:
	Schwingen (Laut-Buchstaben-Zuordnung): Man schreibt, wie man spricht.
	Ableiten: um die Verwechslung von *e* und *ä*, *eu* und *äu* zu vermeiden.
	Zerlegen: um unklare Stellen in zusammengesetzten Wörtern herauszufinden.
	Verlängern: um unklare Auslaute und Einsilber deutlich zu hören.

3 **a Schreibe die folgenden Wörter richtig auf: Ergänze *i* oder *ie*.**

PUNKTE

b Ordne den Wörtern das richtige Strategiezeichen zu. Zeichne es davor.

PUNKTE

☐ die L?be die S?be der W?nter z?ren s?ben w?gen l?gen

☐ z?ht kr?cht fl?ßt z?rt v?l schw?mmt

☐ die Z?rnaht die Fl?ßgeschwindigkeit der S?bdruck die Z?lgerade

4 **a Wende die Rechtschreibstrategien an: Finde in den Sätzen A bis D die Fehlerwörter und verbessere sie.**

PUNKTE

A Der Sohn schickte seiner Familie eine Grusskarte mit herzlichen Grüssen aus dem Urlaub.
B Das schlechte Wetter liess sie verdriesslich werden, was zu Verdruß bei ihrer Freundin führte.
C Draussen auf der Strasse leuchtete die Strassenlaterne die dunklen Ecken aus.
D Der Schneider braucht das Massband, um die Länge des Kleides zu meßen.

____

____

b s-Schreibung, Großschreibung, Doppelkonsonanten, ie-Schreibung? Welcher Fehlerschwerpunkt liegt in den Sätze A bis D vor? *Fehler in der* __________ *-Schreibung*

PUNKTE

5 **a Markiere die Fehler in dem folgenden Text. Berichtige sie.**
b Benenne den Fehlerschwerpunkt: *Fehler in der Schreibung des* ______________________

PUNKTE

Geocaching – Ein moderner Freizeitspaß

Geocaching ist eine moderne Form der Schnitzeljagd. Wie bei der traditionelen Schnizeljagd wird ein Schatz in der Natur verstekt, den es zu finden gilt. Neu ist aber, dass man für diesen Freizeitspass ein GPS-Gerät benötigt. Der Versteker des Schazes notiert die GPS-Koordinaten der Stele, an der er sein Cache, seinen Schatz, versteckt hat, und veröfentlicht die Daten mit einer Beschreibung des Fundortes im Internet. Die Mitspieler gehen nun mit Hilfe eines Navigationsgerätes los, um den Schatz zu finden.

____

____

____

6 **a Markiere auch die Fehler in der Fortsetzung des Textes. Korrigiere sie direkt im Text.**

PUNKTE

b Benenne den Fehlerschwerpunkt: ______________________

PUNKTE

Was ist aber nun der schatz? Meistens besteht er aus einem behälter, in dem sich ein Logbuch und vielleicht tauschgegenstände befinden. Für den Schatz lohnt sich die Mühe also nicht. Aber der finder kann sich in das Logbuch eintragen und den Gegenstand eintauschen, und er kann seinen fund im Internet bekannt geben. Er kann auch selber ein neues versteck anlegen und die Koordinaten veröffentlichen. Am wichtigsten ist aber wohl der spass, draußen mit anderen etwas zu unternehmen. Das bewegen in der Natur ist darüber hinaus sehr gesund und schafft einen Sinnvollen Ausgleich zum langen sitzen in der Schule, vor dem Computer und dem Fernseher.

7 **Zähle deine Punkte mit Hilfe des Lösungsbeilegers zusammen (▶ S. 21). Wo hast du noch Probleme?**

GESAMT

Rechtschreibstrategien anwenden – Fehler vermeiden

Strategie Schwingen – Wörter deutlich in Silben sprechen

Methode **Wörter schwingen**

Viele deutsche Wörter sind **lauttreu**, d. h.: Wir ordnen **jedem** gesprochenen **Laut Buchstaben** zu.
- Wenn man die Wörter **deutlich in Silben mitspricht**, hört man, **mit welchen Buchstaben sie geschrieben** werden. Das nennt man **Wörter schwingen**, z. B.: *Win ter, Far be, Me lo ne, Schu he, Schach teln.*
- Einige Laut-Buchstaben-Zuordnungen muss man kennen, z. B.: ***„kw"*** schreibt man ***qu*** (*Quelle, Quark*).

1 **a** **Im folgenden Wortgitter findest du 12 lauttreue Wörter. Schreibe sie auf und zeichne die Silbenbögen.**

L	K	U	C	H	E	N	A	I	E	L
I	N	B	M	Ä	M	A	L	E	R	Y
P	Q	Ö	R	E	G	E	L	Ä	B	I
K	I	R	S	C	H	E	K	O	F	F
H	G	M	D	O	S	E	S	C	A	K
W	C	S	A	U	E	R	I	D	M	Y
X	Q	U	B	A	U	E	R	N	N	Ö
E	K	F	N	H	Ö	F	E	E	O	E
J	Ö	P	I	N	S	E	L	P	K	W
Y	D	H	E	F	T	E	G	S	N	I
T	S	E	I	F	E	H	O	S	E	T

b **Bilde im Heft aus den Wörtern mindestens 4 Zusammensetzungen, die lauttreu sind.**

2 **Vergleiche die folgenden Wörter in ihrer Schreibung.**
Beschreibe mit Hilfe des nebenstehenden Lückentextes Gemeinsamkeiten und Unterschiede.

niederländisch	deutsch	
kwaken Kwark Kwartier Kwaliteit	quaken Quark Quartier Qualität	Man spricht in beiden Sprachen __________. Im Niederländischen schreibt man __________, im Deutschen __________.

3 **Schreibe die Wörter mit *qu* aus der Textschlange heraus. Füge im Heft bei den Nomen den richtigen Artikel hinzu.**

QUOTEQUADRATQUETSCHUNGQUELLEBEQUEMÄQUATORQUANTUM
QUITTUNGQUETSCHENQUITTENBROTQUIETSCHENQUERSCHNITTQUASTE

Strategie Verlängern – Einsilber und unklare Auslaute

Methode **Wörter verlängern**

- Bei einsilbigen Wörtern und am Wortende gilt die eindeutige Laut-Buchstaben-Zuordnung nicht immer, z. B.: *der Zwer**g**, der Unfa**ll**.*
- Hier hilft die Strategie Verlängern. **Verlängern** heißt: **Man fügt an das Wort eine Silbe an.** Danach kann man die **Wörter wieder schwingen**, z. B.: *die Zwer **g**e, die Un fä**l** le.*
- Das Verlängern hilft auch, um die jeweilige **Wortart zu erkennen**, z. B.:
  *der Zwer**g** – **die** Zwer **g**e = Nomen,* *ste**ll**t – wir stel **l**en = Verben,* *kru**mm** – kru**m** **m**er als = Adjektiv.*

1 **Kreuze an: Welche Wörter werden am Ende anders gesprochen, als sie geschrieben werden?**

☐ das Schaf	☐ der Gepard	☐ das Kamel	☐ der Leopard	☐ der Hund
☐ hell	☐ rund	☐ schön	☐ mild	☐ müd
☐ lebt	☐ hebt	☐ malt	☐ schwimmt	☐ summt

2 **Mit Hilfe der jeweiligen Verlängerung kannst du Verben, Nomen und Adjektive sicher unterscheiden. Ordne die Verlängerungswörter aus Aufgabe 2 richtig in die Tabelle ein.**
Tipp: Setze Nomen in die Mehrzahl, steigere Adjektive und setze Verben in eine andere Personalform.

Nomen: *die ...*	Adjektive: *... er als*	Verben: *wir ...*

3 **a Unterstreiche in dem folgenden Text 10 Wörter mit einem unklaren Auslaut, die verlängert werden müssen.**
b Schreibe im Heft die Wörter mit ihren Verlängerungswörtern auf.

Mongolei – Spiel mit Schafsknochen

Viele Nomadenkinder in der Mongolei haben keine Spielesammlungen. Daher wird häufig mit den Knochen von Schafsgelenken gespielt, die man in der Mongolei Schagei nennt.
Der kleinste Knochen des Knöchels wird als Würfel genutzt, weil er fast viereckig ist. Er zeigt vier verschiedene Positionen an: Schaf, Ziege, Pferd oder Kamel.
Das einfachste Spiel geht so: Man verteilt die Schagei auf dem Boden und wirft den Würfel hoch in die Luft. Solange sich der Würfel in der Luft befindet, muss man mit der Wurfhand möglichst viele Knochen vom Boden aufsammeln. Das braucht großes Geschick.
Wenn die Kinder mit den Schagei Pferderennen spielen, wird eine lange Reihe von Knochen aufgebaut, die festlegt, wie viele Schritte zum Sieg nötig sind. Die beiden Spielpartner legen rechts bzw. links dieser Reihe ihren Spielknochen und würfeln mit insgesamt vier Knöcheln. Aber nur wer ein Pferd würfelt, darf seinen Spielstein weitersetzen. Wer also Glück hat, kann vier Schritte weitergehen, wer Pech hat, kann keinen Schritt tun. Es gewinnt, wer zuerst ankommt.

Einsilbige Verbformen verlängern

Methode **Einsilbige Verbformen richtig verlängern**

- Einsilbige Verbformen kann man durch Verlängern sicher schreiben, z. B.: *Er schrei**b**t – wir schrei **b**en.*
- Das Partizip II (▶ S. 48) wird meist mit der Vorsilbe **ge** gebildet. Wenn vorhanden, trennt man diese Vorsilbe ab und verlängert dann den Einsilber, z. B.: *Er hat ge le**b**t – wir le **b**en.*

1 **Die Schreibweise einsilbiger Verbformen ist nicht immer hörbar.**

a Markiere in den folgenden Verbformen die Stelle, die man nicht hören kann: ***er/sie/es …***

kennt lebt rennt nennt kommt knurrt bellt kriegt birgt erlebt
verlebt belebt bekennt erkennt benennt erstellt versagt beklebt

b Kreuze die zutreffenden Aussagen an.

- ☐ Das *t* am Wortende gehört zu der Verbform.
- ☐ Die unklare Stelle liegt vor dem *t*.
- ☐ Das *t* am Ende schreibt man anders, als man es spricht.

c Begründe im Heft die Schreibweise der Verbform durch die Verlängerungsform mit: *wir …*

2 **a Ordne die folgenden 15 Partizipien passend in das Wortgitter ein.**
b Schreibe daneben ihre Verlängerungsformen auf.
c Suche dir 5 Partizipien aus und bilde Sätze. Schreibe sie ins Heft.

erkannt getrabt ausgeflippt geprägt gefragt gestellt bestellt
gekrallt geschnappt geschleppt gelebt gesagt erlaubt geknallt geschabt

Nr.	Wortgitter
1	E
2	E
3	E
4	E
5	E
6	E
7	E
8	E
9	E
10	E
11	E
12	E
13	E
14	E
15	E

Strategie Zerlegen – Zusammengesetzte Wörter

Methode **Wörter zerlegen, Bausteine abtrennen, Verlängerungsstellen suchen**

- Verlängerungsstellen in zusammengesetzten Wörtern findet man, indem man sie **zerlegt**, z. B.:
  *das Schwi**mm**/ba**d** – denn: schwim **m**en, die Bä **d**er.*
- Wenn man **Vor- und Nachsilben abtrennt**, kann man Verlängerungsstellen finden, z. B.:
  *en**d**|los| – denn: das En **d**e*   *die Blin**d**|heit| – denn: blin **d**er als.*
  Tipp: An den Nachsilben erkennst du die Wortart, z. B.: *-los, -haft* = Adjektiv; *-heit, -ung, -keit* = Nomen.

1 **a Kreuze an: Welche Wörter muss man zerlegen, weil sich in ihnen Verlängerungsstellen befinden?**

☐ Marmorkuchen	☐ Windbeutel	☐ Pfannkuchen	☐ Sandkuchen
☐ Landbrot	☐ Rosinenbrot	☐ Vollkornbrot	☐ Roggenbrot
☐ Wildbraten	☐ Rindfleisch	☐ Kalbfleisch	☐ Lammwurst

b Zerlege die Wortzusammensetzungen und markiere die unklaren Laute.
c Beweise die Schreibweise durch ein mögliches Verlängerungswort, **z. B.: *Ber**g** werk – denn: die Ber **g**e.***

____

____

____

2 **a Bilde Wörter, indem du an die Einsilber eine Nachsilbe hängst. Ordne deine Wörter nach ihrer Wortart.**

Land Freund Stand Feind
Tugend Kind lieb wild rund

→ + *-schaft -heit -keit -nis*

→ + *-los -lich -haft*

Nomen	Adjektive

b Zerlege deine Wörter aus Aufgabe 2 a und beweise die Schreibweise durch ein Verlängerungswort.

____

____

____

3 **Bilde im Heft einen Satz mit drei Wörtern aus Aufgabe 2.**

Strategie Ableiten – Wörter mit *ä* und *äu*

Methode **Wörter mit *ä* und *äu* ableiten**

- **Ableiten** heißt: **verwandte Wörter** mit ***a*** und ***au*** finden.
- **Normalerweise** schreibt man ***e*** oder ***eu***.
- Wenn es **verwandte Wörter** mit ***a*** oder ***au*** gibt, dann schreibt man ***ä*** oder ***äu***, z. B.:

die Welt – aber: *er trägt*, denn: *tragen* *die Leute* – aber: *läuten*, denn: *laut*

Tipp: Wörter wie ***Säbel*** und ***Bär*** muss man sich **merken**.

1 **a Markiere in den folgenden Sätzen die Schreibweise mit *ä* und *äu* mit dem Strategiezeichen:** .

A Die Sonne scheint im Sommer alljährlich prächtig vom Himmel.

B Das Kätzchen schnurrt und hält das glänzende Näschen in die Sonne.

C Damit die Gärten gesäubert werden können, brauchen die Gärtner gutes Wetter.

D Die älteren Bäume spenden den Käuzchen gute Lebensräume.

b Schreibe die Beweiswörter mit *a* oder *au* in die Tabelle.

Wörter mit *ä* – Beweiswort mit *a*	Wörter mit *äu* – Beweiswort mit *au*

2 **Überlege, ob du die nachstehenden Wörter mit *ä* und *äu* ableiten kannst oder ob du sie dir merken musst. Liste die Wörter in deinem Heft wie folgt auf:**

Verwandtes Wort mit *a* oder *au*	Merkwort

Ähre Ausläufer Äquator häufig Ägypten Betäubung Geräusch Bestäubung äußerlich säuerlich einäugig Knäuel Wiederkäuer Käfer Häsin Käse täglich bäuerlich fähig während bewältigen

3 **Bilde in deinem Heft mit mindestens 4 Merkwörtern sinnvolle Sätze.**

Strategiewissen anwenden (Teil 1) – Pferde in der Mongolei

1 ●○○ **a Entscheide dich im folgenden Text für die richtige Schreibweise: Streiche das Fehlerwort.**

Jedes Jahr findet in der Mongolei in der *Somerzeit/Sommerzeit* das größte Fest der Mongolen statt, das Naadam-Fest. Drei Veranstaltungen stehen im *Vordergrunt/Vordergrund:* Reiten, Ringen und *Bogenschießen/Bogenschiessen.*
Das *Pferderenen/Pferderennen* ist ein sehr beeindruckendes Spektakel, denn mehrere Hundert Pferde jagen *gleichzeitik/gleichzeitig* über die Steppe. Auch die *grosse/große* Masse der Zuschauer geht natürlich nicht zu Fuß, wie es die *auslendischen/ausländischen* Besucher tun, sondern *verfolkt/verfolgt* das Rennen hoch zu *Roß/Ross.*
Gestartet wird in der Steppe je nach Altersklasse der Pferde in 12 bis 35 km Entfernung vom Ziel. Die Jockeys sind Kinder zwischen 6 und 12 Jahren, darunter sind viele Mädchen. Oftmals benutzen sie nicht einmal einen Sattel und *ungefehrlich/ungefährlich* ist das nicht. Nach dem Rennen werden allerdings nur die Pferde ausgezeichnet, ihre Reiter nicht.

b Kreuze an: Welche Strategien helfen, um die richtigen Schreibungen zu finden?

☐ Schwingen ☐ Verlängern ☐ Zerlegen ☐ Ableiten ☐ Merken

2 ●○○ **Finde in der Textfortsetzung die Fehler in den markierten Wörtern und verbessere sie.**

Mongolische Kinder *könen* früher reiten als laufen, was *zeikt,* wie *wichtik* die Pferde sind. Ohne sie können die als Nomaden lebenden Menschen die große leere Weite gar nicht besiedeln. Heute werden in der Mongolei 2,4 Millionen Pferde zum Reiten und zur Milch- und Fleischgewinnung gehalten.
Dabei verlassen sich die Mongolen auf die besonders zähe Rasse der Mongolenponys. Ein solches Tier *träkt* schwere Lasten und *bewältikt* mühelos weite Strecken und schlechte Wege. Es *lept* eigentlich in der *Grasteppe,* kann aber auch die extremen Bedingungen im Hochgebirge und in der Wüste überleben, wenn es mit Temperaturen von minus 40 Grad Celsius und einer dünnen Grasnarbe unter der Schneedecke zurechtkommen *muß.*

____

____

3 ●○○ **a Markiere alle Fehler mit dem entsprechenden Strategiezeichen.**
b Berichtige im Heft: 4 Schwingfehler, 2 Verlängerungsfehler, 2 Zerlegefehler, 4 Ableitungsfehler.

Der junge Mongole Batocha fellt auf, wo immer er auftritt. Er hat nur ein Ziel, nämlich auf dem dreitegigen Nationalfest der Mongolei aufzutreten, bei dem es um den Wetbewerb in den Disziplinen Ringkampf, Bogenschießen und Pferderenen geht. Pferderennen werden eigentlich nur von Kindern verschiedener Altersgrupen bestriten.
Eigentlich muss der junge Mongole seinem elteren Bruder bei der Arbeit helfen. Seine Aufgabe ist es, die Tiere zu hüten und Wasser vom Fluß zu holen. Dennoch hat er intensiv und heimlich trainiert. Bei dem wichtigsten mongolischen Fest „Naadam“ trefen sich die besten jugendlichen Reiter auf den besten Renpferden. Batocha reitet das Pferd des Onkels, obwohl seine Mutter es nicht wil. Sie hat Angst um ihren Sohn, denn die Rennen sind gefehrlich. Und gefeiert wird immer nur das Pferd, nicht sein Reiter.

Strategiewissen anwenden (Teil 2) – Pferde in der Mongolei

1 ●●●

a Markiere die Fehler im Text. Korrigiere sie in deinem Heft.

Mongolenpferde sind nicht größer als Ponys und sehen im Vergleich zu Pferden, wie wir sie kenen, eher unscheinbar aus. Ihr Aussehen läst nicht vermuten, dass ohne sie die Mongolei nicht hätte besiedelt werden könen: Sie sind kleinwüchsig, aber kreftig. Ihr Fel ist zottelik und glanzlos, der Kopf im Verheltnis zum Körper zu groß, die Brust zu breit, die Beine sind nicht schlank geformt. Auch Namen haben sie nicht, denn sie werden als Arbeitstiere gesehen. Zwar könnten die Tiere keinen Schönheitspreis gewinen, dafür gelten sie als die herteste Pferderasse dieser Welt. Sie entwickelten sich aus den Pferden, die den neunmonatigen Höhenwinter in der Steppe mit eißkalten Temperaturen und Stürmen und wenik Graß unter der Schneedecke überleben konnten. Nur sie hielten aus, was auch der Mensch auszuhalten lernte.

b Welche Strategie hilft bei den meisten Fehlern? ____________________

2 ●●●

a Finde die Fehler und korrigiere sie.

Wehrend der eisigen Monate verlassen die Nomaden ihre Jurten, jene traditionellen Runtzelte, und ziehen in einfache Hütten um. Wenn bei minus 25 Grat Celsius das Feuer ausgeht, wird es auch innen erbermlich kalt. Deshalb werden die ganz kleinen Kinder verteilt: Jedes kriecht zu einem Erwachsenen unter die wermende Decke. So passt die eltere Generation immer auf die jüngere auf. Wenn auch die Steppe sehr karg und ermlich wirkt, so ist das traditionelle Nationalfest Naadam der Mongolen ein buntes Spektakel voller Lebensfreude, bei dem Alte und Junge feiern.

____

____

b Welche Strategie ist am häufigsten nicht beachtet?

3 ●●●

Markiere alle 12 Fehler mit dem hilfreichen Strategiezeichen. Korrigiere sie in deinem Heft.

Pferde, die beim Naadam starten, werden gut vorbereitet. Man hült sie einige Tage lang in Tücher, damit sie schwitzen und leichter werden. Geriten werden sie von besonders leichten Kindern, die selten elter sind als 10 Jahre. Die Pferde werden so trainiert, dass sie auch alein ins Ziel finden, falls einer der kleinen Reiter sich bei dem Tempo im gestreckten Galop nicht im Sattel halten kan. Die Rennen sind also keineswegs ungefehrlich. Gestartet wird ungefähr 20 Kilometer vom Zielpunkt entfernt. Der Zieleinlauf ist der Höhepunkt des Nationalfestes. Aus fast jeder Familie sind Reiter im Rennen, deshalb sind alle gespannt, an welcher Stelle das Reitergespan die Ziellinie überquert und ob das eigene Kind auch ins Ziel komt. Wenn die kleinen Reiter mit ihren völlig erschöpften Pferden ihr Ziel erreichen, topt die Menge. Dem donnernden Hufgetrapel, dem Vibrieren des Bodens und dem Stampfen der Pferde beim Renende kann sich niemand entziehen.

Teste dich! – Strategiewissen

1 Kreuze die richtigen Aussagen an.

PUNKTE

- ☐ Schwingen ist die Strategie des Mitsprechens. Man schreibt, wie man spricht.
- ☐ Verlängern ist die Strategie für die Fehler am Wortanfang.
- ☐ Verlängern ist die Strategie für das Wortende.
- ☐ Verlängern ist die Strategie für einsilbige Wörter.
- ☐ Zerlegen muss man alle Wörter mit mehr als einer Silbe.
- ☐ Zerlegen muss man zusammengesetzte Wörter, um die Verlängerungsstellen herauszufinden.
- ☐ Ableiten heißt, verwandte Wörter zu suchen.
- ☐ Ableiten gilt nur für Wörter mit *ä* und *äu*.
- ☐ Man kann alle Wörter mit *ä* und *äu* ableiten.

2 a Kreuze an: Welche 5 Wörter musst du zerlegen, um die Schreibweise zu erklären?
b Setze 9 Verlängerungszeichen ( ) an die richtigen Stellen.

PUNKTE

☐ Waldbrandgefahr	☐ Schuhsohlen	☐ Radioapparat	☐ Endrundenzeit
☐ Sportereignis	☐ Organisation	☐ Windrichtung	☐ Handballhalbzeitergebnis

3 Korrigiere die fehlerhaften Wörter und ordne sie im Heft dem richtigen Strategiezeichen zu: .

PUNKTE

Ringkämpfe in der Mongolei

Ringen ist in der Mongolei eine beliebte Wetkampfform, aber eher für Jungen und Menner als für Mädchen und Frauen. Wenn ein Rinkampf leuft, sind die Straßen und Pletze wie leer gefegt, weil alle Mongolen dem Ereignis am Biltschirm oder am Radioapparat folgen. Der Wettkampf läuft streng nach dem K.-o.-System ab, sodass sich die Zahl der Ringer mit jeder Runde halbiert, bis nur noch zwei zur Entrunde übrik bleiben.

Die Regeln sind denkbar einfach: Verloren hat der, der mit einem anderen Körperteil als mit seinen Schuhsohlen die Erde berührt. Der Kampf ist zeitlich nicht begrenzt.

Die Wettkampfkleidung ist aus sehr reißfestem Material und besteht aus sehr kurzen Hosen und einem an der Brust offenen kurzen Jeckchen. Der Sage nach hatte die Jacke früher einen geschlossenen Schnit. Eines Tages sol aber ein bis dahin unbekannter Ringer angetreten sein, der alle namhaften Rivalen schluk. Wie sich später herausstellte, sol dies eine Frau gewesen sein. Nach diesem Vorfall sei die Jackenform in der heute üblichen Weise verendert worden.

Wenn die Ringer den Wettkampfplatz betreten, tun sie dies mit auffelligen Bewegungen, um den Flug eines mechtigen Adlers darzustellen. Sie halten die Arme ausgestreckt und bewegen den Körper.

4 Zähle die Punkte, die du erreicht hast, mit Hilfe des Lösungsheftes zusammen (► S. 23).

GESAMT

☺ 36–29 Punkte	😐 28–20 Punkte	☹ 19–0 Punkte
Gut gemacht!	Gar nicht schlecht! Wo hattest du Schwierigkeiten? Wiederhole die passenden Übungen auf S. 77–83.	Du solltest noch einmal üben! Arbeite die S. 77–83 erneut durch.

Rechtschreibung verstehen – Regeln anwenden

Doppelte Konsonanten – Achte auf die erste Silbe

Information **Regel für doppelte Konsonanten**

- **Offene Silben enden** mit einem **Vokal**. **Geschlossene Silben enden** mit einem **Konsonanten**.
- **Doppelte Konsonanten** schreibt man **nur**, wenn die **erste Silbe im zweisilbigen Wort geschlossen** ist.
- Stehen an der **Silbengrenze zwei verschiedene Konsonanten**, **verdoppelt** man **nicht**, z. B.: *die Wel **ten*** – aber: *die Wel **len**.*
- Um die Regel anzuwenden, muss man Einsilber verlängern, z. B.: *er re**nn**t* – denn: *ren **nen**.*

1 **a Prüfe durch das Schwingen, wie die erste Silbe der folgenden Wörter jeweils gesprochen wird.**
b Wie lautet dein Ergebnis? Streiche das nicht passende Adjektiv am Satzende durch.

A Wenn die erste Silbe offen ist, spricht man den Vokal *kurz/lang*.
B Wenn die erste Silbe geschlossen ist, spricht man den Vokal *kurz/lang*.

haben der Haken der Hafen haften die Hälse halten hallen hämmern
der Hammel der Hase hassen heiter der Himmel die Henne hinken blinken holen

2 **a Trage die Wörter aus Aufgabe 1 in die nachstehende Tabelle ein.**
b Ergänze die Überschriften und setze ein: *offen/geschlossen; gleiche/verschiedene*.

Erste Silbe ______	Erste Silbe ______ Zwei ______ Konsonanten	Zwei ______ Konsonanten
ha ben	haf ten	hal len

3 **Die folgenden Einsilber musst du verlängern. Trage ein und schreibe das verlängerte Wort als Beweis dazu.**

l/ll: be____t – denn: ______________ ma____t – denn: ______________

m/mm: he____t – denn: ______________ ko____t – denn: ______________

n/nn: ne____t – denn: ______________ mei____t – denn: ______________

f/ff: ho____t – denn: ______________ scha____t – denn: ______________

Methode | **Zerlegen und Verlängern**

Zusammengesetzte Wörter muss man zerlegen, um die Regel für doppelte Konsonanten anzuwenden, z. B.:

die Renn/pferde – denn: *ren nen*.

4 **a** Im folgenden Wortgitter findest du 12 Wortzusammensetzungen. Markiere sie.
b 10 Wörter müssen zerlegt werden.
Beweise die Schreibung der Doppelkonsonanten durch ein Verlängerungswort. Notiere es.

B	U	N	D	E	S	I	N	N	E	N	M	I	N	I	S	T	E	R	I	U	M
I	C	Ö	K	A	L	L	T	A	G	S	S	O	R	G	E	N	E	P	M	L	K
U	Y	Y	V	A	N	T	R	I	T	T	S	R	E	D	E	S	Q	C	C	O	N
P	A	M	E	T	A	L	L	G	I	T	T	E	R	Z	H	J	T	V	Ö	Ä	W
R	A	B	A	T	T	M	A	R	K	E	D	R	U	C	K	M	I	T	T	E	L
D	F	E	T	T	V	E	R	B	R	E	N	N	U	N	G	O	S	M	Ä	L	P
T	U	Ö	T	E	M	P	O	O	B	E	R	G	R	E	N	Z	E	U	A	M	W
Q	Ö	T	R	I	T	T	S	I	C	H	E	R	H	E	I	T	N	W	N	S	J
G	O	B	N	A	T	I	O	N	A	L	M	A	N	N	S	C	H	A	F	T	E
K	J	F	R	V	G	A	P	R	O	G	R	A	M	M	P	U	N	K	T	E	L
Ö	X	P	F	B	R	E	N	N	H	O	L	Z	S	U	C	H	E	V	U	U	M

5 **a** In der Beschreibung für das afrikanische Spiel „Mpira" fehlen fälschlicherweise fast alle Doppelkonsonanten. Markiere die Fehler.
b Ordne anschließend die korrigierten Wörter in die Strategietabelle unten ein.

Mpira – Afrikanischer Sandfußbal für 2 Spieler

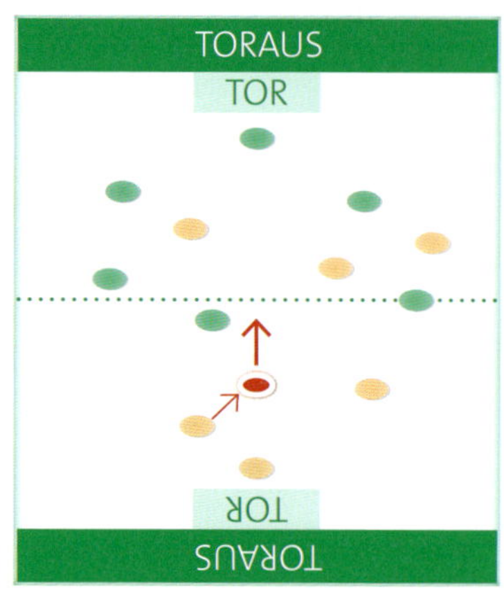

Man braucht: 4 Stökchen oder Steine für die Torpfosten, 7 Steine pro Spieler, die man unterscheiden kan, und 1 kleinen runden Stein oder eine Murmel.

Zuerst wird das „Fußbalfeld" aufgebaut. Man braucht eine feste ebene Sandfläche, denn der Bal mus rolen könen. Die Tore werden mit Stökchen gestekt. Sie sind ca. 1,50 m voneinander entfernt und 20–30 cm breit. Jeder Spieler bekomt 7 Steine, die sein Team bilden. Diese „Fußbalspieler" werden gleichmäßig auf dem Feld verteilt.

Spielregeln:
Der anstoßende Spieler setzt den Ball in die Mite seiner Spielhälfte. Nun versucht er, seinen Spielstein, der am nächsten am „Ball" liegt, durch „Anditschen" so gegen den Ball zu stoßen, dass der in Richtung des gegnerischen Tores rolt. Nach jedem Schus dürfen die Spieler einen ihrer Steine eine Handbreit versetzen. Nach jedem Tor dürfen die Steine ganz neu verteilt werden. Gewonen hat imer der, der am meisten Tore geschosen hat.

Schwingen	Verlängern	Zerlegen

s oder *ss*? – Achte auf die erste Silbe

Information **Regel für Wörter mit *s*-Laut (Teil 1)**

- Man schreibt ***s***, wenn die **erste Silbe offen** ist und man den ***s*-Laut summend** spricht, z. B.: *die Ro se*,
  wenn die **erste Silbe geschlossen** ist und **zwei verschiedene Konsonanten** an der **Silbengrenze** stehen, z. B.: *die Res te, die Wes pe*.
- Man schreibt ***ss***, wenn die **erste Silbe geschlossen** ist, z. B.: *die Ros se*.
- Um diese Regeln für den *s*-Laut anzuwenden, braucht man das zweisilbige Wort.

1 **a** **Prüfe durch das Schwingen, wie die erste Silbe der folgenden Wörter jeweils gesprochen wird.**
b **Wie lauten deine Ergebnisse? Ordne die Wörter nach der ersten Silbe und trage sie richtig in die Tabelle ein.**

die Binse die Bisse die Vase die Leiste der Käse die Kissen die Reste
das Wesen die Risse die Bremse die Küsse die Rose die Gäste die Dose
das Wissen die Gämse die Hose fassen der Pinsel

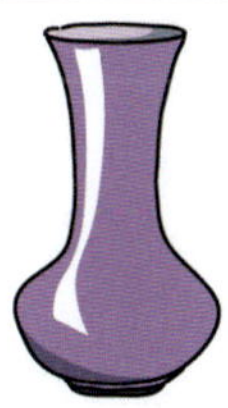

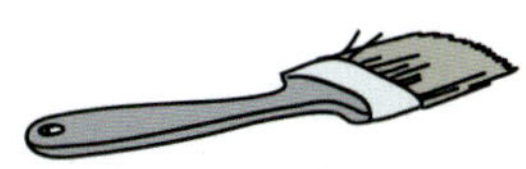

Erste Silbe offen	Erste Silbe geschlossen Zwei verschiedene Konsonanten	Zwei gleiche Konsonanten
die Ha sen	*has ten*	*has sen*

2 **a** **Die Vorsilbe *miss-* schreibt man mit *ss*, z. B.: *der Miss erfolg*.**
Begründe, warum man sich die Schreibung dieser Vorsilbe nur merken kann.
b **Verbinde die folgenden Verben mit der Vorsilbe *miss-*.**

verstehen fallen achten behagen gönnen raten brauchen billigen

s oder *ß*? – Summend oder zischend

Information | **Regel für Wörter mit *s*-Laut (Teil 2)**

- Man schreibt ***s***, wenn die **erste Silbe offen** ist und man den ***s*-Laut stimmhaft summend** spricht, z. B.: *die **Grä** ser, die **Mäu** se.*
- Man schreibt ***ß***, wenn die **erste Silbe offen** ist und man den ***s*-Laut stimmlos zischend** spricht, z. B.: *die Grü ße, drau ßen.*
- Um diese Regeln für den *s*-Laut anzuwenden, braucht man das zweisilbige Wort.

1 **a** **Setze ein: *s* oder *ß*?**
b **Liste anschließend die Wörter richtig in einer Tabelle wie folgt ein.**

die Do_____e die So_____e die Ho_____e die Lo_____e au_____en die Wie_____en der Kie_____el

drau_____en gie_____en schwei_____en sü_____en flie_____en das Wie_____el die Fü_____e

Erste Silbe offen – summendes *s*	Erste Silbe offen – zischendes *s*
...	...

2 **Am Ende eines Einsilbers unterscheiden sich *s* und *ß* in der Aussprache nicht.**
a **Verlängere die nachstehenden Wörter und ordne sie in die Tabelle aus Aufgabe 1 ein.**

Es gie?t flie?t nie?t rei?t hei?t rei?t grü?t schmei?t gra?t prei?t bei?t

b **Bilde einen Satz, in dem mindestens 3 Wörter mit *ß* vorkommen.**

VORSICHT FEHLER!

3 **Im Wortgitter sind 10 Wortzusammensetzungen mit *s* geschrieben. Markiere sie.**
Davon müssen aber 7 Wörter mit *ß* geschrieben werden.
Korrigiere sie und begründe die Schreibweise durch ein Verlängerungswort,
z. B.: *Fließ | geschwindigkeit – denn: fließen.*

D	O	K	K	S	S	C	H	W	E	I	S	G	E	R	Ä	T
B	C	F	L	E	I	S	C	H	P	R	E	I	S	W	M	I
Y	S	F	L	O	S	P	A	D	D	E	L	T	U	X	K	M
C	V	G	R	A	S	S	A	M	E	N	I	L	J	T	Y	W
Z	Z	J	S	C	H	M	E	I	S	F	L	I	E	G	E	B
W	F	J	E	J	Y	G	R	U	S	K	A	R	T	E	T	O
G	Z	S	C	H	O	S	H	U	N	D	J	Y	N	M	A	P
Y	M	R	Q	H	K	L	Ö	E	I	S	S	O	R	T	E	P
S	P	A	S	V	E	R	A	N	S	T	A	L	T	U	N	G
E	Y	N	H	E	I	S	L	U	F	T	B	A	L	L	O	N

ss und *ß* in einer Wortfamilie – Achte auf die erste Silbe

Information **Wörter mit *ss* und *ß* in einer Wortfamilie**

- Verben können in ihren verschiedenen Formen zwischen *ß* und *ss* wechseln, z. B.:
  er beißt – denn: *sie bei ßen;* aber: *er biss* – denn: *sie bis sen.*
- Diese Schreibweisen werden auch in verwandten Nomen und in Wortzusammensetzungen beibehalten, z. B.: *der Beißer* und *die Beißzähne* – denn: *bei ßen*; aber: *die Bisse* und *die Bisswunde* – denn: *die Bis se*.
- Um die Schreibweise zu begründen, braucht man die zweisilbige Form. Deshalb muss man **Einsilber verlängern** und **Zusammensetzungen zerlegen**.

1 **Ordne die folgenden Wörter richtig in die Tabelle ein:**
goss das Maß schoss der Guss misst reißen der Riss schießen gießen maß reißt schießt

Infinitiv	Präsens	Präteritum	Nomen
fließen	*es fließt - denn: fließen*	*er floss - denn: flossen*	*der Fluss - denn: die Flüsse*
	er gießt - denn:		
		er riss - denn:	
			der Schuss - denn: die Schüsse
messen			

2 **Mit *ß* oder mit *ss*? Gehe so vor:** *der Fluss|krebs - denn: die Flüsse, die Fließ|geschwindigkeit - denn: fließen*

die Gie_____kanne – denn: __________ das Gu_____eisen – denn: __________

die Ri_____festigkeit – denn: __________ die Rei_____leine – denn: __________

das Schie_____pulver – denn: __________ die Schu_____linie – denn: __________

die Me_____latte – denn: __________ der Ma_____schneider – denn: __________

3 **a Setze die fehlenden Buchstaben ein: *s*, *ss* oder *ß*?**
b Zeichne in die Kreise das Symbol für die Strategie, die du angewendet hast.

Der Fu____baller scho____ den Ball mit gro____er Wucht ins Tor. Weil der Torwart gedö____t hatte, konnte der Schu____ zu einem guten Abschlu____ gebracht werden. Der Schütze lie____ sich ins Gra____ fallen und geno____ den Beifall der begei____terten Zuschauer.

i oder *ie*? – Achte auf die erste Silbe

Information **Regel für Wörter mit *i* oder *ie***

- Die **meisten Wörter mit *i*-Laut** schreibt man **mit einfachem *i*.**
  Man schreibt **immer *i***, wenn die **erste Silbe** geschlossen ist, z. B.: *der Win ter.*
- Man schreibt **nur *ie***, wenn die **erste Silbe** **offen** ist, z. B.: *die Bie ne.*
  Diese Regel gilt **nur für zweisilbige deutsche Wörter**.
- Um die Regel anzuwenden, muss man **einsilbige Wörter verlängern**, z. B.: *der Dieb – die Die be.*

  Wortzusammensetzungen muss man **zerlegen**, z. B.: *der Dieb/stahl – die Die be.*

1 **a** **Prüfe durch das Schwingen, wie die erste Silbe der folgenden Wörter jeweils gesprochen wird.**
b **Wie lauten deine Ergebnisse? Ordne die Wörter nach der ersten Silbe und trage sie richtig in die Tabelle ein.**

hindern singen hissen winseln missen schieben
wissen binden lindern mildern liegen schielen

c **Kreuze die jeweils richtige Antwort unter der Tabelle an.**

Erste Silbe offen	Erste Silbe geschlossen	
______	Zwei verschiedene Konsonanten	Zwei gleiche Konsonanten
Man spricht das *i* ☐ lang ☐ kurz.	Man spricht das *i* ☐ lang ☐ kurz.	Man spricht das *i* ☐ lang ☐ kurz.

2 **Entscheide: *i* oder *ie*? Beweise durch ein Verlängerungswort.**

das R_____nd – denn: __________ der D_____b – denn: __________

das S_____b – denn: __________ das Z_____l – denn: __________

der R_____ss – denn: __________ der B_____ss – denn: __________

der Tr_____b – denn: __________ das T_____r – denn: __________

Der *i*-Laut in Merk- und Fremdwörtern – Achte auf die Silbenzahl

Information **Regel für Merk- und Fremdwörter mit *i*-Laut**

- Die ***ie*-Regel** lautet, dass man nur *ie* schreibt, wenn **in einem zweisilbigen deutschen Wort** die **erste Silbe offen** ist (▶ S. 90). Werden sie dennoch mit einfachem *i* geschrieben, muss man sie sich merken, z. B.: *Tiger, Biber*
- **Mehrsilbige Fremdwörter** hingegen **schreibt man in der Regel mit einfachem *i***, auch wenn die Silbe offen ist und das *i* lang gesprochen wird, z. B.: *die Tur **bi** ne, die Ma schi ne.*
- Die Endungen ***-ie, -ier, -iert*** und ***-ieren*** muss man sich als Ausnahmen **merken**.

1 **In der Wörterschlange findest du zweisilbige deutsche Wörter und mehrsilbige Fremdwörter.**

a Ordne die Wörter nach der Anzahl ihrer Silben.

b Kreuze anschließend an, ob es sich um zu merkende Wörter oder regelhafte *i*-Schreibungen handelt.

K I N O K I L O B I B E R T I R A M I S U L I M O N A D E P R I M E L T I G E R T E R M I T E N
P A N T O M I M E Z I T R O N E B I B E L A P F E L S I N E B I B L I O T H E K G I R A F F E Z I V I L S I L O

Zweisilber	Mehrsilber
______________________	______________________
______________________	______________________

Es handelt sich um Wörter,

☐ die man sich mit *i* merken muss.

Es handelt sich um Wörter,

☐ die laut Regel nicht mit *ie* geschrieben werden.

2 **Verbinde diese Wortbausteine mit den Endungen *-ie, -iert, -ieren*. Ordne sie in deinem Heft wie folgt:**

Garant- | Harmon- | marsch- | Reg- | buchstab- | Strateg- | Melod- | fund- | pik- | pol- | stud-

Wörter mit *-ie*	Wörter mit *-iert*	Wörter mit *-ieren*

3 **In der folgenden Spielanleitung zum Spiel „Wolak-walik" fehlen fast alle *i*-Laute. Setze sie ein.**

D__ses Sp__l w__rd in Indonesien trad__t__onell von Mädchen gesp__lt, g__lt aber auch in anderen Ländern als sehr bel__bt. Alle Sp__ler haben die gleiche Anzahl von Sp__lsteinen, z. B. K__sel oder Nüsse. Zu Beg__nn verteilt ein Sp__ler alle Steine w__llkürlich vor s__ch auf dem Boden. Nur einen Stein behält man, den Kokojo. D__sen legt man auf den eigenen Handrücken und w__rft ihn hoch in die Luft. Solange s__ch der Stein in der Luft bef__ndet, muss man möglichst v__le seiner Steine einsammeln. Dann muss man den Kokojo w__der auffangen, bevor er auf den Boden fällt. Dies ist w__rklich n__cht einfach und gel__ngt erst nach mehreren Versuchen. Es gew__nnt, wer als Erstes alle Steine einsammeln konnte und erst danach den Kokojo wieder auffängt. Man kann über die Zahl der Sp__lsteine den Schw__rigkeitsgrad steuern.

Wörter mit *h* – Hören oder merken

Information **Regel für Wörter mit *h***

- Bei **einsilbigen Wörtern** kann man das ***h* nicht hören**. Wenn man sie **verlängert**, erscheint das *h* bei vielen Wörtern zu Beginn der **zweiten Silbe**. Es **öffnet** diese Silbe **hörbar**, z. B.: *geht – denn: ge hen.*
- Bei anderen Wörtern bleibt das ***h* in der ersten Silbe**. Diese Wörter sind **Merkwörter**. Man kann das ***h*** durch keine Strategie hörbar machen, z. B.: *fah ren, die Boh nen.*
- Das ***h* bleibt** in **allen Schreibweisen der Wortfamilie erhalten,** z. B.: *der Fahrer, der Fahrlehrer.*
- Zusammensetzungen muss man zerlegen und dann verlängern, z. B.: *der Geh|steig* – denn: *ge hen.*

1 **a Unterstreiche in den folgenden Sätzen die Wörter mit hörbarem *h*.**
b Markiere die Wörter mit nicht hörbarem *h* mit dem Strategiezeichen (M).

Die Fahrer fahren die Autos in die Werkstatt. Wir gehen in die Eisdiele und schlecken ein Eis mit Sahne.

Die Ärzte ziehen die Zähne heute nicht mehr so schnell wie früher.

2 **a Prüfe durch Verlängern, welche der folgenden Wörter Merkwörter sind. Markiere sie mit dem Zeichen (M).**
b Kennzeichne Wörter, deren *h* du durch Verlängern hörbar machen kannst, mit dem Zeichen (→).

der Rahm sprüht der Lohn das Reh der Zahn zahm geh sehr der Kahn o weh

3 **Ordne die Merkwörter mit *h* ihrer Wortfamilie zu. Schreibe die jeweilige Ziffer ① bis ⑤ davor. (M)**

① erzählen ② rühren ③ wehren ④ wählen ⑤ bohren

der Erzähler wehrhaft die Bohrinsel er wählt der Wehrdienst gerührt die Bohrmaschine
das Wahljahr wehrlos die Wehrpflicht erzählt der Wähler das Rührgerät das Erzählgerüst
das Bohrloch der Rührstab die Wählscheibe das Wahlergebnis der Rührkuchen gebohrt

4 **Diese Wörter kann man leicht verwechseln:**
***Mahl* und *Mal*, *währen* und *wären*, *Wahl* und *Wal*, *hohl* und *hol*, *dehnen* und *denen*, *ihm* und *im*.**
a Ordne die Wörter nach ihrer Bedeutung in das Wortgitter richtig ein.
b Kennzeichen im Wortgitter die Merkwörter mit (M).

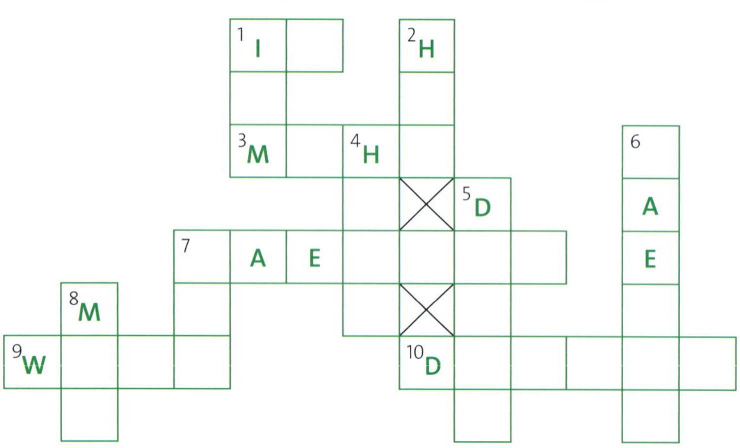

waagerecht:
1 Kurzform für *in dem* **3** Essen **7** dauern
9 Auswahl treffen **10** lang machen

senkrecht:
1 männliches Personalpronomen
2 Befehlsform von *holen* **4** innen leer
5 Relativpronomen im Plural
6 Konjunktivform von *sein*
7 ein Meeressäuger
8 besonderes Erkennungszeichen

5 **Bilde mit jedem der Wörter aus Aufgabe 4 einen Satz, sodass die Bedeutung klar wird. Schreibe ins Heft.**

Teste dich! – Regelwissen

1 **Kreuze an, ob die Aussagen von A bis G richtig oder falsch sind.**

	richtig	falsch
A Doppelkonsonanten schreibt man, wenn die erste Silbe offen ist.	☐	☐
B Doppelkonsonanten schreibt man, wenn die erste Silbe in einem zweisilbigen Wort geschlossen ist.	☐	☐
C Wenn nach der ersten geschlossenen Silbe zwei verschiedene Konsonanten folgen, verdoppelt man nicht.	☐	☐
D Das *ie* ist typisch für Fremdwörter.	☐	☐
E Das *ie* schreibt man in zweisilbigen deutschen Wörtern.	☐	☐
F Das *ß* ist ein typisch deutscher Buchstabe.	☐	☐
G Man schreibt *ß* nur, wenn die erste Silbe offen ist und man den *s*-Laut zischt.	☐	☐

PUNKTE

2 **Im folgenden Text kommen fälschlicherweise nur einfache Konsonanten vor. Markiere die 13 Fehlerwörter und berichtige sie im Heft.**

VORSICHT FEHLER!

PUNKTE

In Japan könen schon recht junge Menschen mit Stäbchen esen. Wir Europäer dagegen werden damit nicht so leicht sat. Für den Anfänger gibt es einen Trik: Nim ein Stükchen Papier (etwa so groß wie ein Zetel von einem Notizblok) und falte es mehrmals. Es sol dann ungefähr so groß sein wie dein Daumennagel. Dieses gefaltete Papier legst du zwischen die Enden der beiden Stäbchen und umwikelst das Ganze dann mit einem Gumiband. So kanst du die Stäbchen bewegen, aber sie falen dir nicht dauernd einzeln aus der Hand.

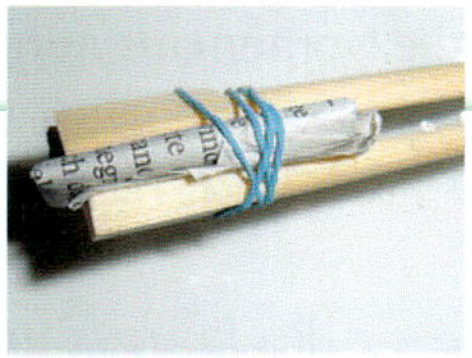

3 ***s, ss* oder *ß*? Trage die richtige Schreibung der s-Laute in die folgenden Lücken ein.**

PUNKTE

Wenn man in Afrika zum E___en eingeladen wird, spei___t man mei___tens zusammen mit einer Gro___familie. Alle sitzen auf dem Boden oder auf kleinen Holzschemeln: Zuerst werden Schalen mit Wa___er zum Händewaschen herumgereicht. In der Mitte dampft die gro___e Schü___el mit Rei___ oder Getreidebrei, am Rande liegen Fleischstückchen und die So___e. Jeder i___t an der Stelle, die er von seinem Platz aus erreichen kann. Der Gast beginnt. Statt mit Me___er und Gabel wird mit der rechten Hand gege___en, denn die linke gilt als unsauber. Mit dem Daumen und Zeige- und Mittelfinger rollt man aus dem klebrigen Reis eine Kugel und arbeitet dabei Fleisch und So___e mit ein. Das mu___ geübt sein, bevor man die Kugel dann elegant zum Mund führen kann.

4 **a** **Vergleiche deine Ergebnisse mit dem Lösungsheft.**
b **Übe erneut die Schreibungen, bei denen du noch Schwierigkeiten hattest.**

GESAMT

Groß- und Kleinschreibung – Nomen schreibt man groß

Nomenproben anwenden

Information **Nomen durch Proben erkennen**

Nomen schreibt man groß. In Texten erkennt man sie mit der Hilfe von drei **Proben**.
- **Artikelprobe**: Vor Nomen kann man einen Artikel setzen, z. B.: ***der*** *Zucker*, ***die*** *Suppe*, ***das*** *Kind*.
- **Zählprobe**: Nomen kann man zählen, z. B.: ***zwei, drei, zehn, viele, einige*** *Ziegen*.
- **Adjektivprobe**: Nomen kann man durch Adjektive näher beschreiben, z. B.: *die* ***zickige*** *Ziege*.

1 **Wende die Artikelprobe an. Setze den richtigen Artikel *der, die, das* vor die folgenden Nomen.**
Tipp: Bei Zusammensetzungen bestimmt der zweite Begriff das Geschlecht (den Genus).

____ Ostküste ____ Insel ____ Welt ____ Zeit ____ Packeisgürtel ____ Gegenden ____ Jahreshälfte

____ Versorgungsschiffe ____ Land ____ Einwohner ____ Dorf ____ Siedlung ____ Kleinstadt

____ Gemeinde ____ Menschen ____ Fläche ____ Spur ____ Weg ____ Winter ____ Spur

____ Hundeschlitten ____ Skiwanderer ____ Schneemobile ____ Richtung

2 **a Lies den Text und prüfe, ob du verstehst, um was es geht. Kreuze an:**

☐ Ich verstehe nicht, um was es geht. ☐ Ich kann den Text im Wesentlichen verstehen.

b Füge die Nomen aus Aufgabe 1 ein.

Die *Ostküste* der größten ____ der ____ ist die meiste ____ des Jahres durch einen gigantischen ____ isoliert. Sie ist eine der unwirtlichsten und dennoch besiedelten ____ der Welt. Nur in der wärmeren ____ können ____ bis zum ____ vordringen. Wenige ____ leben in dem ____ Tiniteqilaaq, damit ist die ____ hier schon eine mittlere ____: Denn insgesamt leben in der gesamten ____ Ammassalik nur etwa dreitausendfünfhundert ____. Ihre ____ aber ist sechsmal größer als Deutschland. Keine ____, kein ____ führt nach Tiniteqilaaq. Im ____ ist es nur eine ____ der ____ ____, ____ und ____, die die ____ weist.

3 **a Unterstreiche im Text zu Aufgabe 2 mindestens 3 Nomen, die ein Numerale (Zahlwort) als Begleiter haben.**
b Umrahme Nomen, die von einem Adjektiv begleitet werden.
c Umkreise 3 Nomen ohne Begleiter. Beweise durch eine der Proben, dass es sich um Nomen handelt.

Nomenendungen erkennen

Information **Typische Nomenendungen**

Wörter mit den **Endungen** ***-heit, -keit, -nis, -schaft, -tum, -in, -ung*** sind Nomen z. B.: *Umgebung.*

1 a Im Wortgitter findest du 20 Wörter, an die du eine der Nomenendungen anhängen kannst. Markiere sie.

Z	X	S	Ä	S	L	U	M	G	E	B	E	N	E
N	V	N	F	R	E	U	N	D	R	E	I	C	H
B	F	R	E	U	N	D	L	I	C	H	Z	W	O
I	T	E	R	E	I	G	N	E	N	L	A	N	D
T	F	F	I	Y	B	R	A	U	C	H	M	F	K
B	I	T	T	E	R	C	L	I	R	R	E	N	D
I	G	Z	Ü	B	E	R	R	A	S	C	H	E	N
U	P	A	U	S	G	R	A	B	E	N	A	M	H
E	R	Z	E	U	G	E	N	E	I	G	E	N	X
D	H	E	I	T	E	R	F	I	N	S	T	E	R
E	R	B	E	N	R	E	I	N	S	A	M	T	L
H	F	C	E	R	L	E	B	E	N	Y	V	Z	F
H	H	Y	M	T	N	I	Ä	D	U	N	K	E	L
N	A	C	H	S	I	C	H	T	I	G	Y	P	Q

b Bilde im Heft Nomen: Füge an 10 Wörter sinnvoll eine der Endungen *-heit, -keit, -nis, -schaft, -tum, -ung* an.

2 In dem folgenden Text sind 15 Nomen fälschlicherweise kleingeschrieben. Markiere diese Wörter.

VORSICHT FEHLER!

Ein typischer Wintertag für die Inuit bedeutet Leben in ständiger finsternis. Die Mittagszeit erkennt man nur an einer ganz schwachen erleuchtung am südlichen Horizont. Die bedeutung dieser ständigen dunkelheit entzieht sich eigentlich unserer vorstellung. Wir können wohl nur erahnen, was es heißt, in monatelanger sonnenlosigkeit zu leben. Dazu kommt die klirrende Kälte in einer von Eis und Schnee geprägten landschaft. Da ist es nachvollziehbar, dass die Inuit sich in die gemütlichkeit ihrer Häuser zurückziehen.

Früher fanden sie die geborgenheit in ihren Iglus, in denen eine kleine Feuerstelle für die helligkeit sorgte. Iglus sorgen, obwohl sie aus Schnee gebaut sind, für behaglichkeit und Wärme. Und geselligkeit und gastfreundschaft waren den Inuit in ihren Iglus wichtig, denn vor allem die sozialen Kontakte schafften abwechslung. Hierbei wurden die alten Geschichten und Märchen erzählt und an die nachfolgende Generation weitergegeben. Heute werden Projekte für Jugendliche organisiert, damit diese in der einsamkeit der Eiswüste wieder zu sich und ihren Wurzeln finden.

Aus Verben und Adjektiven Nomen bilden

Methode **Nominalisierungen erkennen**

Verben und Adjektive kann man **wie Nomen gebrauchen**. Solche **Nominalisierungen schreibt man groß.** Nominalisierte Verben und Adjektive erkennt man an ihren Begleitern. Sinnvoll sind die **Nomenproben:**

- **Artikelprobe,** z. B.: ***Das Suchen*** *von Nahrung in der Eiswüste ist hart.*
- **Adjektivprobe,** z. B.: ***Kräftiges Reiben*** *kann bei Eiseskälte helfen.*
- **Zählprobe**: Adjektive werden oft mit unbestimmten Zahlwörtern verwendet, z. B.: *Ich esse* ***etwas Kaltes.***

1 **a** **Unterstreiche in dem folgenden Text 7 Nomen mit der typischen Endung *-ung*.**
b **Kennzeichne verschiedenfarbig 5 Verben und 1 Adjektiv, die im Text als Nomen gebraucht werden.**

Inuit mussten früher in ihrem Lebensraum einen ständigen Kampf ums Überleben führen. Das Beschaffen der Nahrung machte vor allem im Winter große Probleme. Durch ihre lange Erfahrung gelang es ihnen, aus der zur Verfügung stehenden Nahrung alles zu gewinnen, was sie für die Erhaltung ihrer Gesundheit brauchten.
Das Wichtigste für ihre Ernährung war rohes Fleisch. Das Garen von Fleisch zerstört Vitamine und andere Nährstoffe. Isst man es roh, wird der Körper mit wichtigen Stoffen versorgt, und ein Ausgleichen mit Obst und Gemüse wird unnötig. Inuit aßen manche Stücke ihrer erlegten Tiere sogar blutig, vor allem solche, die richtige Vitaminbomben sind. Die fettige Unterhaut von Walen enthält mehr Vitamin C als Zitrusfrüchte. Sie wurde getrocknet und verhinderte somit zuverlässig Mangelerscheinungen wie Skorbut. Im Sommer bot das Sammeln von Beeren eine wichtige Ergänzung zum gesunden Essen.

2 **Das Jugendbuch „Red Fox und der weiße Bär", geschrieben von Robin Lloyd-Jones, spielt im 19. Jahrhundert auf einem Schiff in der Arktis. Darin wird die Hauptfigur Adam von den zwei Inuit Pipaluk und Qortoq gerettet.**
a **Lies den folgenden Auszug und mache dir klar, welches Thema er mit dem Text zu Aufgabe 1 gemeinsam hat.**

Bis jetzt hatte Adam dank Pipaluks Vorsorge weder Skorbut noch Erfrierungen bekommen. Sie und Qortoq und auch niemand sonst aus ihrer Gemeinschaft hätten jemals das gehabt, was die Qallunaat[1] Skorbut nannten, hatten sie Adam erklärt. Wenn er das gleiche Essen wie sie äße, würde er vielleicht auch keinen Skorbut bekommen. Sie hatte darauf bestanden, ihn fast dazu gezwungen, Brocken von rohem Walross- oder Seehundfleisch herunterzuwürgen. „Wie alte Seestiefel in Petroleum getränkt!", hatte er erklärt und das Gesicht verzogen. Aber ihr Ausdruck war so entschieden gewesen, dass er es heruntergeschluckt hatte.
Nun teilte er regelmäßig seine Mahlzeit mit Qortoq und Pipaluk und konnte ziemliche Mengen Speck herunterbekommen, ohne Übelkeit zu empfinden.

b **Formuliere in deinem Heft 3 zum Text passende Sätze, in denen Verben oder Adjektive nominalisiert sind, z. B.:** *Das Vorsorgen gegen Skorbut war für die Inuit etwas Überlebenswichtiges.*

Wortspeicher

~~das Vorsorgen~~ das Herunterwürgen das Verhindern das Zwingen das Essen
etwas Schreckliches etwas Ekliges etwas Wichtiges ~~etwas Überlebenswichtiges~~ genug Gesundes

1 **Qallunaat:** Ausdruck der Inuit für die Weißen

Teste dich! – Groß- oder Kleinschreibung?

1 **In dem Jugendbuch „Red Fox und der weiße Bär“ sitzt das Schiff von Adam in der Arktis fest. Er macht sich mit einigen Seeleuten und den Inuit Qortoq und Pipaluk auf, um zum Überleben Seehunde zu jagen.**

a Markiere im Text alle 17 Nomen und die beiden Namen.

Als sie nach drei stunden immer noch kein allut gefunden hatten, das noch genutzt wurde, hielten sie an. Qortoq und Pipaluk machten sich daran, ein schneehaus zu bauen, wobei sie alle hilfsangebote ablehnten und sagten, alleine wären sie schneller damit fertig. Pipaluk packte die seehundfelle aus, die Qortoq von seinen früheren fängen aufgehoben hatte, legte sie auf die bänke aus schnee, die an der innenwand des illuliaq gebaut waren, und zündete einen docht an, der aus einer kleinen schale mit seehundfett herausragte. Da die felle nicht ausreichend behandelt worden waren, verströmten sie einen strengen geruch. Nachdem sie gegessen hatten, legten sie sich auf die schneebänke. Es war erstaunlich warm und behaglich in ihrem kleinen bienenkorb.

b Markiere verschiedenfarbig folgende Begleiter von Nomen: 4 Adjektive und 3 Zahlwörter.
c An welchen Begleitern erkennst du, dass „Allut“ (Seehund) und „Illuliaq“ (Iglu) Nomen sind?

2 **a Umrahme in dem folgenden Text 3 Nomen zum Thema „Iglubau“ mit einer typischen Endung.**
b Unterstreiche 4 nominalisierte Verben und 1 nominalisiertes Adjektiv.

Voraussetzung für das Bauen eines Iglus in einer Schneelandschaft ist das Suchen eines geeigneten Platzes. Hat man ihn gefunden, folgt das Zeichnen einer kreisrunden Fläche, die so groß wie der spätere Igluboden sein muss. Dabei ist die Verwendung von Skistock und Schnur hilfreich. Danach folgt das Ausschneiden von Schneeblöcken. Sie werden so um den Kreis gestapelt, dass die Mitte der Eisblöcke die gezeichnete Linie berührt. Die unterste Blockreihe trägt alle anderen Schneeblöcke und muss deshalb ganz stabil sein. Das Beste ist eine leichte Neigung nach vorn.

3 **a Markiere in der Fortsetzung des Textes zum Bau eines Iglus 10 Fehler in der Großschreibung.**
b Beweise durch eine der Nomenproben, dass 3 von dir gefundene Wörter Nomen sind.

Auf die erste blocklinie werden nun von innen weitere Blöcke in einer spirale gesetzt. Der iglubauer baut sich also selber zu. Es muss darauf achten, dass alle Blöcke Kontakt zueinander haben. Günstig ist eine neigung der Blöcke nach innen. Wenn der Iglubaumeister im Iglu stehen kann, setzt er von innen den letzten Block. Den schiebt er mit der schmalen seite durch das Loch und setzt ihn mit der breiteren Seite in die Lücke. Nun sorgen löcher und Spalten noch für Zugluft. Deshalb müssen alle öffnungen mit Schnee verschlossen werden. Zum schluss gräbt man den eingang, der tiefer liegt als der Boden, damit die warme luft nicht aus dem Iglu verschwindet.

4 **Prüfe deine Lösungen und die Punktzahl mit Hilfe des Lösungsheftes (▶ S. 28).**

Getrennt- und Zusammenschreibung – Achte auf die Wortarten

–/+

Zusammenschreibung – *los + fahren = losfahren*

Information **Zusammenschreibung**

Zusammen schreibt man folgende **Verbindungen:**
- **aus Nomen und Nomen,** z. B.: *Eis + Wüste = die Eiswüste.*
- **mit Adjektiven,** z. B.: *Kornblumen + blau = kornblumenblau, hell + blau = hellblau.*
- **von Verben mit unveränderlichen Wörtern,** z. B.: *hin + gehen = hingehen.*

Tipp: Wenn man bei Verben das erste Wort nicht verlängern kann, schreibt man zusammen.

1 ●○○ **Bilde im Heft aus den folgenden Nomen möglichst viele sinnvolle Zusammensetzungen, z. B.:** *die Rosinenb…,*

das Petroleum das Wunder die Bilder die Kinder die Lampen die Kerzen
der Rahmen die Rechte die Rosinen die Lichter die Dochte der Morgen die Falte
die Brote der Rock die Sonne die Kette

2 ●○○ **Wie können Farben sein? Stelle mit den Farbadjektiven *rot* und *blau* 10 Farben deiner Wahl zusammen.**

Wasser tief Himmel hell Kornblumen schwarz
Feuer Tomate Blut dunkel Backstein Alarm

+

rot
blau

3 ●○○ **a Markiere die unveränderlichen Wörter im Wortgitter.**
b Wähle 5 aus und verbinde sie mit einem der Verben.

gehen laufen fahren springen lassen

V	C	F	Z	U	M	H	E	R	I	M	L	O	S
A	U	S	K	A	N	L	L	Y	H	Ä	A	B	N
R	Ä	R	W	D	A	N	E	B	E	N	X	D	A
C	R	Ä	Ä	Z	K	L	G	H	I	N	A	U	F
Y	U	J	D	I	T	E	I	N	C	M	I	T	Q
W	D	C	I	L	E	C	A	U	F	S	S	X	D
I	P	R	Z	U	R	Ü	C	K	R	Q	T	T	F
K	N	T	U	B	Ä	P	W	C	Z	Ä	I	D	X
H	L	H	E	R	U	N	T	E	R	V	Z	K	L
G	U	M	T	T	B	E	I	T	H	F	Ä	H	Ä
G	R	B	T	M	C	Ö	Y	D	H	E	R	A	B
Y	B	G	V	O	R	J	X	Ö	O	Q	W	E	G
H	C	E	N	T	G	E	G	E	N	B	P	L	B
H	E	R	A	N	V	T	Z	H	E	R	U	M	L

Zusammenschreibung – Ein Landeswettbewerb

–/+

1 ●●●
a Beachte die Regeln zur Zusammenschreibung in der Information auf S. 98.
b Bilde mit Hilfe der vier Wörterkästen Zusammensetzungen. Ordne sie richtig im Heft in eine Liste wie folgt ein.

A Nomen + Nomen	B Nomen + Adjektiv C Adjektiv + Adjektiv	D unveränderliches Wort + Verb

Korn Blumen Feld
Regen Wasser Himmel
Linie Kohle Blüte
Schlangen Biss Hagel
Körner Tropfen Blut

blau hell
mittel dunkel
schwarz weiß rot

an ab vorbei
hin los
weiter zurück

gehen
laufen
rennen
spielen
fahren

2 ●●●
Bestimme in dem folgenden Text die markierten Wortzusammensetzungen.
Schreibe in die Klammern hinter das Wort A, B, C oder D (▶ Tabellenkopf Aufgabe 1 b).

Skilaufen in Afghanistan

Skilaufen ist in Afghanistan eigentlich unbekannt. Aber seit einiger Zeit gibt es in der Provinz Bamiyan einen Landeswettbewerb (____) im Skirennen. Die afghanischen Jugendlichen warten ungeduldig auf den Startschuss (____). Sie wollen loslaufen (____) und beweisen, dass sie gute Skiläufer geworden sind. Die Luft ist kristallklar (____) und die Berge glitzern azurblau (____) in der Sonne. Die afghanischen Läufer lösen sich superschnell (____) aus der Startergruppe (____) und können den anderen Teilnehmern ohne Mühe davonklettern (____), denn sie sind an die dünne Luft angepasst. Während sich Teilnehmer aus anderen Ländern den Berg hochquälen (____), können die Afghanen schon wieder den Hang hinunterrasen (____).

3 ●●●
Entscheide: Getrennt oder zusammen? Setze die Wörter mit + richtig in die Lücken ein.

Ein afghanischer *Renn+Läufer* ____________________ nach dem anderen *über+quert* ____________________ die *Ziel+Linie* ____________________ und alle freuen sich. Der *Sport+Wettbewerb* ______________________________ soll den jungen Afghanen die *Chance+bieten* ________________________________, in ihrer Heimat Geld zu verdienen und dort zu *über+leben* ____________________. Was sich eigentlich unwahrscheinlich anhört, scheint ein *Erfolg+reiches* ___________________________________ Projekt zu werden. Man will den Tourismus *an+locken* ____________________ und damit Arbeitsplätze schaffen.

Getrenntschreibung – *da sein* und *Dinge erledigen*

-/+

Information **Getrenntschreibung**

Getrennt schreibt man in der Regel folgende **Verbindungen:**
- **von Nomen und Verben,** z. B.: *Aufgaben machen, Fußball spielen, …*
- **von Verben und Verben**, z. B.: *einkaufen gehen, arbeiten müssen, …*
- **alle Zusammenstellungen mit „sein“,** z. B.: *da sein, weg sein, fröhlich sein, …*

1 Verbinde im Heft die nachstehenden Nomen sinnvoll mit den folgenden Verben.

Nomen: Fahrrad Kartoffeln Hausaufgaben Tisch Socken Kerzen Karten Tennis Zimmer Aufgaben
Verben: aufräumen machen schälen lösen decken anzünden stricken spielen lesen fahren

2 **a** Verbinde mit Pfeilen die folgenden Verben so, dass sie einen Sinn ergeben.
Tipp: Du kannst sie mehrfach verbinden.

einkaufen bleiben laufen lernen schwimmen putzen vorsingen denken stehen arbeiten

lassen müssen gehen wollen sollen mögen üben trainieren

b Ergänze die Sätze A, B und C sinnvoll um zwei Verben aus Aufgabe 2 a.

A Der Lehrer meint, dass die Kinder nicht ______________________.

B Karina und Cara mögen nicht daran denken, dass sie ______________________.

C Luis und Mustafa kriegen gute Laune, weil sie ______________________.

3 In dem Wortgitter findest du 12 Wörter, die häufig mit „sein“ verbunden werden.
Markiere sie und schreibe sie auf die Linien neben das Gitter.

W	A	U	S	L	W	H	A	T	H	U
I	Ö	B	K	T	W	U	Q	E	Ä	J
E	Y	Z	U	S	A	M	M	E	N	Q
L	Z	U	R	Ü	C	K	G	H	S	Y
F	E	R	T	I	G	J	R	T	J	J
C	G	B	E	R	E	I	T	Z	C	A
E	D	A	V	V	O	R	B	E	I	H
K	Y	D	R	T	D	A	B	E	I	A
G	S	Ö	F	H	I	N	Ü	B	E	R
A	N	A	U	F	R	H	I	E	R	E
N	N	A	Ä	K	I	F	B	I	J	B

Getrenntschreibung – *Fahrrad fahren* und *schwimmen gehen*

-/+

1 ●●●
a Beachte die Regeln zur Getrenntschreibung in der Information auf S. 100.
b Bilde mit Hilfe der Wörterkästen je 6 Wortverbindungen. Ordne sie richtig in die nachstehende Tabelle ein.

Betten Kuchen Gemüse
Fleisch Brötchen Karten
Fußball Hausaufgaben Ski

machen backen kochen grillen
holen denken laufen
schwimmen üben spielen
+
wollen müssen sollen

da dabei vorbei zurück
fertig zusammen
hinüber aus an
auf bereit hier

A **Nomen + Verb**	B **Verb + Verb**	C **Verbindungen mit „sein"**

2 ●●● **Entscheide: Um welche Verbindungen handelt es sich bei den markierten Wörtern in A bis D? Trage sie in die richtige Spalte der Tabelle zu Aufgabe 1 ein.**

A Wenn du am Nachmittag kommen möchtest, werde ich da sein.
B Wir können zuerst die Hausaufgaben machen und uns dann etwas vornehmen.
C Wir haben die Wahl zwischen Fahrrad fahren und schwimmen gehen.
D Gegen 18:00 Uhr muss ich aber wegen des Fußballtrainings wieder zurück sein.

3 ●●● **Ergänze die folgenden Sätze A bis C sinnvoll mit Wortverbindungen. Nutze den Wortspeicher.**

Wortspeicher
Kleidung essen Tisch auslüften genervt sein nehmen können müssen decken

A Wenn ich von der Arbeit komme, muss ich meine ______________________, weil sie riecht.

B Für das Abendbrot werde ich den ______________________, damit ich mit meiner Familie zusammen ______________________.

C Ich will nicht ständig ______________________ und ich will auch nicht immer Rücksicht ______________________.

Teste dich! – Getrennt oder zusammen?

1 In dem folgenden Text findest du 10 zusammengesetzte Nomen. Markiere sie.

PUNKTE

Heute verbinden wir oft mit Afghanistan Zerstörung und Krieg. Aber das war nicht immer so. Früher reisten viele Auslandstouristen an, um sich die Naturschönheit der Berglandschaft anzusehen. Die Provinzhauptstadt Bamiyan war ein wichtiger Reiseknotenpunkt. Jetzt soll der Tourismus wieder entwickelt werden, und zwar durch den Wintersport. Dabei konnte in Bamiyan niemand Ski laufen, aber der 49-jährige Italiener Rollando hat sich in den Kopf gesetzt, es den jungen Afghanen beizubringen und ihnen als Bergführer, Skilehrer oder Bergretter eine Lebensgrundlage in ihrer Heimat zu geben. Insgesamt 36 Jugendliche trainieren für diese Aufgabe in der Zukunft.

2 Entscheide: Getrennt oder zusammen? Setze die Wörter mit + richtig in die Lücken ein.

PUNKTE

Ein *Ski+Gebiet* ____________ in den Koh-e-Baba-Bergen *auf+zu+bauen* ____________, könnte den verarmten *Berg+Bewohnern* ____________ im Winter zu einem Einkommen verhelfen, wenn ihre Felder ungenutzt *liegen+bleiben* ____________. Die Politiker, die für das Gebiet *zuständig+sind* ____________, wollen den Tourismus auf jeden Fall *an+kurbeln* ____________ und *unter+stützen* ____________. Reiterspiele und Festivals sollen die Touristen *an+locken* ____________, aber so richtig *Erfolg+reich* ____________ sind sie noch nicht. Deshalb freuen sie sich über die Jugendlichen, die voller Begeisterung trainieren und sich auf ihre zukünftige Aufgabe *vorbereiten+wollen* ____________.

3 Welcher Grund liegt für die Zusammenschreibung bzw. Getrenntschreibung im folgenden Text vor? Ordne den markierten Wörtern in Klammern den richtigen Buchstaben A, B, C oder D zu.

PUNKTE

A Zusammensetzung von Nomen
B Zusammensetzung von Adjektiven
C Zusammensetzungen von Verben
D Zusammensetzung von Verben und unveränderlichen Wörtern.

Für viele junge Afghanen war es völlig unbekannt, dass man auf den Berghängen (__) Ski fahren kann. Sie dachten, dass sie wie ihre Väter und Großväter Kartoffeln anbauen müssten (__). Das bedeutete aber auch meist, im Winter bitterarm (__) zu sein. Der 19-jährige Sayed Ali Shah, der unbedingt in Kabul zur Schule gehen wollte (__), traf den Bergführer Ferdinando Rollando und ließ sich überreden (__), das Skilaufen zu lernen. Heute trainiert er die Jungen aus der Gegend. Auch junge Bergführer werden ausgebildet (__), die Gruppen von Wanderern in die Berge begleiten. Sie wissen, wie man Lawinensuchgeräte (__) bedient, und die Schafhirten im Tal sind für den Fall vorbereitet (__), dass sie Touristen aus dem Schnee retten müssen (__).

4 Prüfe deine Lösungen und die Punktezahl mit Hilfe des Lösungsheftes (▶ S. 29).

GESAMT

Zeichensetzung – Kommaregeln

Z

Kommasetzung bei Aufzählungen

Information | **Kommasetzung bei Aufzählungen**

- **Kommas** stehen zwischen **aufgezählten Wörtern und aufgezählten Gruppen von Wörtern.**
  → Das **Komma entfällt,** wenn sie durch ***und*** oder ***oder*** verbunden sind, z. B.:
  *Nairobi, Kairo **und** Tunis sind afrikanische Großstädte.*
- Das **Komma steht vor** den Verknüpfungen (Konjunktionen) ***aber, jedoch, sondern*** und ***doch***. Sie leiten einen **Gegensatz** ein, z. B.: *Nairobi, Kairo und Tunis sind afrikanische Städte, **aber** Athen ist europäisch.*

1 ●○○ **Erkläre mit Hilfe der Regeln A, B, C die Kommasetzung in den Sätzen 1 bis 3. Setze den richtigen Buchstaben in Klammern hinter die Sätze.**

A Aufzählungen von Wörtern werden durch ein Komma getrennt.
B Aufzählungen von Wortgruppen werden durch ein Komma getrennt.
C Vor Verknüpfungswörtern, die einen Gegensatz einleiten, steht ein Komma.

1 In vielen Städten Afrikas leben Kinder in Slums, die unwirtlich, lebensfeindlich und überbevölkert sind. (___)

2 Zwar verdienen die Menschen meistens etwas Geld, aber für ein gutes Leben einfach nicht genug. (___)

3 Mit 10 € täglich hätte eine achtköpfige Familie in Afrika ein ausreichendes Einkommen, könnte sich gesund ernähren und die Kinder zum Lernen in die Schule schicken. (___)

2 ●●○ **a Setze in dem folgenden Text die 7 fehlenden Kommas.**
b Unterstreiche die Aufzählungen. Umrahme Verknüpfungswörter, die einen Gegensatz einleiten.

Auch in den Armutsvierteln afrikanischer Städte kann man Obst Gemüse und alle anderen Grundnahrungsmittel kaufen aber nur mit ausreichend Geld. Eine gute Lösung wäre die Selbstversorgung durch eigenen Gemüseanbau. Das nötige feucht-warme Klima wäre vorhanden aber leider nicht der nötige Platz. Eine Lösung sind so genannte Sackgärten, in denen Zwiebeln Spinat Kohl und Tomaten angebaut werden. Man braucht nur Platz für zwei Säcke aber man erntet daraus für eine ganze Familie. Die italienische Hilfsorganisation COOPI unterstützt die Anlage von Sackgärten. Ein bepflanzter Sack kostet 15 € aber er liefert sechs Monate lang alle drei bis sechs Tage eine Ernte.

1 ●●● **a Verbinde mit Pfeilen die nachstehenden Wortgruppen zu sinnvollen Sätzen.**
b Setze die Kommas. Notiere hinter jedem Satz den richtigen Buchstaben für die Kommaregel aus Aufgabe 1.

Jeder Pflanzsack braucht in seinem Inneren …	aber er sorgt für eine große Ernte. (___)
Die Pflanzen wachsen nicht nur oben aus dem Sack …	Kohl Zwiebeln Paprika. (___)
Angepflanzt werden Gemüse des täglichen Bedarfs wie …	sondern auch aus den Seiten. (___)
Der Sack benötigt nur eine kleine Grundfläche …	kleine Steine größere Steine gedüngte Erde. (___)

Kommasetzung in Satzreihen

Z

Information **Kommasetzung in Satzreihen**

Eine **Aufzählung von Hauptsätzen** nennt man eine **Satzreihe** (▶ S. 60).
Man **trennt sie durch Kommas** oder **verbindet sie durch Verknüpfungswörter** (Konjunktionen).

- Vor den Verknüpfungen *und* und *oder* **kann ein Komma** stehen, muss aber nicht, z. B.:
  *Mali liegt in Afrika, Timbuktu heißt die Hauptstadt**(,) und** der Niger ist der größte Fluss des Landes.*
- Vor den Verknüpfungen ***aber, doch, sondern, denn*** steht immer ein Komma, z. B.:
  *Mali liegt nicht im feuchten Teil Afrikas, **sondern** es befindet sich in der trockenen Zone südlich der Sahara.*

1 **Erkläre mit den Regeln A, B, C die Kommasetzung. Setze den richtigen Buchstaben in Klammern hinter die Sätze.**

A Hauptsätze werden durch ein Komma voneinander getrennt.
B Vor den Verknüpfungswörtern *und* und *oder* kann ein Komma stehen, muss aber nicht.
C Vor den Verknüpfungswörtern *aber, doch, sondern, denn* steht immer ein Komma.

Kinder in Afrika müssen früh arbeiten, ihre Aufgabe ist häufig die Versorgung mit Holz und Wasser. (__) Sie können oft nicht zur Schule gehen, sondern sie müssen ihrer Familie beim Überleben helfen. (__) Ihre Aufgabe können sie in den trockenen Gebieten oft nur schwer bewältigen, denn es gibt immer weniger Holz (__), die Kinder müssen immer weitere Wege in Kauf nehmen. (__) Ein Solarkocher könnte Holz überflüssig machen(,) und das würde vor allem die Arbeit der Frauen und Kinder vereinfachen. (__)

2 **a Setze in der Fortsetzung des Textes aus Aufgabe 1 die 6 fehlenden bzw. möglichen Kommas.**
b Notiere den Buchstaben aus Aufgabe 1, der die entsprechende Regel für die Kommasetzung nennt.

Mädchen profitieren besonders von den Solarkochern denn sie bekommen Zeit für die Schule. (__) Sie müssen nicht mehr endlos lange Holz für das Feuer sammeln sondern sie können lernen. (__) Leider kann man die Solarkocher nicht überall unproblematisch einsetzen sie passen nicht zu den Lebensgewohnheiten vieler Menschen in Afrika. (__) Zwar scheint in Afrika fast überall die Sonne im Überfluss aber oft wird nur abends gekocht (__) und da scheint die Sonne nicht mehr. (__) Viele Frauen dürfen zudem nicht draußen kochen aber der Kocher funktioniert nicht im Haus. (__)

3 **a Verbinde im Heft die folgenden Hauptsätze.**
b Schreibe einen zusammenhängenden Text und prüfe deine Kommasetzung.

Solarkocher könnten eine Lösung für das knapp werdende Holz sein.

Das ist nicht praktisch.

Wandernde Familien müssen den Kocher mitnehmen und an anderen Stellen wieder aufbauen.

Sie bergen Gefahren.

Die Spiegel für die Solarkocher können bis zu 300° heiß werden.

Außerdem brauchen Solarkocher viele Schrauben.

Schrauben gehen schnell verloren.

Kinder können sich leicht Verletzungen zuziehen.

Kommasetzung in Satzgefügen

Z

Information **Kommasetzung in Satzgefügen**

Satzgefüge (mindestens ein **Haupt- und** ein **Nebensatz;** ▶ S. 60) werden **durch Kommas getrennt.**
Der **Nebensatz** kann **vor** oder **nach** dem Hauptsatz stehen oder **eingefügt** sein, z. B.:

- **vor:** *Wenn Kinder in der Schule lernen sollen, brauchen sie ausreichend Nahrung.*
- **nach:** *Kinder brauchen ausreichend Nahrung, wenn sie in der Schule lernen sollen.*
- **eingefügt:** *Kinder brauchen, wenn sie in der Schule lernen sollen, ausreichend Nahrung.*

1 ●○○ **Mache dir klar, warum in den folgenden Sätzen Kommas gesetzt wurden. Markiere in den Satzgefügen die Nebensätze. Umrahme die Kommas.**

Hirse ist das Grundnahrungsmittel vieler Menschen in Afrika, weil sie auch unter schwierigen Bedingungen gut angebaut werden kann. Dass sie aber auch sehr gesund ist, ist dabei wichtig für die Ernährungssituation der Menschen. So gilt Hirse, da sie viel Magnesium und Folsäure enthält, auch als Gesundmacher.

2 ●●○ **Unterstreiche im nachstehenden Text die Nebensätze. Setze die fehlenden Kommas.**

Hirse hat ein kräftiges Aroma das den Hirsebrei sehr schmackhaft macht. Die Hirse wird einfach 30 bis 40 Minuten in Wasser das sie im Topf bedecken muss gekocht. Es gilt in der Regel dass man für ein halbes Pfund Hirse einen halben Liter Wasser nehmen muss. Wenn man Hirse vor dem Garen in einer Pfanne leicht anröstet bekommt sie einen nussigen Geschmack.

3 ●●●
a **Verbinde im Heft die folgenden Sätze mit Pfeilen zu sinnvollen Satzgefügen.**
b **Ordne sie, sodass sich ein sinnvoller Text ergibt. Schreibe ihn auf.**
c **Prüfe deine Kommasetzung.**

Hirsebrei mit Beilage

Alle Gemüsesorten werden geputzt und zerkleinert ...	... da er Zutaten für eine Gemüsepfanne liefert.
Für viele afrikanische Menschen gibt es nur Hirsebrei ...	... weil nichts anderes vorhanden ist.
Eine Gemüsebeilage ist eine willkommene Abwechslung ...	... damit sie schnell garen können.
Der Sackgarten kann eine gute Ergänzung sein ...	... wenn beides vorhanden ist.
Das Garen geschieht in einer Pfanne mit Öl ...	... weil sie gesund ist und gut schmeckt.

Kommasetzung vor *das* oder *dass*

Information **Nebensätze mit *das* oder *dass* unterscheiden**

Nebensätze, die mit ***das*** oder ***dass*** beginnen, werden durch **Komma** abgetrennt.

- Relativsätze (▶ S. 62) mit ***das*** beziehen sich auf ein sächliches Nomen im Hauptsatz, z. B.:
  *Ein **Kind, das** die Schule besucht, kann seine Zukunft leichter meistern.*
- ***Dass*** dagegen **bezieht sich auf das Verb des vorangegangenen Satzes,** z. B.:
  *Jeder **weiß, dass** Kinder mit Schulbildung bessere Chancen für die Zukunft haben.*

1 **a** **Setze die notwendigen Kommas vor *das* oder *dass*.**
b **Begründe die jeweilige Schreibung von *das* und *dass*, indem du das Bezugswort im Hauptsatz unterstreichst.**

Die afrikanische Sahelzone ist ein Gebiet das durch sehr trockenes Klima mit einer Regenzeit im Jahr bestimmt ist. Die Menschen im Norden haben sich in ihrer Lebensweise dadurch angepasst dass sie der Regenzeit mit ihren Tieren von Weideplatz zu Weideplatz hinterherziehen. Das heißt dass auch die Kinder ständig ihren Wohnort wechseln.
Im Süden betreiben die Menschen Ackerbau. Auch in diesen Familien ist es so dass die Kinder früh Aufgaben übernehmen. Die Bevölkerung wächst sehr stark. Das bedeutet dass immer größere Flächen für den Anbau von Nahrungsmitteln wie z. B. Hirse benötigt werden.

2 **Bilde in deinem Heft mit Hilfe der folgenden Satzbausteine sinnvolle Satzgefüge.**
Leite die Nebensätze mit *das* oder *dass* ein und setze ein Komma davor, z. B.:
Früher war es die Pflicht der Bewohner der Sahelzone, dass man die Bäume pflegte.

Früher war es die Pflicht der Bewohner der Sahelzone ...	Man hat die Bäume einfach abgeholzt.
Später wurde es normal ...	Der Brennholzbedarf muss reduziert werden.
Die Staaten der Sahelzone müssen heute daran arbeiten ...	Man baut Lehmöfen.
Eine Möglichkeit besteht darin ...	Man legt drei Steine auf die Erde und macht ein Feuer.
Das kann man dadurch schaffen ...	Man musste die Bäume pflegen.
Eine afrikanische Feuerstelle zeichnet sich dadurch aus ...	Der Boden muss geschützt werden.
Ein Lehmofen führt dazu ...	Man kann mit viel weniger Holz kochen.
Ein weiterer Vorteil ist ...	Ein Ofen kann in Afrika gebaut werden und kostet nicht viel.

Teste dich! – Kommasetzung

1 **Erkläre die Kommasetzung in dem nachstehenden Text mit Hilfe der Regeln A, B, C, D. Setze den richtigen Buchstaben in Klammern hinter die Sätze.**

PUNKTE ☐

A Aufzählung von Wörtern und Wortgruppen	B Satzreihe
C Satzgefüge	D gegensatzanzeigende Verknüpfungswörter

Die Wüste wächst, aber es gibt erste Hoffnungsschimmer. (___)
Der Kampf gegen die Wüstenbildung, gegen Abholzung und Abtragung des Bodens ist eine der größten Herausforderungen in Afrika. (___)
Nur Bäume können letztlich die Austrocknung stoppen, denn sie halten den Wind ab und das Wasser im Boden. (___)
Sie sind so wichtig, weil sie Schatten bieten (___).
Außerdem locken sie Würmer und Insekten an, ihre Blätter dienen als Dünger. (___)

2 **a Setze in dem folgenden Text die 13 fehlenden Kommas.**
b Kreuze an, gegen welche Regel am häufigsten verstoßen wurde:

PUNKTE ☐

Fehlende Kommasetzung ☐ bei Satzreihen ☐ bei Satzgefügen ☐ bei Aufzählungen.

Seit Jahrzehnten versuchen Wissenschaftler Agrartechniker und Hilfsorganisationen die Ausbreitung der Wüste zu stoppen. Trockenperioden Wasserknappheit und der wachsende Bedarf an Feuerholz beschleunigen das Wachsen der Wüsten. Es ist deshalb kein Wunder dass die Länder der Sahelzone wollen dass wieder Bäume in der abgeholzten trockenen Gegend wachsen. In den letzten Jahren haben viele Wissenschaftler experimentiert. Sie haben kleine Bäumchen gepflanzt größere Bäume gepflanzt mit Bewässerung ohne Bewässerung Windfänge errichtet Zäune gezogen aber die Ergebnisse waren kläglich: Mal knabberten Ziegen die jungen Triebe ab dann fegte ein Sandsturm die Blätter von den Zweigen. Oft fällten auch die Bauern die Bäume weil sie Feuerholz gewinnen wollten.

3 **Setze in dem folgenden Text die 8 fehlenden Kommas.**

PUNKTE ☐

Im Humbo-Tal im afrikanischen Staat Niger hat man die Begrünung der Sahelzone geschafft aber ganz anders als gedacht. Da wo es eigentlich nichts mehr zu säen und zu ernten gab gibt es jetzt wieder Schatten Gras und anderes Tierfutter. Aber man pflanzt keine neuen Bäume sondern pflegt alte Baumstümpfe die dann wieder Triebe bilden. Viele Kleinfarmer beteiligen sich an der Aktion sie schneiden die Triebe von den Baumstümpfen. Die Zweige bleiben schützend auf dem Boden liegen erst dann dienen sie als Feuerholz. Durch diesen Schutz gegen die Austrocknung werden die Baumstümpfe wieder grün.

4 **Prüfe deine Lösungen und die Punktzahl mit Hilfe des Lösungsheftes (▶ S. 30–31).**

GESAMT ☐

Ich teste meinen Lernstand

Mit den folgenden Tests kannst du feststellen, wie erfolgreich du im Fach Deutsch gelernt hast.
Du kannst mit den Tests prüfen,

- wie gut du **Sachtexte lesen und verstehen** kannst (Test A),
- wie sicher du in der **Grammatik** bist (Test B),
- welche **Rechtschreibstrategien** du beherrschst (Test C),
- wie geschickt du **eine Grafik in einem Sachtext beschreiben** kannst (Test D).

Wenn du wissen willst, was du im Fach Deutsch gelernt hast, kannst du alle Tests am Ende des Schuljahres bearbeiten. Aber auch während des Schuljahres kannst du prüfen, in welchen Bereichen du weiter üben musst. Plane feste Zeiten ein, um einen Test zu bearbeiten. Lies die Aufgaben genau, arbeite ruhig und gründlich. Zum Schluss kannst du deine Lösungen mit Hilfe des Lösungsheftes selbst kontrollieren, deine Punktzahl berechnen und deine Fähigkeiten bewerten.

Test A – Sachtexte und Grafiken lesen und verstehen

1 Worum geht es in dem nachstehenden Sachtext?
Lies ihn und kreuze an, welcher Satz das Thema des Textes am besten zusammenfasst.

PUNKTE ☐

A In dem Text geht es um Sehenswürdigkeiten in Chinas Großstädten.	☐
B In dem Text geht es um die schulische Ausbildung chinesischer Kinder.	☐
C In dem Text geht es um Umweltkatastrophen in China.	☐
D In dem Text geht es um das Leben eines chinesischen Jungen in Peking.	☐

Angela Köckritz

Hallo, ich bin Dongdong – Leben in der Hauptstadt Chinas

❶ Dongdong […] heißt eigentlich Cai Jinsheng, Dongdong ist nur sein Spitzname. Als er auf die Welt kam, war sein Kopf so rund, dass er seine Mutter an einen Kürbis erinnerte. Auf Chinesisch heißt der Donggua. Deshalb heißt Jinsheng jetzt Dongdong, wobei man im Chinesischen das o mehr wie ein u ausspricht. Dann klingt Dongdong so, als würde man eine Glocke anschlagen. Dongdong lebt im Norden Pekings in einer Wohnanlage, die von außen aussieht wie eine Prinzenresidenz. Da gibt es ein Tor mit Säulen und einen Springbrunnen, dahinter aber liegen einfache Hochhäuser, in denen man nicht unbedingt einen Prinzen vermuten würde. Hier wohnt Dongdong mit seiner Mutter. […]

❷ Manche Dinge in Dongdongs Leben sind ganz ähnlich wie im Leben deutscher Kinder. Etwa dass seine Mutter schimpft, wenn das Zimmer nicht aufgeräumt ist. Manche Dinge aber sind ganz anders. Da ist zum Beispiel die Sache mit der Luft. Wenn

sich eine Smogwolke über Peking legt wie so oft, darf Dongdong nicht raus zum Spielen. […] Die Städte in China sind riesig. In Peking leben etwa 23 Millionen Menschen, das sind mehr als siebenmal so viele Einwohner wie in Berlin! Es gibt viel Industrie, und die Menschen heizen mit Kohle. Vor allem aber haben sehr viele in den vergangenen Jahren ein Auto gekauft. Früher war China ein armes Land, fast alle fuhren mit dem Rad. […] Dann aber wurde China immer reicher, und plötzlich wollen alle ein Auto haben. Deshalb ist die Luft so schmutzig.

❸ Dongdong hat keine Geschwister, wie so viele Kinder in China. China ist das Land auf der Erde mit den meisten Einwohnern. 1,3 Milliarden Menschen leben hier. Auf der ganzen Welt sind es ungefähr 7 Milliarden. Damit es nicht noch mehr Menschen in

China werden, hat die Regierung schon vor vielen Jahren angeordnet, dass Eltern in den Städten nur ein Kind bekommen sollen. Kriegen sie noch ein zweites, müssen sie hohe Strafen zahlen. [...]

❹ Seit einiger Zeit hat Dongdong wenig Zeit, [...]. Seit er die Mittelschule besucht, ist die Schule richtig anstrengend geworden. Morgens geht es mit Frühsport los, um halb vier nachmittags endet der Unterricht. Danach muss Dongdong Hausaufgaben machen und zwei Stunden zur Nachhilfe. Dort bekommt er noch mal Hausaufgaben. Dongdong muss nicht etwa zur Nachhilfe, weil er so schlecht in der Schule wäre – viele Kinder in Peking gehen hin, egal, wie gut sie sind. Weil viele chinesische Eltern eben nur ein Kind haben, verwöhnen sie es sehr. Einerseits. Andererseits haben sie an ihr Kind auch hohe Erwartungen und wollen unbedingt, dass es Erfolg hat. [...]

❺ Nicht alle Nachhilfestunden haben etwas mit der Schule zu tun. Samstags, wenn Kinder in Deutschland frei haben, ist Dongdongs Tag besonders voll. Erst hat er Mathe. „Den Kurs hasse ich. Aber was soll ich machen, in Mathe bin ich nicht gut." Danach geht er in den Flugzeugmodellbaukurs. Anschließend in den Roboterbaukurs. Und schließlich zur Kalligrafie, dort lernt er, chinesische Schriftzeichen schön aufzuschreiben. An anderen Tagen lernt er Englisch, Tischtennis und Fußball. [...] Wenn er groß ist, will Dongdong Wissenschaftler werden, chinesische Medizin studieren und etwas ganz Tolles erfinden:

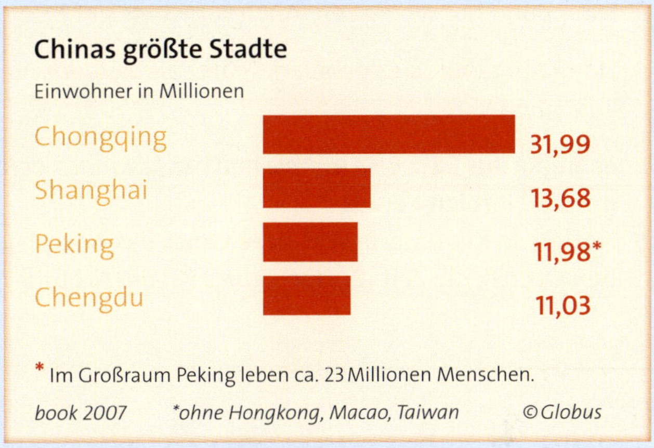

2 **Kreuze an, welche der folgenden Aussagen mit dem Text übereinstimmen oder falsch sind.**

PUNKTE

	richtig	falsch
A In China leben knapp eine Milliarde Menschen.	☐	☐
B Dongdong lebt in einer Wohnanlage im Norden von Peking.	☐	☐
C Dongdong ist Cais Nachname.	☐	☐
D Viele Kinder in China nehmen Nachhilfeunterricht.	☐	☐

3 **Welche Überschrift passt zu welchem Textabschnitt? Trage die richtigen Nummern ein.**

PUNKTE

A Peking im Smog	Nr.	C Dongdongs Spitzname und Zuhause	Nr.
B Spielen und Freizeit	Nr.	D Schule und Nachhilfe	Nr.
		E Die Ein-Kind-Familie	Nr.

4 **Prüfe dein Verständnis der Grafik: Welche Aussage trifft zu? Kreuze an: Die Grafik zeigt, ...**

PUNKTE

	richtig	falsch
A wie viele Einwohner in chinesischen Großstädten leben.	☐	☐
B dass in Peking weniger Menschen leben als in Shanghai.	☐	☐
C dass alle chinesischen Städte etwa 8 Millionen Einwohner haben.	☐	☐
D wie viele Kinder in Chinas großen Städten leben.	☐	☐

5 **a Prüfe deine Lösungen mit Hilfe des Lösungsheftes (▶ S. 31). Trage die Punkte neben die Aufgaben ein.**
b Übe erneut die Aufgaben, bei denen du keine oder nur wenige Punkte erreicht hast.

GESAMT

Test B – Grammatik

1 **a Unterstreiche in dem folgenden Satz farbig: Possessivpronomen grün, Personalpronomen blau, Relativpronomen schwarz, Demonstrativpronomen gelb.** PUNKTE

In unserem Text geht es um einen Jungen, der Dongdong heißt. Dieser wohnt in Peking.

b Mit welchen Personalpronomen kannst du „Dongdong" in Satz A und B ersetzen? Streiche durch und schreibe die von dir gewählten Pronomen über seinen Namen. PUNKTE

A Dongdong hat wenig Zeit. Auch samstags geht Dongdong in die Schule, die Dongdong sehr fordert.

B Dongdong würde es gefallen, später als Wissenschaftler etwas Besonderes zu erfinden.

2 **a Schreibe aus Satz 6–8 in Abschnitt ❺ (*„Danach geht .... – ... schön aufzuschreiben"*) die 4 Adverbien heraus.** PUNKTE

b Notiere in Klammern: Was bezeichnet das Adverb jeweils – den Ort (O), die Zeit (Z), den Grund (G) die Art und Weise? PUNKTE

_______________ (_____), _______________ (_____), _______________ (_____), _______________ (_____)

3 **a Notiere: In welcher Zeitform steht der letzte Satz in Abschnitt ❶?** PUNKTE

____

b Formuliere den gleichen Satz im Präteritum, Perfekt, Plusquamperfekt und Futur I. Schreibe ins Heft. PUNKTE

c Kreuze an: Bei dem Verb „wohnen" handelt es sich um ☐ ein starkes Verb ☐ ein schwaches Verb. PUNKTE

4 **a Aktiv (A) oder Passiv (P)? Bestimme dies für die folgenden Sätze A und B. Notiere in Klammern.** PUNKTE

A Dongdong baut Roboter. (_____)

B Auch Flugzeugmodelle werden von Dongdong gebastelt. (_____)

b Schreibe in deinem Heft den Aktivsatz ins Passiv um und den Passivsatz ins Aktiv. PUNKTE

5 **a Informiere genauer! Ergänze in deinem Heft Satz 1 in Abschnitt ❹ durch die folgenden Satzglieder:** PUNKTE

wegen der Schule　　　durch zusätzliche Aufgaben

b Bestimme im Heft alle Satzglieder des neuen Satzes so: Subjekt (S), Prädikat (P), Akkusativobjekt (A), adverbiale Bestimmung (AB-Zeit/-Ort/-Art und Weise/-Grund). PUNKTE

6 Verknüpfe in deinem Heft die beiden folgenden Hauptsätze sinnvoll zu einem Satzgefüge mit einem:
– Kausalsatz,　　– Modalsatz.
Tipp: Nutze die richtigen von diesen Verknüpfungswörtern:
als, bevor, nachdem, weil, da, während, indem, wenn. PUNKTE

Dongdong beherrscht chinesische Schriftzeichen.　　　Er übt die Schreibung.

7 **a Prüfe deine Lösungen mit Hilfe des Lösungsheftes (▸ S. 31). Trage die Punkte neben die Aufgaben ein.**
b Übe erneut die Aufgaben, bei denen du keine oder nur wenige Punkte erreicht hast. GESAMT

Test C – Rechtschreibung

1 **a** Markiere im Abschnitt ❶ (▶ S. 108) 4 Wörter, deren Schreibung man durch Verlängern erklären kann. PUNKTE

b Schreibe sie mit ihrer Verlängerungsform auf. PUNKTE

____

2 Begründe die Schreibung der Wörter *aufgeräumt* (Z. 18 f.) und *Städte* (Z. 25) durch ihre Ableitungswörter. PUNKTE

____

3 **a** Im Abschnitt ❷ finden sich die Wörter *spielen, riesig* und *viele*.
Kreuze die richtigen Aussagen zur *ie*-Schreibung an: PUNKTE

- *ie* schreibt man, wenn die erste Silbe offen ist.
- *ie* schreibt man, wenn die erste Silbe geschlossen ist.

b Erkläre die Schreibung des Wortes *Beispiel* (Z. 20 f.). Kreuze die richtige Aussage an. PUNKTE

☐ Das *ie* steht in der ersten Silbe.
☐ Man muss das Wort zerlegen und dann verlängern.
☐ Es ist ein Ausnahmewort.

4 Markiere im Abschnitt ❸ mindestens 3 Merkwörter mit *h*. PUNKTE

5 Im Abschnitt ❹ findest du 6 Wörter mit zwei und mehr Silben, deren Wortende nicht eindeutig zu hören ist.
a Trage sie in die Tabelle und markiere die unklare Stelle. PUNKTE

Wörter mit *b, d* und *g*	Wörter mit Doppelkonsonant

b Benenne die Strategie, mit der du die Schreibung begründen kannst: ______________ PUNKTE

6 Kennzeichne im Abschnitt ❺ die Nomen wie folgt: PUNKTE
a Unterstreiche die Nomen, die von einem Artikel begleitet werden.
b Umrahme die Nomen, die von einem Zahlwort begleitet werden.
c Umkreise die Nomen, die von einem Adjektiv begleitet werden.

7 **a** Prüfe deine Lösungen mit Hilfe des Lösungsheftes (▶ S. 32).
Trage die Punkte neben die Aufgaben ein. GESAMT
b Übe erst die Aufgaben, bei denen du keine oder wenige Punkte erreicht hast.

Test D – Einen Bericht schreiben

Es heißt, man solle keine körperlichen Anstrengungen oder Freiluftaktivitäten unternehmen.

Das habe ich noch nie erlebt!

- 20 Millionen Pekinger sind aufgerufen, die Wohnung nicht zu verlassen.
- Die kleinen Schadstoffpartikel in der Luft steigen seit Anfang Januar auf Rekordwerte.
- Menschen (vor allem Alte, Kranke und Kinder) riskieren Atemwegsleiden, Schlaganfälle, Herzerkrankungen.
- Industrieabgase, Heizungen und der zunehmende Autoverkehr sind die Verursacher.

Feinstaubwerte in Peking:
Januar 2013: 845 Mikrogramm je Kubikmeter Luft
Gefahr für den Menschen: bei über 300 Mikrogramm

1 **Für die Schülerzeitung soll ein Bericht über den Smog (die Luftverschmutzung) in Peking verfasst werden. Lies die Aussagen der Menschen, die Bildunterschrift sowie den Notizzettel. Markiere in unterschiedlichen Farben Antworten auf die W-Fragen, die du für deinen Bericht benötigst.** PUNKTE

2 **Verfasse den Bericht. Beachte dabei die Schreibtipps.**
Tipp: Berichtet wird in der Zeitform Präteritum.
Denke auch an die Informationen aus Abschnitt ❷, **▶ S. 108.** PUNKTE

Schreibtipps

Formuliere eine passende Überschrift ______________________

Beantworte zu Beginn in deinem Bericht die **W-Fragen:** Wann? Wo? Wer? Was?

Im Januar 2013 kam es in …

____

____

Beschreibe anschließend in einer sinnvollen **Reihenfolge, wie** und warum es passierte.

____

____

____

Gehe am Schluss auf **mögliche Folgen** ein.

____

____

3 **a** **Prüfe deine Lösungen mit Hilfe des Lösungsheftes (▶ S. 32). Trage die Punkte neben die Aufgaben ein.**
b **Übe erneut die Aufgaben, bei denen du keine oder nur wenige Punkte erreicht hast.** GESAMT